김세준이 들려주는
**우리 산 이야기**

초판 1쇄 찍은날 2016년 6월 11일
초판 1쇄 펴낸날 2016년 6월 14일

**글쓴이** 김세준

**펴낸이** 최윤정
**펴낸곳** 도서출판 나무와숲 | 등록 2001-000095
**주　소** 서울특별시 송파구 올림픽로 336 1704호(방이동, 대우유토피아빌딩)
**전　화** 02)3474-1114 | 팩스 02)3474-1113 | e-mail : namuwasup@namuwasup.com

ISBN 978-89-93632-55-2  13980

* 값은 뒤표지에 있습니다.
* 이 책의 무단 전재 및 복제를 금지하며, 글이나 이미지의 전부 또는 일부를 이용하려면
  반드시 저작권자와 도서출판 나무와숲의 서면 허락을 받아야 합니다.
* 잘못 만들어진 책은 구입하신 서점에서 바꿔 드립니다.

글 · 김세준

김세준이 들려주는
우리 산 이야기

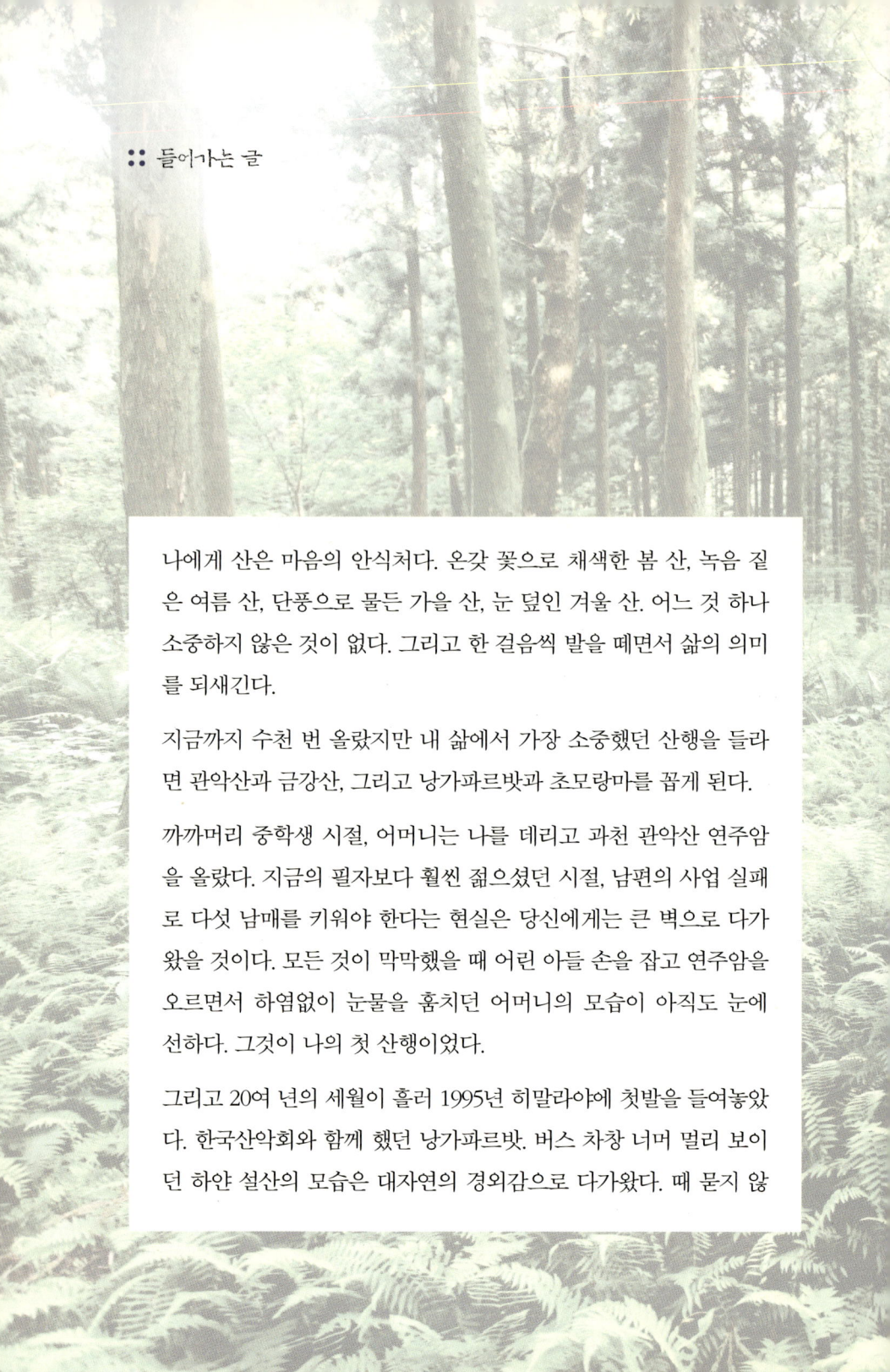

:: 들어가는 글

나에게 산은 마음의 안식처다. 온갖 꽃으로 채색한 봄 산, 녹음 짙은 여름 산, 단풍으로 물든 가을 산, 눈 덮인 겨울 산. 어느 것 하나 소중하지 않은 것이 없다. 그리고 한 걸음씩 발을 떼면서 삶의 의미를 되새긴다.

지금까지 수천 번 올랐지만 내 삶에서 가장 소중했던 산행을 들라면 관악산과 금강산, 그리고 낭가파르밧과 초모랑마를 꼽게 된다.

까까머리 중학생 시절, 어머니는 나를 데리고 과천 관악산 연주암을 올랐다. 지금의 필자보다 훨씬 젊으셨던 시절, 남편의 사업 실패로 다섯 남매를 키워야 한다는 현실은 당신에게는 큰 벽으로 다가왔을 것이다. 모든 것이 막막했을 때 어린 아들 손을 잡고 연주암을 오르면서 하염없이 눈물을 훔치던 어머니의 모습이 아직도 눈에 선하다. 그것이 나의 첫 산행이었다.

그리고 20여 년의 세월이 흘러 1995년 히말라야에 첫발을 들여놓았다. 한국산악회와 함께 했던 낭가파르밧. 버스 차창 너머 멀리 보이던 하얀 설산의 모습은 대자연의 경외감으로 다가왔다. 때 묻지 않

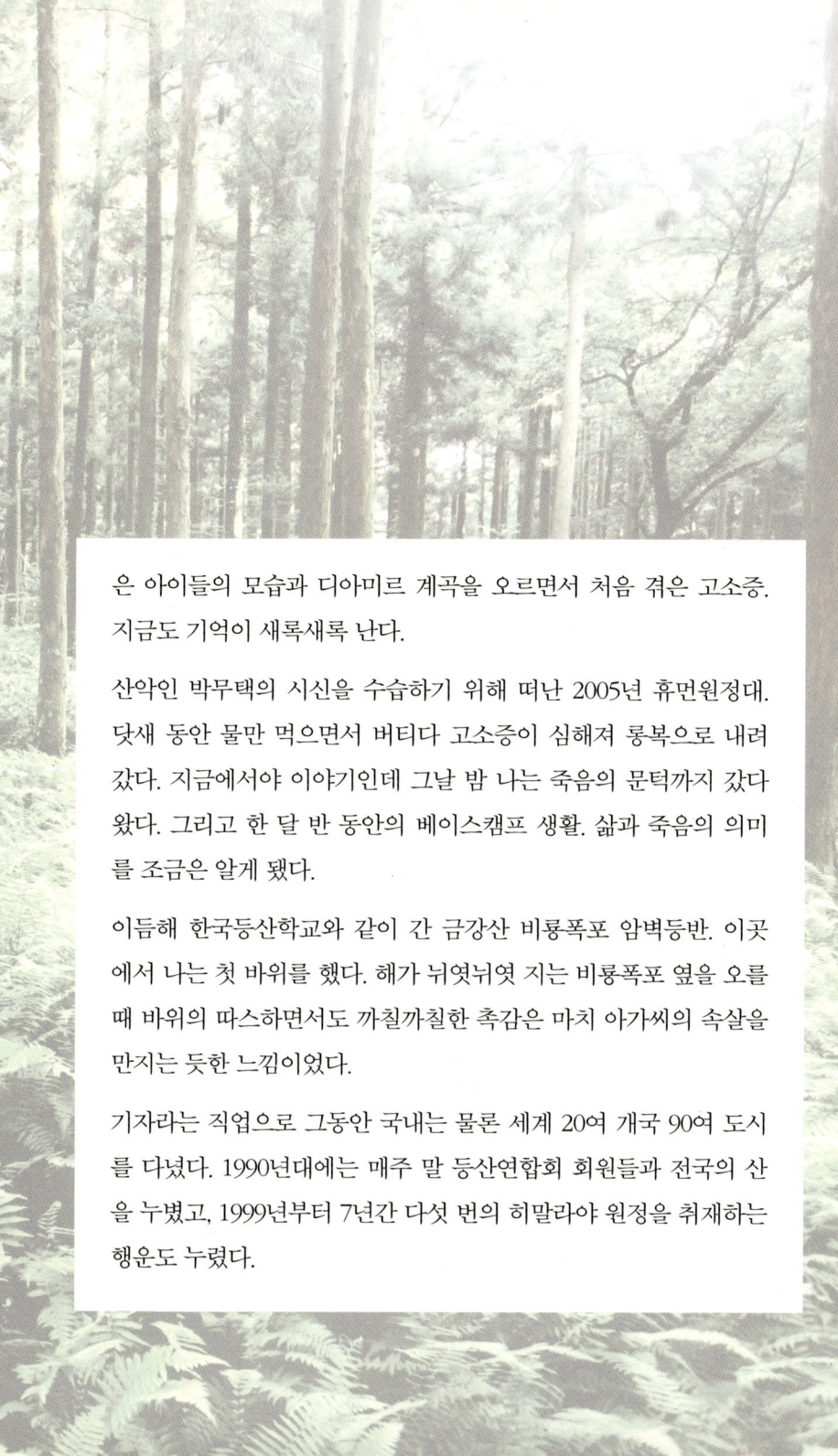

은 아이들의 모습과 디아미르 계곡을 오르면서 처음 겪은 고소증. 지금도 기억이 새록새록 난다.

산악인 박무택의 시신을 수습하기 위해 떠난 2005년 휴먼원정대. 닷새 동안 물만 먹으면서 버티다 고소증이 심해져 롱복으로 내려갔다. 지금에서야 이야기인데 그날 밤 나는 죽음의 문턱까지 갔다 왔다. 그리고 한 달 반 동안의 베이스캠프 생활. 삶과 죽음의 의미를 조금은 알게 됐다.

이듬해 한국등산학교와 같이 간 금강산 비룡폭포 암벽등반. 이곳에서 나는 첫 바위를 했다. 해가 뉘엿뉘엿 지는 비룡폭포 옆을 오를 때 바위의 따스하면서도 까칠까칠한 촉감은 마치 아가씨의 속살을 만지는 듯한 느낌이었다.

기자라는 직업으로 그동안 국내는 물론 세계 20여 개국 90여 도시를 다녔다. 1990년대에는 매주 말 등산연합회 회원들과 전국의 산을 누볐고, 1999년부터 7년간 다섯 번의 히말라야 원정을 취재하는 행운도 누렸다.

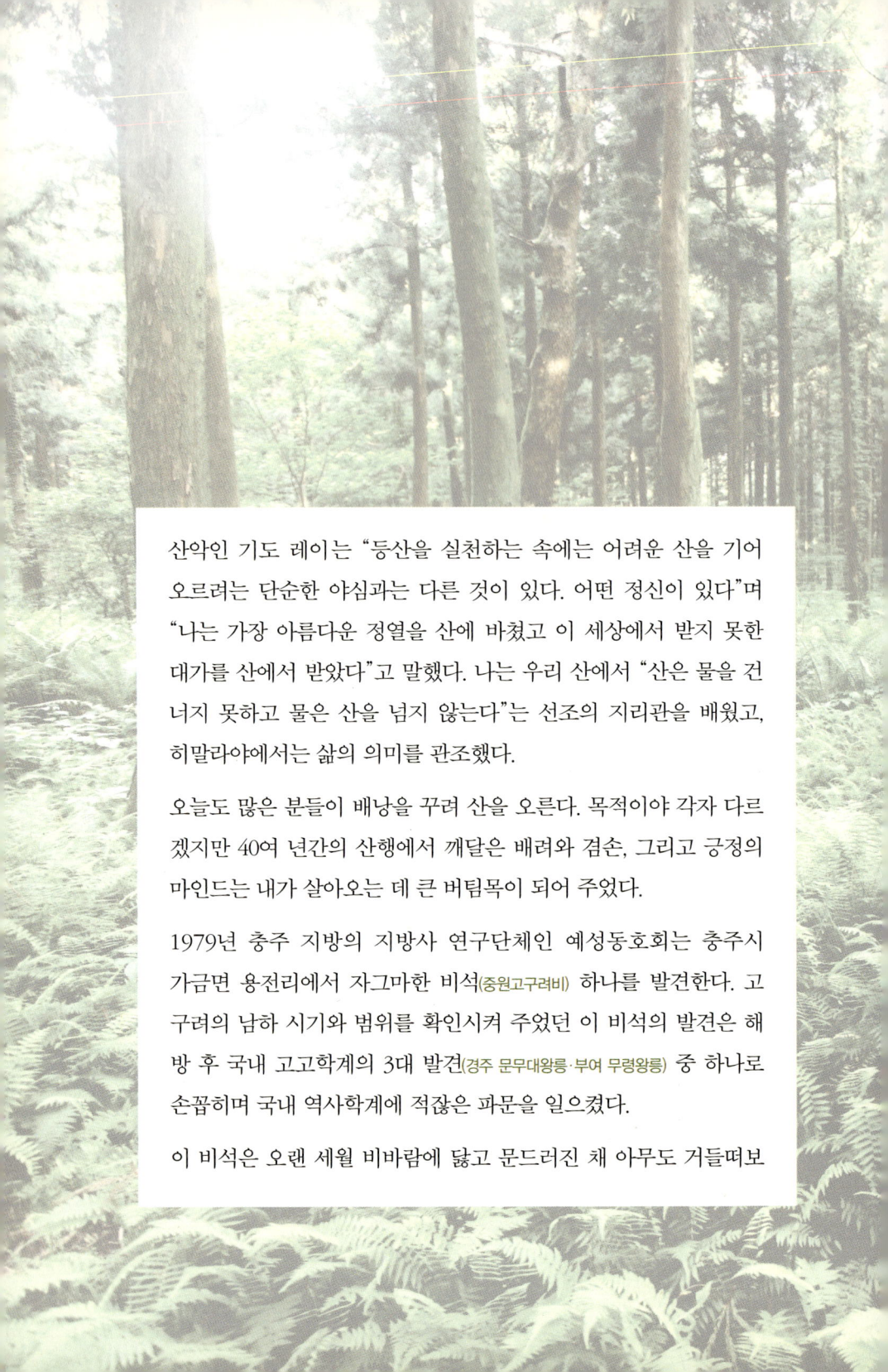

산악인 기도 레이는 "등산을 실천하는 속에는 어려운 산을 기어오르려는 단순한 야심과는 다른 것이 있다. 어떤 정신이 있다"며 "나는 가장 아름다운 정열을 산에 바쳤고 이 세상에서 받지 못한 대가를 산에서 받았다"고 말했다. 나는 우리 산에서 "산은 물을 건너지 못하고 물은 산을 넘지 않는다"는 선조의 지리관을 배웠고, 히말라야에서는 삶의 의미를 관조했다.

오늘도 많은 분들이 배낭을 꾸려 산을 오른다. 목적이야 각자 다르겠지만 40여 년간의 산행에서 깨달은 배려와 겸손, 그리고 긍정의 마인드는 내가 살아오는 데 큰 버팀목이 되어 주었다.

1979년 충주 지방의 지방사 연구단체인 예성동호회는 충주시 가금면 용전리에서 자그마한 비석(중원고구려비) 하나를 발견한다. 고구려의 남하 시기와 범위를 확인시켜 주었던 이 비석의 발견은 해방 후 국내 고고학계의 3대 발견(경주 문무대왕릉·부여 무령왕릉) 중 하나로 손꼽히며 국내 역사학계에 적잖은 파문을 일으켰다.

이 비석은 오랜 세월 비바람에 닳고 문드러진 채 아무도 거들떠보

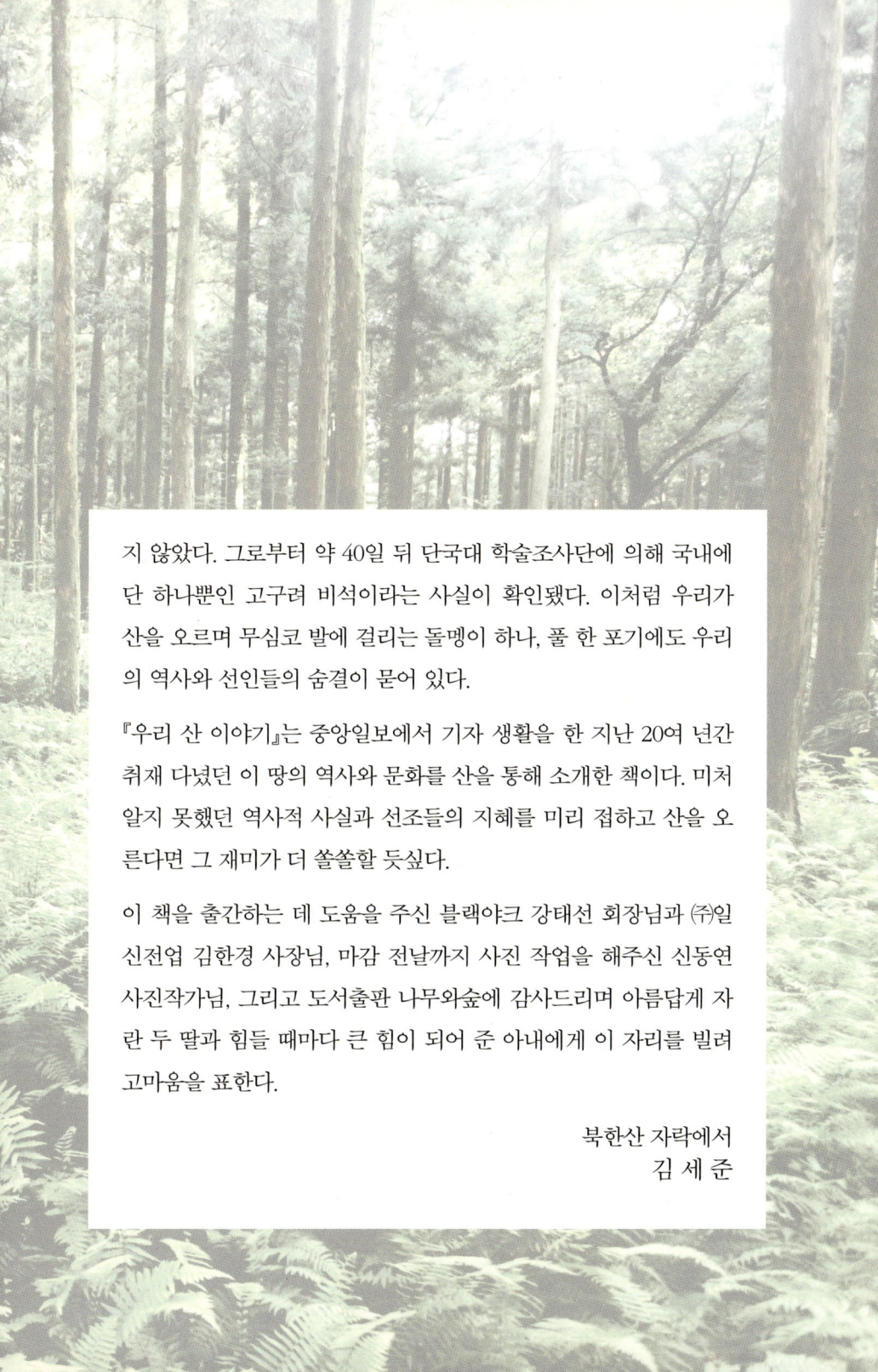

지 않았다. 그로부터 약 40일 뒤 단국대 학술조사단에 의해 국내에 단 하나뿐인 고구려 비석이라는 사실이 확인됐다. 이처럼 우리가 산을 오르며 무심코 발에 걸리는 돌멩이 하나, 풀 한 포기에도 우리의 역사와 선인들의 숨결이 묻어 있다.

『우리 산 이야기』는 중앙일보에서 기자 생활을 한 지난 20여 년간 취재 다녔던 이 땅의 역사와 문화를 산을 통해 소개한 책이다. 미처 알지 못했던 역사적 사실과 선조들의 지혜를 미리 접하고 산을 오른다면 그 재미가 더 쏠쏠할 듯싶다.

이 책을 출간하는 데 도움을 주신 블랙야크 강태선 회장님과 ㈜일신전업 김한경 사장님, 마감 전날까지 사진 작업을 해주신 신동연 사진작가님, 그리고 도서출판 나무와숲에 감사드리며 아름답게 자란 두 딸과 힘들 때마다 큰 힘이 되어 준 아내에게 이 자리를 빌려 고마움을 표한다.

북한산 자락에서<br>김 세 준

:: 차례

| | |
|---|---|
| 4 | 들어가는 글 |
| 13 | 한국전쟁 당시 강원도 최고 격전지 **가리산** |
| 17 | 원시림 울창한 전국 제일의 희귀생물 자생지 **가리왕산** |
| 21 | 충청도에서 가장 살기 좋은 내포의 중심 **예산 가야산** |
| 24 | 지자체 간 정상 탈환전 이어지고 있는 **합천 가야산** |
| 28 | 눈앞에 북녘 땅 보이는 분단의 현장 **감악산** |
| 31 | 순창고추장으로 유명한 '호남의 소금강' **강천산** |
| 34 | 신라 천년의 숨결 묻어나는 '노천 박물관' **경주 남산** |
| 40 | 국내 무속신앙 최고의 메카였던 '영험한 산' **계룡산** |
| 44 | 겨울이면 환상적인 설원이 손짓하는 **계방산** |
| 47 | 아름다운 생태숲 품은 가을 단풍의 명소 **공작산** |
| 50 | 서울 시민의 사랑 듬뿍 받는 '바위 박물관' **관악산** |
| 54 | 조선 최고의 여류시인 배출한 호두 원산지 **광덕산** |
| 57 | 한 고개 넘으면 또 한 고개 기다리는 험산 **구봉산** |
| 60 | 비단 위에 수놓은 듯 산세 아름다운 **금수산** |
| 63 | 한국전쟁 격전지인 왜관 전투 산증인 **금오산** |

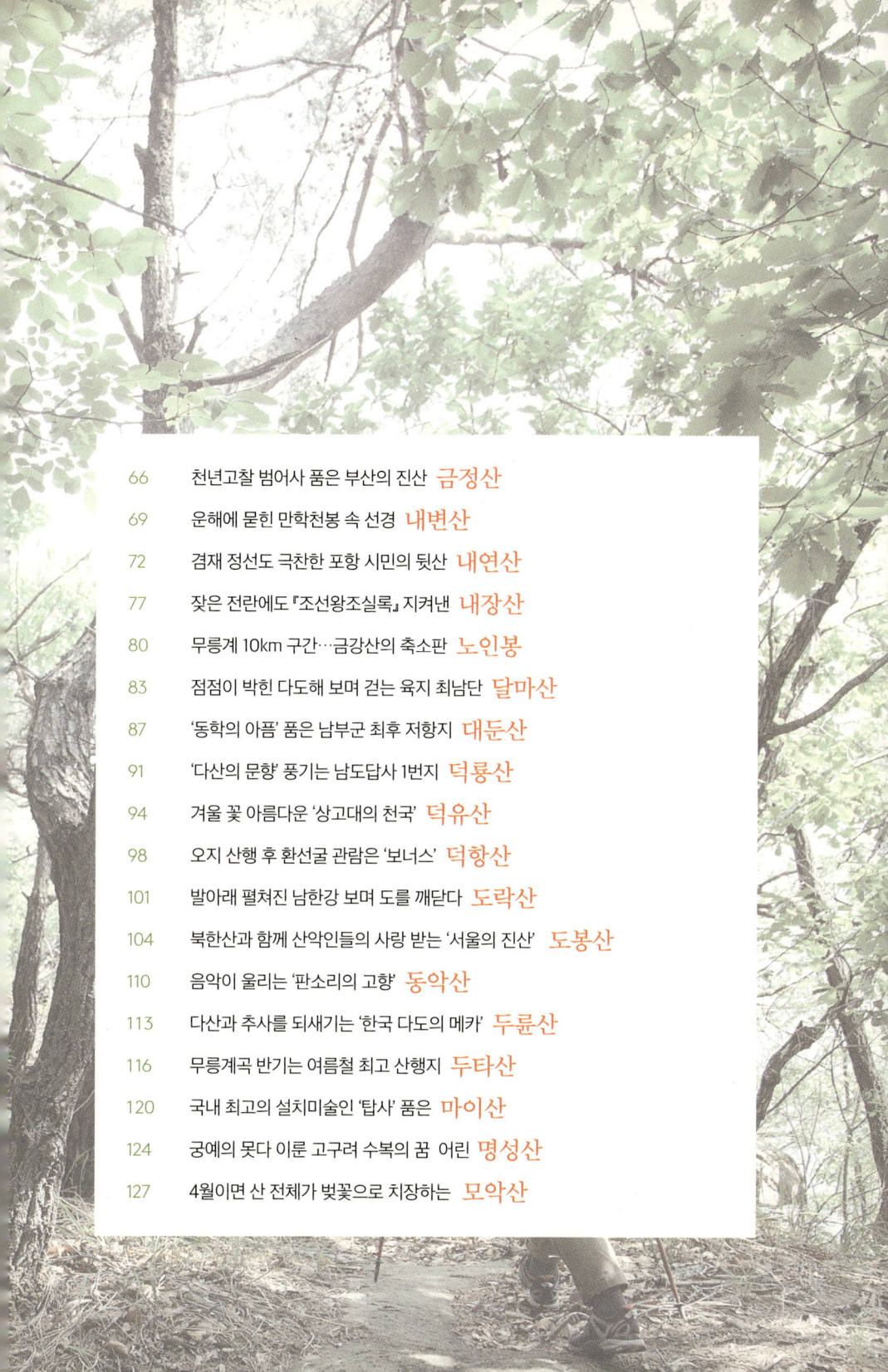

| | |
|---|---|
| 66 | 천년고찰 범어사 품은 부산의 진산 **금정산** |
| 69 | 운해에 묻힌 만학천봉 속 선경 **내변산** |
| 72 | 겸재 정선도 극찬한 포항 시민의 뒷산 **내연산** |
| 77 | 잦은 전란에도 『조선왕조실록』 지켜낸 **내장산** |
| 80 | 무릉계 10km 구간…금강산의 축소판 **노인봉** |
| 83 | 점점이 박힌 다도해 보며 걷는 육지 최남단 **달마산** |
| 87 | '동학의 아픔' 품은 남부군 최후 저항지 **대둔산** |
| 91 | '다산의 문향' 풍기는 남도답사 1번지 **덕룡산** |
| 94 | 겨울 꽃 아름다운 '상고대의 천국' **덕유산** |
| 98 | 오지 산행 후 환선굴 관람은 '보너스' **덕항산** |
| 101 | 발아래 펼쳐진 남한강 보며 도를 깨닫다 **도락산** |
| 104 | 북한산과 함께 산악인들의 사랑 받는 '서울의 진산' **도봉산** |
| 110 | 음악이 울리는 '판소리의 고향' **동악산** |
| 113 | 다산과 추사를 되새기는 '한국 다도의 메카' **두륜산** |
| 116 | 무릉계곡 반기는 여름철 최고 산행지 **두타산** |
| 120 | 국내 최고의 설치미술인 '탑사' 품은 **마이산** |
| 124 | 궁예의 못다 이룬 고구려 수복의 꿈 어린 **명성산** |
| 127 | 4월이면 산 전체가 벚꽃으로 치장하는 **모악산** |

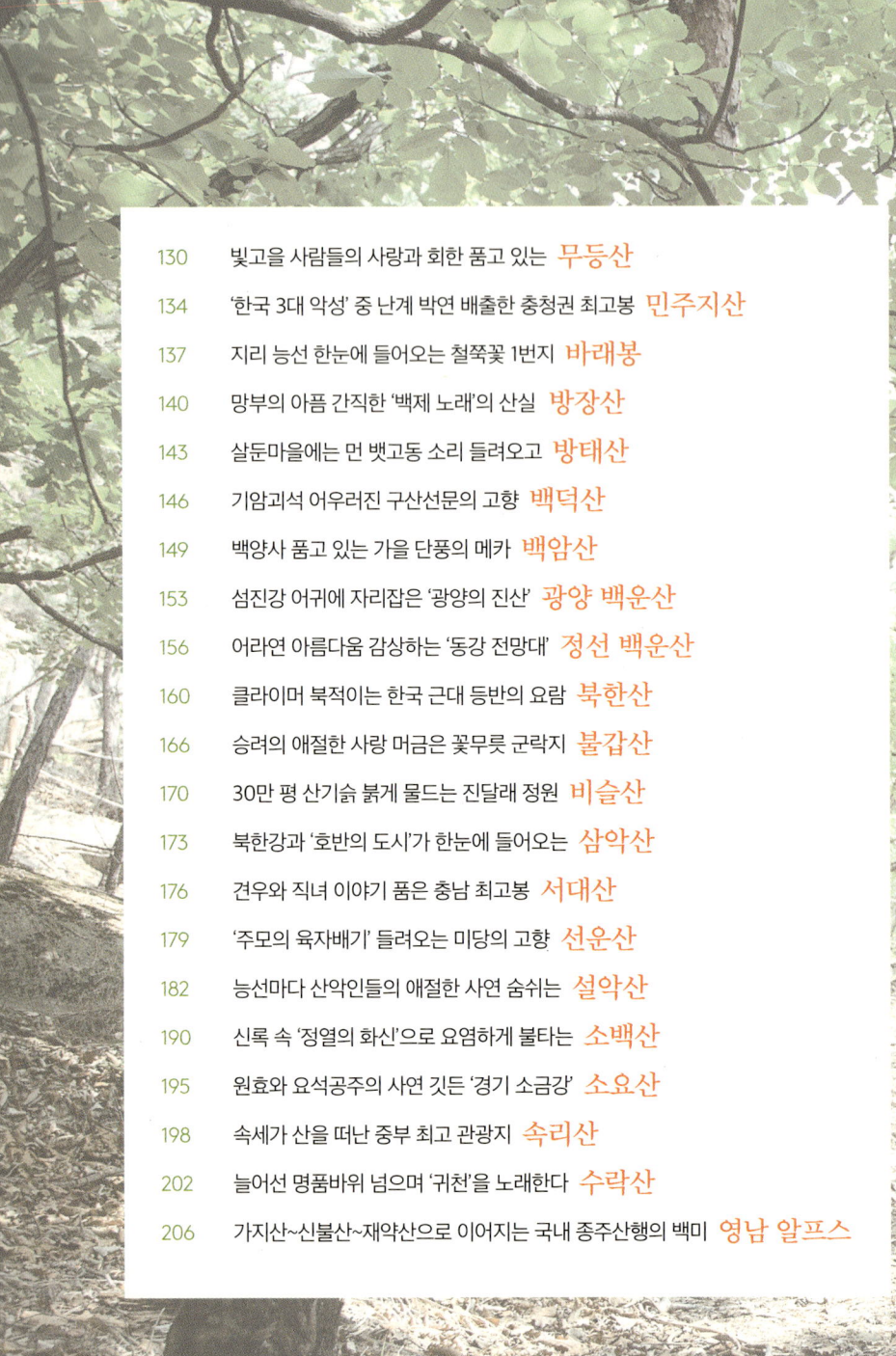

| | |
|---|---|
| 130 | 빛고을 사람들의 사랑과 회한 품고 있는 **무등산** |
| 134 | '한국 3대 악성' 중 난계 박연 배출한 충청권 최고봉 **민주지산** |
| 137 | 지리 능선 한눈에 들어오는 철쭉꽃 1번지 **바래봉** |
| 140 | 망부의 아픔 간직한 '백제 노래'의 산실 **방장산** |
| 143 | 살둔마을에는 먼 뱃고동 소리 들려오고 **방태산** |
| 146 | 기암괴석 어우러진 구산선문의 고향 **백덕산** |
| 149 | 백양사 품고 있는 가을 단풍의 메카 **백암산** |
| 153 | 섬진강 어귀에 자리잡은 '광양의 진산' **광양 백운산** |
| 156 | 어라연 아름다움 감상하는 '동강 전망대' **정선 백운산** |
| 160 | 클라이머 북적이는 한국 근대 등반의 요람 **북한산** |
| 166 | 승려의 애절한 사랑 머금은 꽃무릇 군락지 **불갑산** |
| 170 | 30만 평 산기슭 붉게 물드는 진달래 정원 **비슬산** |
| 173 | 북한강과 '호반의 도시'가 한눈에 들어오는 **삼악산** |
| 176 | 견우와 직녀 이야기 품은 충남 최고봉 **서대산** |
| 179 | '주모의 육자배기' 들려오는 미당의 고향 **선운산** |
| 182 | 능선마다 산악인들의 애절한 사연 숨쉬는 **설악산** |
| 190 | 신록 속 '정열의 화신'으로 요염하게 불타는 **소백산** |
| 195 | 원효와 요석공주의 사연 깃든 '경기 소금강' **소요산** |
| 198 | 속세가 산을 떠난 중부 최고 관광지 **속리산** |
| 202 | 늘어선 명품바위 넘으며 '귀천'을 노래한다 **수락산** |
| 206 | 가지산~신불산~재약산으로 이어지는 국내 종주산행의 백미 **영남 알프스** |

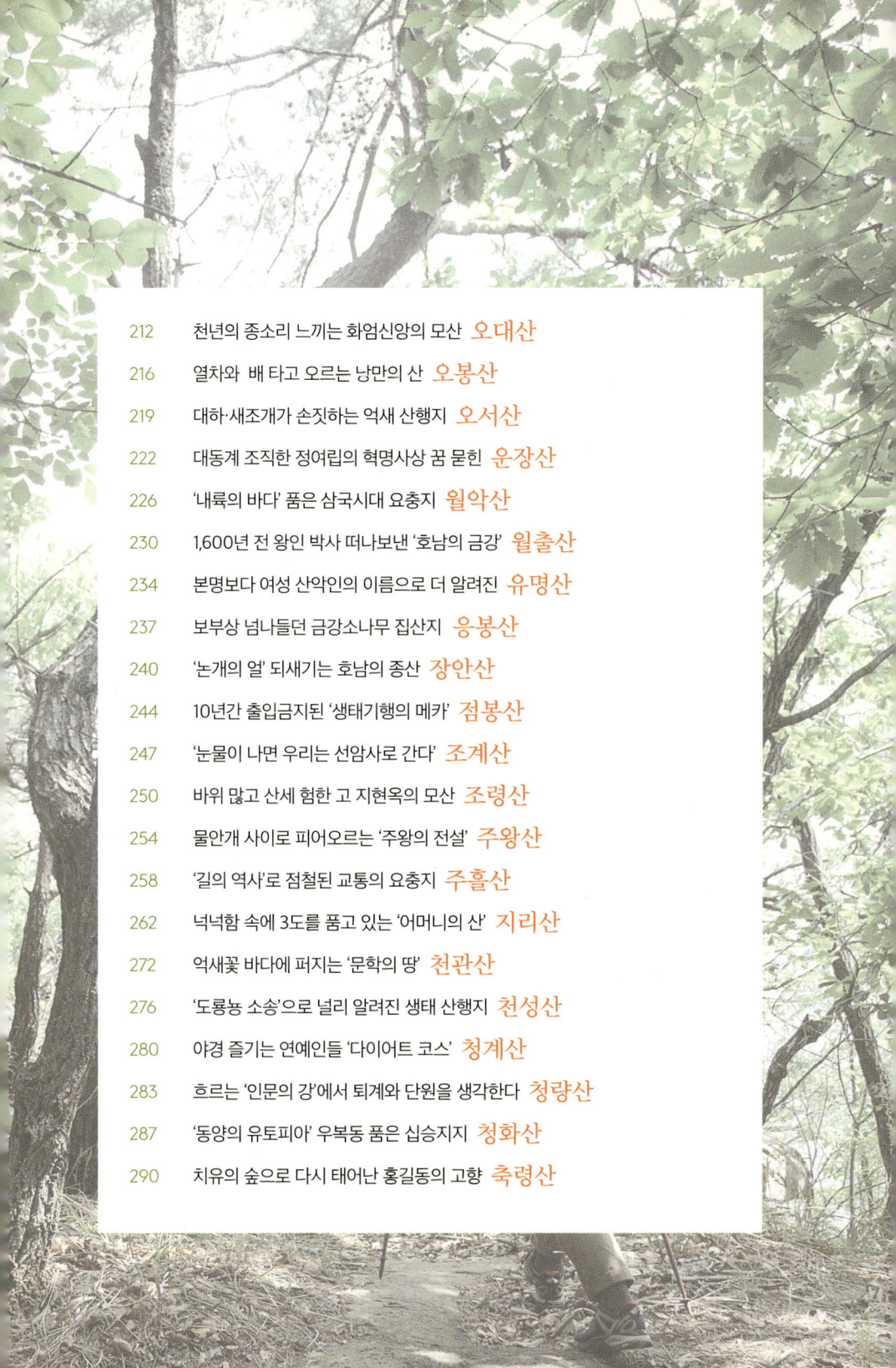

| 212 | 천년의 종소리 느끼는 화엄신앙의 모산 **오대산** |
| 216 | 열차와 배 타고 오르는 낭만의 산 **오봉산** |
| 219 | 대하·새조개가 손짓하는 억새 산행지 **오서산** |
| 222 | 대동계 조직한 정여립의 혁명사상 꿈 묻힌 **운장산** |
| 226 | '내륙의 바다' 품은 삼국시대 요충지 **월악산** |
| 230 | 1,600년 전 왕인 박사 떠나보낸 '호남의 금강' **월출산** |
| 234 | 본명보다 여성 산악인의 이름으로 더 알려진 **유명산** |
| 237 | 보부상 넘나들던 금강소나무 집산지 **응봉산** |
| 240 | '논개의 얼' 되새기는 호남의 종산 **장안산** |
| 244 | 10년간 출입금지된 '생태기행의 메카' **점봉산** |
| 247 | '눈물이 나면 우리는 선암사로 간다' **조계산** |
| 250 | 바위 많고 산세 험한 고 지현옥의 모산 **조령산** |
| 254 | 물안개 사이로 피어오르는 '주왕의 전설' **주왕산** |
| 258 | '길의 역사'로 점철된 교통의 요충지 **주흘산** |
| 262 | 넉넉함 속에 3도를 품고 있는 '어머니의 산' **지리산** |
| 272 | 억새꽃 바다에 퍼지는 '문학의 땅' **천관산** |
| 276 | '도롱뇽 소송'으로 널리 알려진 생태 산행지 **천성산** |
| 280 | 야경 즐기는 연예인들 '다이어트 코스' **청계산** |
| 283 | 흐르는 '인문의 강'에서 퇴계와 단원을 생각한다 **청량산** |
| 287 | '동양의 유토피아' 우복동 품은 십승지지 **청화산** |
| 290 | 치유의 숲으로 다시 태어난 홍길동의 고향 **축령산** |

| | | |
|---|---|---|
| 294 | '꿩의 보은설화' 깃든 겨울 산행의 백미 | **치악산** |
| 297 | 산새 소리에 어린 가슴속 타들어간다는 충남의 오지 | **칠갑산** |
| 300 | 천년의 그리움 잉태하는 '큰 밝음의 산' | **태백산** |
| 304 | '단종애사' 묵묵히 지켜본 역사의 현장 | **태화산** |
| 308 | 기도처로 유명한 갓바위 품은 '대구의 진산' | **팔공산** |
| 312 | 낮지만 아름다운 산세는 용아능선 축소판 | **팔봉산** |
| 316 | '한국의 우주터미널'로 다시 태어난 고흥 최고의 산 | **팔영산** |
| 320 | '전설의 섬' 이어도 손짓하는 반도 남쪽의 최고봉 | **한라산** |
| 330 | 함박꽃 반겨주는 태백의 진산 | **함백산** |
| 334 | 대한민국 정중앙에 위치한 경기 최고봉 | **화악산** |
| 337 | 창녕 조씨 득성지인 억새 산행지 | **화왕산** |
| 341 | '에미골'의 슬픈 사연 간직한 천상의 화원 | **황매산** |
| 344 | 정유재란 때 왜군에 타격 준 '역사의 현장' | **황석산** |
| 349 | '영남의 관문' 추풍령과 맞닿은 | **황악산** |

한국전쟁 당시 강원도 최고의 격전지
## 가리산

'가리'라는 이름의 산은 국내에 많이 있다. 그중 산악인들이 즐겨 찾는 산행지로 가리봉·가리왕산·가리산·가리산 등 네 곳이 유명하다.

'가리'는 단으로 묶은 곡식이나 땔나무 따위를 차곡차곡 쌓아둔 큰 더미를 뜻하는 말로, 순우리말이다. 산봉우리가 노적가리처럼 생겼기 때문에 가리산 또는 가리봉으로 불렀다. 그러나 이들 지명은 일본인들이 고유명사를 한자화하면서 지금은 '가리加里'라는 한자 이름으로 쓰이고 있다.

강원도 홍천군에는 계방산·가칠봉·개인산·가리산·공작산·팔봉산 등 유명 산행지가 널려 있다. 그중에서도 한국적 샤머니즘 냄새가 물씬 풍기는 가리산은 정상에서의 조망이 뛰어나 내륙 산간지방의 전망대로 각광받는 곳이다. 특히 낙엽송과 잡목이 우거져 있어 가을철 단풍 산행지로 적격이다.

가리산은 홍천~춘천~인제를 잇는 전술적 요충지였다. 미 해병대 제1사단에 배속된 한국 해병대 제1연대는 1951년 3월 19일부터 1주일간 홍천 가리산을 공격한다. 당시 가리산 일대는 인민군 최강예 부대인 제6사단 1,500여 명이 방어하고 있었다. 한국 해병대는 3월 25일 총공격으로 가리산을 빼앗는다.

그러나 곧 이어진 중공군의 춘계 2차 공세를 맞아 미 2사단 38연대 3대대는 5월 17~19일 벙커 고지 일대에 견고한 진지를 구축한다. 미군의 진지 사수로 중공군은 홍천 진출이 막히면서 춘계공세는 끝을 맺게 된다. 《경향신문》에 실린 〈중국이 본 한국전〉 시리즈 기사는 이 전투를 다음과 같이 소개했다.

중공군의 제2차 춘계공세는 그들이 공격을 개시한 지 5일 만에 끝나고 미8군은 또다시 재진격을 개시할 수 있는 유리한 입장에 서게 됐다. 국군 제3군단을 해체의 치욕으로까지 몰고 가게 했던 강원도 현리 전투와 미 제2사단 제38연대 3대대가 끝까지 사수함으로써 미 제10군단이 적의 돌파구 확대를 저지하고 전선을 고수하는 데 크게 공헌한 가리산 전투-'벙커고지 전투'는 좋은 대조를 이루는 전투로 꼽힌다.

당시 이 전투에서 미군은 대대장과 부대대장은 물론 작전장교와 중대장 2명 등이 전사해 지휘부가 붕괴된 상황에서도 철수 명령이 내려지기 전까지 진지를 고수했다.

가리산의 산행 들머리는 소양호의 물로리선착장과 두촌면의 큰평내 등 두 곳에서 시작한다. 물로리에서 산행을 시작하려면 소양댐에서 보트를 타고 들어와야 한다. 보트 여행을 즐길 수 있어 색다른 맛을 느낄 수 있다.

가리산    15

가리산은 30~40분의 가파른 길을 오르다 넓은 공터와 안부를 연이어 만나게 돼 산행은 어렵지 않다. 정상 바로 밑에는 바위 틈새로 물이 떨어지는 석간수 샘터가 있어 목을 축일 수 있다. 동봉에서 정상까지도 바위로 이어지는데 중간중간 로프로 안전시설을 마련했기 때문에 산행하는 데 큰 어려움은 없다. 정상에 오르면 태기산·공작산·사명산이 한눈에 들어오고 소양호가 펼쳐진다.

산행 코스는 물로리선착장~은주사~3봉~2봉~1봉~무쇄말재~함수곡~휴양림으로 이어지는 11.9km, 5시간 40분 정도 소요된다.

원시림 울창한 전국 제일의 희귀생물 자생지

가리왕산

이중환의 『택리지』를 뒤적이면 영월·평창·정선 세 마을을 "영평정寧平旌 산다삼읍山多三邑"이라고 했다. 그만큼 강원도에서도 이곳은 칼 같은 산들이 얽히고설킨 곳으로 지금이야 도로가 시원하게 뚫려 교통이 편해졌지만, 40여 년 전만 해도 오지 중의 오지였다.

그중에서도 정선은 가장 오지여서 이곳에 부임하는 군수는 두 번 울었다고 한다. 한 번은 유배지나 다름없는 곳으로 부임하게 되니 막막한 심정에서 울었고, 또 한 번은 떠날 때 그동안 정들었던 정선 인심과 헤어지기 섭섭하여 울었다고 한다.

1960년대 정선은 탄광 마을이었다. 정선의 석탄산업은 오늘날 한국 경제 부흥의 밑알이었다. 지금은 석탄산업 합리화 정책으로 그 수많았던 탄광이 문을 닫았다. 1980년 동원탄좌 사북영업소에서 일하던 광부들은 열악한 근무조건 개선과 임금인상을 요구하는 투쟁을 벌였다. 그러나 신군부가 개입하면서 각종 고문 끝에 31명을 구속 기소했다. 이것이 그 유명한 '사북사태'다. 이들은 후에 재판을 통해 무죄를 선고받았다. 〈먼저 사북을 묻다〉라는 다큐멘터리 영화로도 소개되었다. 잊지 말아야 할 아픔의 현장이다.

정선을 대표하는 꽃 산행지로는 민둥산(억새)과 두위봉(철쭉)을 꼽을 수 있다. 가리왕산(1,560m)은 오대산에 이어 국내에서 아홉 번째로 높은 산이다. 오대산 우통수에서 발원한 물이 태백 검룡소에서 내려오는 물과 나전에서 만난다. 바로 오대천이 흐르는 숙암계곡을 끼고 오른편으로 솟은 둔덕이 가리왕산이다.

가리왕산은 옛날 맥국의 갈왕이 이곳으로 피난 와 성을 쌓고 머물렀던 곳으로, 망경대·시녀암 등 곳곳에 갈왕의 전설이 깃들어 있다. 멀리서 보면 노적가리 쌓아둔 모양으로, 국내에는 가리산이라는 이름이 몇 개 있다. 그중에서 가장 크다 해서 '가리왕산'이란 이름이 붙여진 듯하다. 정상을 중심으로 백석산·중왕산·청옥산과 중봉·하봉 등이 솟아 있다.

주목·분비나무·구상나무·마가목·신갈나무 등 500년 이상 된 원시림이 울창한 가리왕산은 전국 제일의 천연 활엽수림과 희귀생물 자생지로, 정부는 이 일대를 멸종위기에 놓인 자생식물과 약용식물 등의 증식 및 보호를 위해 '산림유전자원보호림'으로 지정했다. 그런 이곳이 2018 평창 동계올림픽 스키 활강장 건설을 위해 파헤쳐져 이제 옛 모습을 찾기가 힘들다. 가슴 아프다.

고산준봉답게 규모는 장대하지만 산세는 비교적 완만하다. 그러나 수목이 울창해 초보자가 오르기에는 만만치 않다. 정상 부근에 주목나무와

활엽수가 숲을 이뤄 걷기만 해도 힐링이 가능한 것이 이곳의 매력이다. 장구목이골에서 시작해 등산로를 따라 한 시간 정도 오르면 빽빽한 숲이다. 주목과 고사목을 지나면 흰 자작나무가 반긴다. 높고 낮은 능선과 봉우리를 넘어 정상에 가까워지면 초원지대가 펼쳐지면서 동해에서 불어오는 바람이 거세진다.

산행 코스는 휴양림 매표소~심마니교~마항치삼거리~상봉~중봉~휴양림 매표소로 이어지며, 12.7km로 6~7시간 소요된다.

충청도에서 가장 살기 좋은 내포의 중심

# 예산 가야산

충남 예산과 서산에 걸쳐 있는 가야산(678m)은 충청도에서 가장 살기 좋다는 내포 지방 열 개 고을을 품고 있다. 가야산 북쪽의 태안·서산·면천·당진, 동쪽의 홍주·덕산·예산·신창, 서쪽의 보령·결성·해미 등이 바로 여기에 속한다.

이중환은 『택리지』에서 "가야산은 서쪽으로 큰 바다, 북쪽으로 큰 만, 동쪽으로 큰 평야가 펼쳐져 있고, 둘레 열 개 고을을 '내포'라 부르니 충청도에서 가장 좋은 곳"이라며 가야산이 그 중심에 있다고 소개한다. 사람 왕래가 잦은 큰 길목이 아니어서 임진·병자 두 차례 난리에도 화가 미치지 않았으며, 물산이 풍부해 여러 대를 이어 사는 사대부 집이 많다고 말한다.

만해 한용운 선사, 청산리전투의 김좌진 장군, 고려 최영 장군, 사육신 성삼문(이상 홍성), 추사 김정희, 매헌 윤봉길(이상 예산), 김대건 신부(당진) 등이 바로 내포 출신이다.

그런가 하면 예산군 덕산면에는 '이대천자지지二代天子之地'(2대에 걸쳐 천자가 나는 자리)라 불리는 명당으로 흥선대원군의 부친인 남연군묘가 있다. 남연군묘에는 원래 가야사라는 절이 있었는데, 흥선대원군은 이를 폐사시키고 경기도 연천에 있던 아버지의 묘를 이곳으로 옮긴다. 그래서일까, 7년 후 아들 명복을 보게 된다. 그러나 1868년 독일 상인 오페르트가 천주교인의 안내로 남연군묘를 도굴하는 사건이 일어난다. 이 밖에도 서산은 '백제인의 미소'로 불리는 서산마애삼존불 등 많은 문화유산을 품고 있다.

이처럼 물산이 풍부하고 많은 인재가 태어난 내포 지방은 불교문화가 강했으나 18세기 천주교가 전래되면서 기해박해 때 많은 신자들이 해미

읍성에서 순교한다. 당진에서 태어난 김대건 신부도 새남터에서 순교한다. 그래서 내포 지방에는 곳곳에 천주교와 관련된 유적들이 많다.

제주 올레길 이후 전국 지자체마다 지역의 특성을 살린 길을 만들어 사람들을 불러 모으고 있다. 최근 유행하는 힐링 트렌드다. '내포문화숲길'도 그중 하나다. '내포문화숲길'은 가야산 주변의 4개 시·군(서산시·당진시·홍성군·예산군)이 내포 지역에 남아 있는 불교·천주교·동학과 관련된 역사 인물 및 백제부흥운동의 흔적이 남아 있는 지점들을 옛길과 마을길, 숲길과 임도, 들길, 하천길을 따라서 충청남도 최초로 조성한 가장 긴 도보 트래일(320km)이다. 짧게는 6.2km(7코스, 용봉초등학교~홍성성당)에서 길게는 23.8km(22코스, 여사울 성지~삽교성당)의 24개 코스로 이뤄져 있다.

가야산은 높지 않지만 산세가 웅장하고 바다가 가까워 능선에 오르면 내륙의 1,000m 넘는 산이 부럽지 않을 정도로 풍광이 뛰어나며, 석문봉에서 바라보는 서해 일몰은 장관이다. 봄에는 진달래가 지천이고, 가을 단풍과 겨울 설경도 아름답다.

산행 코스는 덕산 상가리주차장~옥양봉~석문봉~가야봉~주차장으로 이어지는 10.6km, 5시간 정도 소요된다.

지자체 간 정상 탈환전 이어지고 있는
### 합천 가야산

달에 사는 미인의 이름은 '상아'다. 여기에 바위라는 뜻의 '덤'이 합쳐져 불리는 가야산 '상아덤'은 대가야·금관가야의 시조 설화와 깊은 연관이 있다. 『신증동국여지승람』 '석이정전'에는 다음과 같은 이야기가 전해 온다.

> 가야산의 여신 정견모주는 하늘신인 이비가지와 상아덤에서 부부의 연을 맺는다. 그리고 아들을 낳는데 첫째는 아버지처럼 해와 같이 둥글고 붉어 뇌질주일惱窒朱日, 동생은 어머니처럼 얼굴이 달과 같이 갸름하고 흰 편이어서 뇌질청예惱窒靑裔라 이름 지었다. 두 형제는 후에 형은 대가야(현재 고령)의 이진아시왕, 동생은 금관가야(현재 김해) 수로왕이 되었다.

불가에서는 불·법·승을 세 가지 보물이라 하며, 이를 간직한 사찰을 '3보 사찰'이라 부른다. 불보사찰은 부처님 사리를 봉안한 양산 통도사, 법보사찰은 팔만대장경을 보관하는 합천 해인사, 승보사찰로는 붓다의 교법을 배우고 수행하는 순천 송광사가 있다. 거란의 침략을 막고자 새겼던 초조대장경은 대구 팔공산 부인사에 보관해 왔으나 몽골군의 방화로 소실되었다. 이후 고종 38년, 최우는 강화도 선원사에 명을 내려 대장경을 다시 만든다. 선원사에 보관되던 팔만대장경은 조선 태조 6년 이성계의 명으로 가야산 해인사로 옮긴다. 그동안 몇 번의 화재로 해인사의 여러 전각이 소실된 적은 있으나, 팔만대장경이 있는 장경판전만은 한 번도 불난 적이 없다.

이처럼 가야산은 가야 건국설화뿐 아니라 법보사찰을 품고 있으며, 오대산·소백산과 함께 임진왜란 때 왜적이 침입을 못한 지역, 즉 '삼재불입지처三災不入之處'로 불리기 때문인지 산 곳곳에 옛 선조들이 이용했던 기도처의 흔적이 남아 있다.

이중환은 『택리지』에서 "끝이 날카로운 바위들의 늘어선 모양이 마치 불꽃이 공중에 솟는 것처럼 대단히 높고 수려하다"며 바위로 불꽃을 피운 산으로 소개했다. 가야산의 만물상 능선과 공룡 능선은 그야말로 천상에 펼쳐진 바위 박물관으로 구경하는 것만으로도 쏠쏠한 재미를 더한다.

가야산은 경상북도 성주군과 경상남도 합천군을 사이에 두고 우뚝 솟은 영남의 최고봉이다. '가야'는 고대 인도의 산스크리트어로 '코끼리'를 뜻한다. 가야란 말이 우리나라에 들어올 때 생김새와 뜻이 비슷한 상왕, 상두象頭, 우두牛頭 등의 의미로 풀이됐다. 이런 연유로 가장 높은 봉우리를 우두봉(일명 상왕봉·1,430m)이라 불렀고 주봉으로 여겼다. 그러나 최근 성주군에서 측량한 결과 칠불봉(1,433m)이 3m 높은 것으로 확인되면서 지자체 간의 가야산 정상 탈환전이 지금까지 이어지고 있다.

가야산은 칠불봉을 비롯해 우두봉·남산·단지봉·남산 제1봉·매화산 등 1,000m 내외의 연봉과 능선이 둘러싸며 산세가 변화무쌍하게 펼쳐진다. 상아덤은 기암괴석의 봉우리로 가야산에서 가장 아름다운 만물상 능선과 이어져 최고의 전망을 즐길 수 있다.

산행 코스는 성주 백운동 탐방센터~만물산 능선~서성재~칠불봉~우두봉~해인사로 이어지는 11km, 6시간 30분 정도 소요된다.

눈앞에 북녘 땅 보이는 분단의 현장

# 감악산

▲▲▲

이 땅 어느 곳이건 이데올로기의 대립으로 인한 아픔의 흔적이 없는 곳이 없다. 65년 전, 서로의 가슴에 총부리를 겨누다 이름 모를 곳에서 산화한 이 땅의 젊은이들에게 당시의 사상적 대립이나 냉전이라는 국제정세는 아무런 의미가 없었다. 그저 강압에 의해 전쟁터로 내몰렸던, 그리고 죽어서도 이름조차 못 찾고 '무명인'으로 불리던 그들은 오늘도 파주 하늘 아래 잠들어 있다. 그러기에 '무명인'으로 쓰여 있는 비석에는 처연함마저 배어 있다.

감악산이 있는 경기도 파주시 적성면 답곡리에는 한국전쟁 당시 전사한 북한군과 중공군의 유해 1,080구가 묻혀 있다. '적군묘지'다. 제네바협정에 따라 1996년에 조성된 이곳은 이데올로기 대결의 비극을 상징하는 곳이다. 중국 관광객들의 발길이 이어지며 종합적 관리가 요구되자, 군은 2012년 '파주 적군묘지'를 새로 단장했다.

적군묘지에는 1968년 1·21 사태 때 사살된 무장공비 30명, 1987년 김현희와 함께 KAL 858기를 폭파하고 자살한 김승일, 1998년 남해안에 침투했던 공작원 6명 등도 함께 묻혀 있다. 중공군의 유해는 그동안 505구가 본국으로 송환됐지만, 이들은 조국인 북한으로부터 존재를 부정당해 고향으로 못 돌아가고 이곳에 누워 있다.

시인 구상은 한국전쟁의 비극적 현실에 대한 절망과 탄식 속에 이데올로기를 뛰어넘은 형제애와 인류애를 15편의 연작시로 노래했다. 1956년 발표한 「초토의 시」다.

오호, 여기 줄지어 누웠는 넋들은/ 눈도 감지 못하였겠구나 / 어제까지 너희의 목숨을 겨눠 / 방아쇠를 당기던 우리의 그 손으로 / 썩어 문드러진 살덩이와 뼈를 추려 / 그래도 양지바른 두메를 골라 고이 파묻어 떼마저 입혔거니 (…중략…) / 손에 닿을 듯한 봄 하늘에 / 구름은 무심히도 / 북으로 흘러가고 / 어디서 울려오는 포성 몇 발 / 나는 그만 이 은원의 무덤 앞에 / 목 놓아 버린다.

한북정맥이 파주의 장명산을 거쳐 임진강 어귀 서해로 빠져들기 전 마지막에 솟은 감악산은 서부전선 최전방에 있다. 송악산·관악산·화악산·운악산과 함께 '경기 5악'으로 불렸다. 바위 사이로 검은빛과 푸른빛이 흘러나온다고 해서 '감색 바위산'이라는 뜻으로 이름 붙여졌다. 법륜사가 있는 파주 쪽 산세와 달리 임격정봉이 있는 정상은 바위절벽으로 이루어져 있다.

삼국시대부터 임진강을 경계로 한 감악산 주변은 고구려와 신라의 분쟁이 끊이지 않는 치열한 격전지였다. 군시설물로 출입이 금지되다 1980년대 후반 일반에 개방됐지만 곳곳에 벙커와 낡은 통신선이 남과 북이 대치하고 있는 분단의 현장임을 말해 준다. 감악산은 개방 이후에도 북쪽 사면은 여전히 군사시설이 있어 출입을 막고 있다.

감악산에 오르면 발아래 굽이치는 임진강과 그 너머 민통선 구석구석까지 보인다. 맑은 날에는 북녘 땅은 물론, 개성 송악산이 멀리서 손짓한다. 적군묘지가 아니라도 분단의 현장을 눈앞에서 느낄 수 있다.

등산 코스는 파주시의 법륜사 코스와 양주시의 부도골 계곡을 끼고 오르는 신안리 코스가 대표적이다. 파주 쪽은 법륜사 입구나 감악산휴게소를 들머리로 한다. 주차할 곳이 마땅치 않아 주말이면 좁은 콘크리트길이 주차장으로 변해 복잡하다. 양주 쪽은 신암저수지나 원당저수지에서 오른다. 두 곳 모두 교통편이 불편하지만 산행 초입에서 감악산의 가장 아름다운 풍경을 볼 수 있고 찾는 사람이 적어 한적한 산행을 즐길 수 있다는 것이 장점이다. 4시간 정도 소요된다.

순창고추장으로 유명한 '호남의 소금강'

강천산

요리는 민족마다 다르다. 레시피는 같더라도 조리법과 민족 특유의 소스에 따라 맛은 천차만별이다. 주로 볶음요리에 많이 쓰이는 중국의 굴소스, 간장을 기본으로 신맛과 단맛을 절묘하게 매치한 일본의 폰즈소스, 매콤하면서도 달콤새콤한 맛에 '인도네시아 고추장'으로 불리는 삼발소스, 우리의 멸치액젓같이 생선을 발효시켜 만든 늑맘, 트레비아노 포도즙을 오크통에 넣어 숙성·발효시켜 만든 이탈리아나 프랑스의 발사믹식초 등이 각국을 대표하는 전통 소스다. 대한민국의 고추장도 여기에 해당한다.

한국 요리는 '장의 문화'다. 상고시대부터 내려온 것으로 추측되는 간장과 된장, 그리고 고추가 전래되면서 개발된 고추장이 대한민국을 대표하는 '전통 양념 3형제'다. 이들은 볶음·조림·무침·찌개·국 등 모든 요리에 들어간다. 지금은 고인이 된 박영석 대장이 북극점 탐사 때 "모든 것이 얼어붙는 영하 40~50℃의 추위에서 고추장만은 얼지 않았다"는 이야기를 한 적이 있을 정도로 고추장은 뛰어난 소스다.

고추는 안데스산맥이 원산지로, 고추가 일본을 거쳐 한반도에 전래된 것은 16세기 말~17세기 초로 추정된다. 최초의 기록은 이수광의 『지봉유설』로 "만초는 일본을 거쳐 온 것으로서 '왜겨자'라고도 한다"고 소개하고 있다. 고추장 제조법이 기록된 최초의 문헌은 조선시대 숙종 때 어의였던 이시필의 「소문사설」(생각이 고루하고 견문이 좁은 저자가 보고 들은 이야기를 기록하였다는 뜻으로, 쥐 잡는 기구부터 벽돌 제조법까지 소개된 18세기 조선의 실용지식 백과사전)이다. 고추장은 지방마다 만드는 법이 다른 데다 만드는 재료도 보리·수수·무거리·약·팥·고구마 등 다양하기에 그 수가 무척 많다. 지역으로는 해남·순창·진주 고추장이 손꼽히며, 특히 순창고추장이 유명하다.

　항일운동의 진원지이자 청학동 도인으로 불리는 갱정유도更定儒道의 발상지인 회문산(830m)은 순창에서 가장 높은 산이다. 회문산 가마골에는 군사학교·인민학교·정치보위학교를 포함한 3개 병단의 빨치산 노령지구 사령부가 있었다. 그러나 아름답기로는 강천산(584m)을 빼놓을 수 없기에 '고추장의 메카'인 순창을 대표하는 산으로 자리하고 있다.

　호남정맥의 산봉우리 중에서는 장안산이 가장 높고 백운산과 무등산이 그 뒤를 잇는다. 추월산에서 강천산으로 이어지는 능선은 산세도 부드럽고 주변 경관이 뛰어나 많은 행락객들의 발길이 이어진다. 내장산에서 추월산을 거쳐 30여km를 달려온 호남정맥은 계곡과 기암괴석으로 '호남의 소금강'으로 불리는 강천산을 빚으며 전남 땅으로 넘어간다. 강천산군립공원에는 산성산을 중심으로 500m대의 주봉인 왕자봉을 비롯해 장군봉·형제봉·신선봉·깃대봉·천지봉 등 고만고만한 봉우리가 이어져 있다. 특히 산성산에는 조선시대 축조된 금성산성이 있으며, 산성이 있다 해서 이름 지어졌다.

　산행 코스는 매표소~깃대봉~왕자봉~형제봉~산성산~금성산성~헬기장~구장군폭포~현수교~강천사~매표소로 이어지는 17.3km, 7시간 30분 정도 소요된다.

신라 천년의 숨결 묻어나는 '노천 박물관'
경주 남산

우거진 송림 사이로 뻗어 있는 오솔길을 따라 걷노라면 신라의 유적과 유물을 곳곳에서 만난다. 신라 천년의 고도 경주. 신라인에게 남산은 그 자체가 신앙이자 절로 자리했다. 한 굽이 돌면 입가에 잔잔한 미소를 머금은 마애불이 반기고 골골이 남아 있는 수많은 절터와 유적지에서 아름다운 전설을 만난다. 길가의 돌멩이 하나, 풀 한 포기에서도 신라인의 숨결이 느껴진다.

경주를 대표하는 문화유산으로 우리는 불국사와 석굴암 그리고 왕릉 등을 손꼽는다. 그러나 경주 사람들은 흔히 "남산을 오르지 않고 경주를 보았다는 말을 하지 말라"고 이야기한다.

남산은 신라 서라벌의 진산이다. 동~서 4km, 남~북 8km의 장방형 산자락은 주봉인 금오산이 469m 정도로 낮다. 하지만 그곳에는 13기의

왕릉을 비롯해 산성터(4곳), 절터(150곳), 불상(129개), 석탑(99기), 석등(22기), 연화대(19점) 등 확인된 문화유적만 694점에 이른다. 남산의 웬만한 바위는 불상 아니면 탑이다. 그들은 불국정토를 꿈꾸며 산속 바위에 부처를 새겼다. 남산 전체가 보물이고 신라 천년의 역사이기에 지난 2000년 유네스코 세계문화유산으로 등재됐다.

경주시는 수백 개에 이르는 샛길을 정비해 남산의 속살을 제대로 볼 수 있도록 탐방로를 개설하고 있다. '삼릉 가는 길'에 이어 '동남산 가는 길'이 열렸고 '남산 가는 길'과 '남산 둘레길'도 새로 뚫을 예정이다.

남산은 금오산(468m)과 고위산(494m) 두 봉우리에서 흘러내리는 40여 개의 계곡 길과 산줄기로 이루어졌다. 남산 지도에도 순례길만 70여 개가 잡혀 있을 정도니 비록 산은 낮지만 발길 닿는 곳이 모두 등산로다. 하루 일정으로 남산을 둘러보는 코스는 삼릉골을 따라 상선암~사선암~금오산~용장사터~신선암~칠불암~통일전(약 9.5km)으로 이어지는 코스가 일반적이다. 늦은 걸음으로 6시간 정도 걸린다. 용장사터에서 바로 용장골을 따라 내려오는 코스는 4시간으로 더 짧다.

산행은 삼릉(아달라왕·신덕왕·경명왕이 묻힌 세 개의 왕릉)에서 시작한다. 작은 솔숲을 지나면 남산의 바윗길이 열린다. 5분가량 오르면 상선암과 금오산 코스를 알려주는 이정표가 나오고, 상선암 길로 오르면 목 없는 석불좌상이 제일 먼저 반긴다. 석불좌상 뒤로는 마애관음보살상이 있고 이곳을 지나면 다듬지 않은 자연 암석에 붓으로 그림을 그린 듯 마애선각육존불상이 화사한 미소를 지으며 다가온다. 자연 암석 위에는 인공으로 길게 홈을 파놓아 빗물이 직접 아래로 흐르지 않도록 배수로를 만들어 놓았다. 감탄사가 절로 나온다.

상선암을 거쳐 금오산 능선 위 상사암까지의 등산로에서는 선각여래좌상·석불좌상·마애석가여래대불좌상을 만날 수 있다. 대불좌상은 남산의 마애좌상 중 가장 규모가 크다. 머리에서 어깨까지는 깊게 조각해 돋보이게 한 반면, 몸체는 아주 얕게 새겨 자연과 인공을 조화시키고 있는 것이 독특하다. 금오산 정상에 오르면 배리 들판과 경주 시가지가 한눈에 들어온다. 남산 횡단도로를 따라 용장사터로 빠지는 삼거리까지는 약 600~700m 거리다.

고위산과 금오산 사이로 흐르는 용장골은 남산의 많은 계곡 중에서 가장 깊고 크다. 맑은 시냇물이 사시사철 마르지 않고 흐른다. 매월당 김시습이 이곳에서 국내 최초의 한문소설인 『금오신화』를 지었다는 이야기가 전해 온다.

용장사의 바위 위에는 삼층석탑이 있다. 유홍준은 『우리문화유산답사기』에서 "이 삼층석탑은 남산 전체를 하층 기단으로 삼았기 때문에 세계 어느 곳에서도 유례를 찾기 힘든 가장 큰 탑"이라고 설명한다. 삼층석탑에서 약 100m 아래에는 둥근 형태의 특이한 대좌 위에 몸체만 남은 석불좌상이 있다. 석불좌상 또한 삼층석탑과 마찬가지로 자연 화강암에 쌓아올렸기 때문에 "자연 속에서 승화하는 모습"을 잘 보여주고 있다.

가파른 바위산을 내려오면서 보이는 삼층석탑은 신라인이 만들려고 했던 '불국토의 세계'가 그곳에 있는 듯 착각마저 들게 한다. 계곡으로 내려서면 왼편은 칠불암, 오른편은 용장마을로 이어진다. 마을까지는 약 1.5km 거리다.

칠불암 코스는 계곡을 끼고 좀 지루하다 싶을 정도로 걷다 보면 호수가 나타난다. 왼편 풀숲을 거쳐 산등성이를 오르면 신선암 마애보살상이 있는 봉화골 정상에 닿는다. 정상에서는 토함산과 낭산을 비롯해 옛 신라의 중심지가 다 내려다보인다. 신선암 마애보살상은 깎아지른 듯 절벽 위 경사진 한쪽 바위에 새겨져 있어 보살이 구름을 타고 있는 듯한 착각마저 들게 한다.

신선암에서 칠불암으로 내려가는 길은 무척 가파르다. 칠불암 마애

석불은 통일신라 최전성기인 8세기 중엽 작품으로 추정되며 칠불암을 지나면 남산동 삼층석탑을 만나게 된다.

이렇듯 짧은 산행 속에서 마주치는 유적들을 보노라면 무형의 바위에 혼을 불어넣은 신라인들의 뛰어난 기술에 감탄사가 절로 나온다.

### 경주 남산 코스

- **삼릉골~금오산~용장골(4시간)**
  삼릉~목 없는 석불좌상~마애관음보살상~선각육존불~마애석가여래대불좌상~석조여래좌상~상선암~상사바위~금오산~용장사지 삼층석탑~용장사지 삼륜대좌불~용장사터~용장마을

- **삼릉골~금오산~칠불암(6시간)**
  삼릉~금오산~용장사터~신선암 마애불~칠불암~남산리 쌍탑~서출지

- **동남산 지역(2시간)**
  감실불상~탑곡 마애조상군(옥룡암 부처바위)~보리사 석조여래좌상

국내 무속신앙 최고의 메카였던 '영험한 산'
계룡산

무속인에게 계룡산은 아직도 '영험한 산'이다. 통일신라시대 신라 5악 중 서악이었던 이곳에서는 해마다 제사를 지냈다. 풍수지리의 대가였던 도선국사는 『도선비기』에서 "개성은 500년 도읍지이고 한양은 400년 도읍지이며 계룡산의 신도안은 800년 도읍지"라고 했다.

『동국여지승람』에는 "태조가 처음 즉위하였을 때, 계룡산 남쪽으로 도읍을 옮기려고 친히 와서 길지를 택하고 역사를 시작했다가, 뱃길이 멀어 이를 파하였는데, 그곳을 신도라 부르며 개울과 주춧돌 등이 남아 있다"고 전한다. 『정감록』에서는 이곳을 큰 변란을 피할 수 있는 '십승지지' 중 하나로 꼽고 정도령이 나타나 800년간 도읍을 삼는다고 예언했으니 예사롭지 않은 산인 것만은 분명하다.

계룡산은 기가 많이 모이는 곳으로 수많은 무속인과 도인들이 찾아왔다. 도참사상은 신도안을 중심으로 신흥 종교와 전통 종교를 번성케 하여 계곡 골짜기마다 암자와 교당, 기도원들이 들어섰다. 국립공원 지정 후 계룡산 종교정화사업을 통해 현재의 모습을 갖추게 됐으나 아직도 산속 곳곳에는 종교 활동의 흔적이 남아 있다. 한때 200개가 넘는 유사종교 집단이 있었던 신도안은 육·해·공 3군의 사령부인 계룡대가 자리 잡으면서 일반인은 계룡산의 가장 은밀한 부분을 이제는 볼 수 없게 됐다.

계룡산은 오랜 세월 많은 사람들의 숭배를 받아온 영산으로, 무학대사가 산을 보고 "금계포란형(금닭이 알을 품는 형국)이요, 비룡승천형(용이 하늘로 올라가는 형국)"이라 한 데서 두 주체인 닭과 용의 이름을 따서 부르게 됐다는 이야기가 전해 온다. 이는 주봉인 천황봉에서 쌀개봉~삼불봉으로 이어지는 능선이 흡사 닭벼슬을 한 용의 형상이기 때문이다.

계룡산은 일곱 개의 계곡을 품고 있는데 봄에는 마곡사 벚꽃터널, 여름에는 동학사 계곡의 신록, 가을에는 갑사와 용문폭포 주위 단풍, 겨울에는 삼불봉과 자연성능의 설경이 빼어나다. 그래서 '춘마곡 추갑사'라 부른다. 1968년 세 번째 국립공원으로 지정되어 전국적으로 많은 사람들이 즐겨 찾는다.

주봉인 천황봉에서 바라보는 일출(1경), 세 부처님의 모습을 닮았다는 삼불봉 설화(2경), 연천봉 서쪽으로 펼쳐지는 낙조(3경), 하늘에 떠다니는 구름에서 인생을 새롭게 느낀다는 관음봉 한운(4경), 동학사 계곡의 신록(5경), 갑사 계곡의 붉은 단풍(6경), 은선폭포의 운무(7경), 남매탑 사이로 스며드는 달빛(8경)이 '계룡8경'이다. 조선시대 실학자였던 이중환도 『택리지』에서 조선에서 가장 경치 좋은 산으로 오대산·삼각산·구월산·계룡산을 꼽았다. 계룡산은 규모는 작지만 그만큼 풍광이 뛰어나다.

계룡산은 동학사, 갑사, 신원사, 터만 남아 있는 구룡사 등 네 개의 사찰을 품고 있다. 주봉인 천황봉(845m)은 출입금지구역이어서 관음봉이 이를 대신하며 쌀개능선과 자연성능은 계룡산행의 백미이기에 꼭 가볼 일이다. 산행 코스는 학봉교~장군봉~남매탑~자연성능~관음봉~연천봉~은선폭포~동학사로 이어지며 14.2km, 6시간 30분 정도 소요된다.

겨울이면 환상적인 설원이 손짓하는

계방산

인류의 역사는 전쟁의 역사와 궤를 같이한다. 인간이 지구상에 출현한 이후 부족 간, 국가 간의 싸움이 끝없이 이어졌다. 우리가 살고 있는 한반도도 이러한 전쟁에서 벗어날 수 없었다. 멀리로는 삼국시대 고구려·백제·신라의 크고 작은 전투를 비롯해 고려와 조선 시대에는 원元·일본·청淸의 침략이 있었고 해방 이후 동족상쟁의 비극인 한국전쟁이 터졌다. 40여 년 전 강원도 평창의 한적한 시골 마을에서 벌어진 '반공소년' 이승복군 사건은 전쟁은 아니지만 남북 분단의 대치 속에 벌어진 전쟁의 결과물 중 하나다.

1968년 10월 30일~11월 2일 강원도 울진과 삼척에 침투한 120명의 무장공비는 선전선동과 함께 양민을 학살하며 우리 군경과 교전을 벌였다. 2개월간의 전투 끝에 113명이 사살되고 7명이 생포되면서 대간첩작전이 막을 내렸다. 그해 12월 9일 북으로 도주하던 5명의 공비는 계방산 중턱에 있는 민가에 난입, 이승복을 비롯해 어머니와 동생 둘을 살해한다. 당시 이승복은 "나는 공산당이 싫어요"라고 해서 죽임을 당했는데, 후에 이 말의 진위 논란이 불거지면서 법정까지 갔다. 결국 2006년 '사건은 조작이 아닌 사실'이라는 대법원 판결로 끝을 맺었다. 2000년대 초까지도 전국 대부분의 초등학교 운동장에는 이승복군의 동상이 하나씩은 있었다. 그리고 평창군 노동리에는 이승복기념관이 세워져 그날의 아픔을 말해준다.

올해는 남북이 분단된 지 71년째 되는 해다. 북한의 4차 핵실험으로 남북관계의 복원은 요원하기만 하다. 따뜻한 봄날은 언제 올지 아득하다.

계방산은 겨울에 찾아야 제 맛을 느낄 수 있다. 금세라도 흰 눈을 뿌릴 것처럼 하늘이 무겁게 내려앉으면 설악산에서 불어오는 찬바람은 나뭇가지에 걸친 눈을 흩날리며 지나간다. 무릎까지 빠질 정도의 눈을 헤치며 능선에 오르면 굵은 땀방울이 뚝뚝 떨어진다. 그리고 눈앞에 환상적인 설원이 펼쳐진다. 정상에 다가갈수록 매서운 북서풍이 할퀴고 지나간 능선에는 상고대(나무나 풀에 눈같이 내린 서리)나 눈꽃이 눈부시다. 아무도 밟지 않은 설원에 러셀을 하며 걷는 것은 겨울 산행에서만 맛볼 수 있는 매력이다. 그러나 무릎까지 빠질 정도의 눈 쌓인 산을 오르기란 쉽지 않다.

고개에서 등반을 시작하는 산행지는 표고차가 낮아 초보자도 어렵지 않게 산행을 즐길 수 있다. 선자령(대관령)·조령산(이화령)·노인봉(진고개)·함백산(만항재)·백덕산(문재)·소백산(죽령)·태백산(화방재)과 함께 오대산 자락에 있는 계방산(평창)이 여기에 속한다.

특히 오대산을 중심으로 계방산과 선자령은 바닷바람과 대륙에서 불어오는 편서풍이 부딪히기 때문에 많은 눈이 내린다. 내린 눈은 매서운 바람과 낮은 기온으로 쉽게 녹지 않는다. 계방산은 눈 덮인 겨울 산행이 제격이지만 워낙 적설량이 많아 인명사고가 심심치 않게 발생하므로 되도록 경험 많은 사람과 동행하는 것이 좋다.

산행은 운두령(1,089m)에서 시작해 정상까지 표고차가 488m로 낮아 초보자들도 정상까지 쉽게 오를 수 있다. 정상까지 이어지는 능선에는 갈림길이 없어 길 잃을 염려도 없다. 정상에 오르면 백두대간의 등줄기를 한눈에 볼 수 있어 인근에서는 최고의 전망대로 꼽힌다. 북으로 홍천군 내면의 넓은 골짜기와 설악·점봉산, 동으로 노인봉과 대관령이 가물거린다. 서로는 운두령 너머 회령봉과 태기산이 파노라마를 연출한다.

산행은 운두령~쉼터~깔딱고개~정상~주목군락지~샘터~노동계곡~이승복생가터~야영장으로 이어지는 9.7km로 5시간 정도 소요된다.

아름다운 생태숲 품은 가을 단풍의 명소

공작산

가을철 모든 나무들이 저마다의 색깔로 세월의 옷을 입을 즈음이면 신문지상에는 아름다운 단풍 길이 소개된다. 2014년 한국관광공사는 홍천 공작산 산소 길을 '단풍이 아름다운 길'로 선정했다. 홍천군 동면에 있는 천년고찰 수타사 일대 약 49만 평에 조성된 생태 숲은 광릉 국립수목원의 전문수목원이나 '서울숲 공원'보다 넓으며, 한 해 방문객이 30만 명을 넘어선다. 이곳은 수타사 소유의 논밭이었던 것을 홍천군과 수타사가 협약해 생태 숲으로 만들고 4개 코스의 산소 길을 운영하고 있다.

수타사에서 노천리로 이어지는 약 8km의 수타계곡은 멋진 암반과 커다란 소, 울창한 숲이 어우러진 비경 지대다. 이러한 곳에 조성된 산소 길에 관광객이 몰리면서 덩달아 공작산에도 등산객의 발길이 이어지고 있다. 정상에 올라서면 홍천군 일원이 한눈에 들어오고, 풍치가 아름답고 깎아 세운 듯한 암벽이 장관을 이룬다. 봄에는 철쭉, 가을에는 단풍이 등산객들을 매료시키는데 봄이면 정상 일대 철쭉 군락지가 온 산을 붉게 물들인다.

정희왕후 윤씨는 계유정난을 일으켜 왕권을 잡은 세조의 부인이다. 부친인 윤번이 홍천현감에 재직할 때 태어났다. 세조는 자신의 병을 고치기 위해 오대산 월정사로 가는 길에 왕비의 태가 묻힌 수타사에 들러 하루를 묵는다. 이튿날 길을 떠나는 세조는 자신이 만든 『월인석보』를 절에 기증한다. 당시 수타사에 있던 공잠대사가 사천왕상을 만들면서 이 책을 몸통 속에 넣어 보관해 오다 사천왕상을 보수하던 중 발견됐다.

이 책은 훈민정음 반포 당시 편찬된 『월인천강지곡』(부처의 일대기를 시 형식으로 읊은 장편 불교서사시, 보물 제398호)과 『석보상절』(세종의 명으로 수양대군이 부처의 일대기와 설법을 담아 한글로 편찬한 책, 보물 제523호)을 합해 엮은 석가모니의 일대기다.

훈민정음 창제 이후 최초의 불경 언해서로 조선 초기 불교문화의 정수로 손꼽힌다.

공작산은 오대산에서 서쪽으로 갈라진 능선이 구목령~운문산~수리봉~부목재를 거쳐 홍천강과 덕치천 사이를 가르고 솟아오른 홍천군 동편에서 가장 높은 산이다. 정상은 삼면이 깎아지른 절벽인데, 북으로 가리산 쌍봉, 동남쪽으로 응봉산·대학산·수리산·병무산·운문산·봉복산의 푸른 능선이 물결처럼 켜켜이 넘실댄다.

인삼이 많이 나기로 유명한 산이라 숲길에는 인삼밭이 널려 있다. 해발 500m에서 시작해 산행하기 쉬울 것이라 생각되지만, 정상 부근 바위와 급경사를 이룬 하산은 만만치 않아 겨울철에는 동행이 있어야 안전하게 산행을 즐길 수 있다.

흙산의 가파른 오르막길을 40분가량 오르면 능선이다. 완만한 능선을 따라가면 안부삼거리가 나오고 왼쪽은 공작산과 안공작재 방향, 오른쪽은 안골·문바위골로 향한다. 여기서부터 길은 깎아지른 듯 큰 바위가 산의 정상부를 뒤덮는다. 험한 암벽 구간에는 안전로프가 설치돼 있어 힘들기는 해도 생각보다 위험하지는 않다.

정상을 넘어 안공작재 삼거리에서는 궁기지골과 수타사 방향으로 나뉜다. 고찰 수타사는 안공작재에서 계속 능선을 밟아 수리봉 쪽으로 나아가야 한다. 안공작재에서 궁지기골로 이어지는 삼거리까지는 가파르고 곳곳에 로프가 설치된 암벽 구간이 있어 주의가 필요하다.

산행 코스는 공작고개~정상~안공작재~약수봉~수타사계곡~수타사로 이어지는 13km로, 6시간 30분 정도 소요된다.

서울 시민의 사랑 듬뿍 받는 '바위 박물관'
# 관악산

속리산에서 시작된 한남금북정맥이 안성 칠장산에서 한남·금북으로 갈라져 함박산~광교산~수리산~청계산~관악산~소래산~계양산을 거쳐 김포 문수산에서 다시 한 번 용틀임한 후 서해로 내려가는 산줄기가 한남정맥이다. 이 한남정맥이 한강에 이르러 솟구친 산이 관악산(629m)으로 서쪽에 삼성산, 북쪽에 장군봉과 호암산을 아우르고, 곳곳에 드러난 암봉은 깊은 골짜기와 어우러져 험준한 산세를 이루고 있다. 그러기에 관악산은 예로부터 송악산, 감악산, 운악산, 화악산과 더불어 '경기 5악'이라 불렸다.

관악산은 심하게 풍화를 받은 험한 암벽과 열녀암·횃불바위·얼굴바위·돼지바위·낙타얼굴바위·목탁바위·말바위·독수리바위 등 기묘한 형상의 바위가 많은 '바위 박물관'이다. 철따라 변하는 산 모습이 마치 금강산과 같다 하여 '소금강' 또는 '서금강'이라 불리기도 했다.

관악산은 산봉우리 모양이 불과 같아 풍수적으로 '화산'이어서 태조가 한양에 도읍을 정할 때 화기를 끄기 위해 경복궁 앞에 해태를 만들어 세우고, 관악산 꼭대기에 우물을 판 다음 구리로 만든 용을 묻었다고 전해진다. 이에 대해 유영봉 교수는 이렇게 설명한다.

조선 초기 도읍터를 정하는 과정에서 무학대사와 정도전은 의견 대립이 있었고 '한강이 관악산의 화기를 막아내기 때문에 관악산을 바라보며 정남향으로 궁궐을 세워도 무방하다'는 정도전의 의견을 따르게 됐다. 그러나 천도 이후 왕자의 난과 화재가 연이어 터졌다. 그 대책으로 남대문 앞에 인공 연못(남지)을 조성하고 숭례문의 현판도 맞불작전으로 화기를 누르기 위해 세로로 쓰게 됐다. 대원군 때는 화재와 병란으로 계속되는 화기를 막기 위해 물짐승인 해태 조각상을 궁궐 대문 좌우에 안치토록 했다.

수원 용주사의 말사인 연주암은 677년 신라의 고승 의상대사가 현재의 절터 너머 골짜기에 창건했으며, 원래 이름은 관악사였다. 조선 태종 11년에 양녕대군과 효령대군은 태조가 동생인 충녕대군에게 왕위를 물려주려는 것을 알고 유랑하다가 이곳 연주암에 머물게 된다. 그런데 암자에서 왕궁이 바로 보이자, 이들은 옛 추억과 왕좌에 대한 미련을 버리지 못해 괴로워한 나머지 왕궁이 안 보이는 현재의 위치로 절을 옮겼다. 연주암이란 이름은 이들 왕자의 마음을 생각해서 세인들이 부르게 된 것이라 전해진다.

연주암 뒤 연주봉 절벽 위에 있는 연주대는 1392년 이성계가 무학대사의 권유로 국운의 번창을 빌기 위해 연주봉 절벽 위에 석축을 쌓고 30평방미터 정도 되는 대를 구축한 다음 그 위에 암자를 지은 것이다.

등산로는 신림동·사당동·과천·안양·시흥 등 다양하지만, 신림동에서 과천을 잇는 코스가 주로 이용된다. 대표적인 등산로는 서울대입구~계곡~연주대~정상으로 이어지는 코스다.

관악산은 높이에 비해 난이도가 있는 편이다. 과천에서 시작하는 팔봉능선과 사당역에서 출발하는 육봉능선 등 관악산의 모든 산줄기는 예외 없이 바위가 발달해 어느 등산로를 선택하든 암릉을 만나게 된다. 팔봉능선은 곳곳에 쇠말뚝과 로프가 설치되어 있어 산행하기 편하지만 육봉능선은 안전시설물이 없어 꽤 까다롭다.

누군가 관악산은 ▲바위산이고 ▲능선은 암릉이 많아 조망은 시원하며 ▲코스가 길어 생각보다 시간이 많이 걸리고 ▲암릉은 까다로운 데가 많아 난이도가 높으며 ▲바위와 소나무가 잘 어울려 아름다운 자태를 드러내는 곳이 적지 않다고 했다. 정확한 표현이다. 그러기에 서울 시민의 사랑을 받는 산임이 분명하다.

조선 최고의 여류시인 배출한 호두 원산지

# 광덕산

우리는 황진이·허난설헌·이매창을 '조선시대 3대 여류시인'으로 꼽는다. 조선의 3대 시기 詩妓로는 허난설헌 대신 평안남도 성천의 김부용을 말한다. 운초 김부용이 천안 광덕산(699m)과 인연을 맺은 것은 150년 전으로 거슬러 올라간다.

부용은 가난한 선비의 무남독녀로 태어난다. 네 살 때 문장가인 숙부에게 글을 배우기 시작해 열한 살 때 이미 사서삼경과 당나라 시를 꿰뚫었다고 한다. 열두 살을 전후해 아버지와 어머니를 잃고 퇴기의 수양딸로 들어가 기생의 길을 걷는다.

그러나 열아홉 살 때 평안감사 김이양을 만나게 되면서 그의 운명은 바뀐다. 당시 77세였던 김이양은 부용을 기적에서 빼내 양인의 신분으로 만들고 정식 부실로 삼는다. 이후 두 사람 사이에는 58년의 세월을 뛰어넘는 수많은 시가 오간다. 그것도 잠깐, 깊은 인연을 맺은 지 15년 뒤인 1845년 김이양이 92세의 천수를 누리고 세상을 떠나 그의 고향인 천안 광덕산 자락에 묻힌다.

그 후 부용은 외부와 인연을 끊고 16년간 초당을 지키다가 임을 보낸 녹천당에서 눈을 감는다. 임종이 다가오자 부용은 "죽거든 대감마님이 있는 천안 태화산 기슭에 묻어 달라"는 유언을 남긴다. 한시 350수를 남긴 부용의 묘가 바로 광덕산에 있기에 매년 4월이면 광덕산 운초묘역에서 추모제가 열린다. 부용묘는 그녀의 절개를 기려 '초당마마묘'라고도 부른다. 이러한 이야기도 1974년 정비석이 쓴 『명기열전』을 통해 비로소 일반에 알려지게 됐다.

운초 김부용의 아름다운 시 한 편을 소개한다.

늦은 봄에 동문을 나서며 暮春出東門

날은 길고 산은 깊어 풀 향내 짙어졌으니 日永山深 碧艸薰
봄이 가버린 길이 묘연해 찾아내지 못하겠네. 一春歸路 杳難分
그대에게 묻노니 이내 몸이 무엇 같던가! 借問此身 何所似
저녁노을 하늘 끝에 외로운 구름만 보이네. 夕陽天末 見孤雲

광덕산이 품고 있는 광덕사는 국내 최초로 호두나무가 심어진 곳이다. 호두는 한나라 때 장건이 서역에서 중국에 들여왔다. 고려 충렬왕 16년 승상이었던 유청신이 원나라에 다녀온 후 묘목은 광덕사에 심고 종자는 자신의 집 앞뜰에 뿌린 것이 국내 호두나무 재배의 시초다. 『고려도경』에 그 기록이 있으며, 『동국여지승람』과 『세종실록지리지』 등에 재배 기록이 전해진다.

호두의 첫 재배지답게 지금도 광덕리 일대는 국내 최대 호두 생산량을 자랑한다. 광덕사에는 400년으로 추정되는 호두나무가 두 그루 있다. 지상 60cm 부분에서 두 줄기로 갈라진 나무는 둘레 2.5m, 높이 18.2m의 거목으로 자랐다. 천안이 호두과자로 유명해진 것도 이 때문일 것이다.

천안은 일제강점기 이후 철도와 고속도로가 뚫리면서 교통의 요지로 발전한 고장이다. 지금은 공주로 이어지는 곡성터널이 뚫려 시내에서 광덕산까지 30분이면 갈 수 있다. 규모는 작지만 유순한 산세로 다양한 볼거리를 선사하는 광덕산은 천안의 진산이다. 또한 산행 후 온양온천에서 온천욕을 즐기기에도 더없이 좋다.

광덕산 정상에서 하산하는 방법은 다양하다. 마곡리 또는 강당리로 내려서거나 주능선을 따라 마리골이나 어둔골로 하산할 수 있다. 어둔골은 여름철 피서지로 인기 있는 곳이다. 또 장군바위를 거쳐 망경산까지 종주 산행도 가능하다. 산행 코스는 광덕사~부용묘~장군바위~정상~팔각정 쉼터~광덕사로 이어지는 7km, 3시간 30분 정도 소요된다.

한 고개 넘으면 또 한 고개 기다리는 험산

구봉산

국내에는 봉우리 숫자로 이름 붙인 산이 제법 된다. 지도에서 찾아보면 삼봉산은 강원도 제천을 비롯해 21곳, 오봉산은 강원도 춘천을 비롯해 43곳, 칠봉산은 경기도 양주를 비롯해 8곳, 팔봉산은 강원도 홍천과 충남 서산 등 2곳, 구봉산은 영월 구봉대산을 비롯해 21곳이 있다. 숫자로는 오봉산이 가장 많다. 부산·대구·인천·대전·춘천·청주·용인·여수·화성·광양·화천·태백·장성·의왕·화순·보은·진안 등 전국적으로 산재해 있다. 그중 진안 구봉산(1,002m)이 가장 높다. 산 이름치고는 작명하기가 가장 쉬웠을 것이다.

진안을 대표하는 산으로는 가장 높다는 운장산이나 말의 귀를 하고 있다는 마이산을 제일 먼저 떠올리게 된다. 구봉산은 이들 유명세에 가려진 데다 가파른 바위로 이어져 있어 그동안 동호인들의 발길이 거의 없었다. 그러나 지금은 위험 구간이 계단과 다리로 이어져 있어 전국에서 많은 사람들이 찾고 있다.

구봉산은 입구에서 정상까지 거리가 2.5km라 처음 이곳을 찾는 사람들은 쉽게 생각한다. 그러나 설악의 용아릉이나 천화대 암릉을 옮겨놓은 듯 바위 능선이 아홉 번이나 오르내리는 데다 가파른 계단의 연속이어서 장딴지가 뻐근해 온다.

1봉(668m), 2봉(720m), 3봉(728m), 4봉(752m), 5봉(742m), 6봉(732m), 7봉(739m), 8봉(780m)을 거치면서 땀깨나 쏟은 동호인들은 돈내미재 앞에서 거대한 봉우리와 마주하게 된다. 주봉인 장군봉까지 거리는 500m지만 고도를 300m나 올려야 하기에 마지막 힘을 쏟아야 할 정도로 힘들다.

그러나 정상에 올라서면 덕유산과 지리산의 첩첩이 쌓인 산마루 금이 멀리 웅장한 모습으로 다가와 최고의 조망을 감상할 수 있기에 그동안 힘들었던 산행의 어려움을 보상받고도 남는다.
시인 구상회는 시집 『돌의 변신』에서 구봉산을 이렇게 노래했다.

한 고개를 넘으면 또 하나 고개가 기다리고 길이란 그러려니 하면서 아홉 번씩 되풀이한 길이라 / 그 고개를 넘나들며 돌 하나에 소망도 하나씩 꼬옥 꼭 뭉친 넋으로 마루턱 서낭당에 던졌느니 / 그 돌은 하나하나 한 맺힌 무상의 공이들로 굳어져 등골에 쌓이고 마침내 구형제로 일어선 봉우리 / 그것은 차라리 저항이듯 하늘을 치받는 듯 제 머리를 불쑥불쑥 내밀고 말없는 산으로 서 있다.

산행을 하다 보면 어렵지 않은 곳이 없다. 하늘을 받들고 있는 아홉 개의 봉우리를 하나하나 밟으며 오르는 구봉산은 비록 코스는 짧지만 인내를 갖고 올라야 하는 산이다.
산행 코스는 양명교~1봉~8봉~돈내미재~정상~바랑재~바위봉~면치골~양명교로 이어지는 6.9km, 4시간 40분 정도 소요된다.

비단 위에 수놓은 듯 산세 아름다운

금수산

3대 극지(에베레스트·남극·북극)를 밟은 산악인 허영호는 금수산(1,016m)에서 처음 산을 올랐다. 허영호는 그의 자서전 『걸어서 땅 끝까지』에서 "고향의 뒷산이었던 금수산은 나에게 어머니의 품과도 같아 원정길에서 외로움을 느낄 때 항상 그리움의 근원으로 남는다"고 회상한다.

금수산의 원래 이름은 백운산이었다. 퇴계 이황은 48세 때 단양군수로 부임한다. 그해 가을, 이곳의 단풍을 보고 "비단 위에 수를 놓은 듯 아름답다"고 했다. 오늘날 불리는 금수산 이름은 이때 얻게 된 것이다.

금수산은 여산신女山神의 영역이다. 그래서 여신의 기운을 누르고자 마을 사람들은 오래전에 남근석을 세웠나 보다. 지금도 품달촌에는 남근석공원이 있다. 공원 안내판에는 "상리에서 보면 금수산 정상 부근의 모습이 마치 여인이 누운 모습이다. 예로부터 음기가 강한 지기를 품고 있어 이곳 주변 마을 남자들의 수명이 길질 못했다고 전한다. 그래서 이곳 품달촌에 남근석을 세워 그 음기를 눌러 남자들의 수명을 연장했다. 품달촌에서 신혼부부가 초야를 치르면 아들을 얻고, 아기를 잉태하지 못한 아낙이 이곳에서 치성을 드리면 아기를 갖는다는 전설이 있는데 이곳이 구한말에 파손되었다가 최근에 다시 복원됐다"고 적혀 있다.

금수산 정상 동편에는 치성단이 있고, 여산신의 기운을 제어하고자 곳곳에 남성의 상징을 세웠다. 금수산 서편 망덕봉에서 충주호 방향으로 가는 암릉에 있는 봉우리를 미인봉, 또는 저승봉으로 부르는 이유는 음양의 이치를 따른 것이리라. 신혼부부라면 금수산은 꼭 가볼 일이다.

금수산의 하산 지점을 제천시 수산면 상천리로 잡으면 산행 끝머리에 용담폭포가 있다. 암벽과 암봉 사이로 수십 척 높이에서 떨어지는 물보라가 땀을 식혀 준다. 옛날 주나라 황제의 거울 속에 폭포가 나타났다고 한다. 기이하게 여겨 이것을 찾다 보니 지금의 용담폭포였다는 것이다. 폭포 위에는 선녀들이 목욕했다는 선녀탕이 세 개 있다. 상탕·중탕·하탕으로 불린다. 이 물줄기를 따라 오르면 신선들이 놀았다는 신선봉이 있다. "여기에 묘를 쓰면 신선이 된다"는 이야기에 주나라 황제가 묘자리로 사용하니 폭포에서 놀던 용이 하늘로 승천했다는 전설이 내려온다. 그때 용이 박차고 날며 남긴 용틀임 흔적이 지금도 암반에 역력히 남아 있다고 한다.

산행은 단양군 적성면 상리 과게이재에서 출발하거나 제천 상천리 마을회관에서 오를 수 있다. 과게이재 코스는 2km, 1시간 30분 소요된다. 상천리 마을회관에서는 보문정사를 거쳐 용담폭포~망덕봉~정상(4.5km, 3시간), 오른쪽 능선을 따라 금수산삼거리~정상(3.2km, 1시간30분) 등 2개 코스가 있다.

한국전쟁 격전지인 왜관 전투 산증인

금오산

1950년 8월 13일 인민군 제3사단이 왜관에서 북쪽으로 8km 떨어진 수암산서 쪽 수중교를 통해 낙동강을 넘었다. 이때부터 40일가량 유엔군과 인민군은 303고지(자고산)~358고지~수암산~유학산으로 이어지는 낙동강 방어선에서 치열한 공방전을 벌였다. 이것이 그 유명한 왜관-다부동 전투다.

한국전쟁 당시 격전지 아닌 곳이 없지만 왜관-다부동만큼 전투가 치열했던 곳도 드물다. 왜관은 경부선 철도와 김천~대구를 잇는 국도 4호선, 다부동은 안동~군위를 거쳐 대구로 연결되는 국도 5호선이 통과하는 교통의 요충지다. 왜관-다부동을 잇는 방어선이 함락되면 부산까지 밀리게 되므로 유엔군은 적의 남하를 필사적으로 저지했다. 반면 인민군은 "해방 5주년 기념식을 대구에서 거행한다"는 김일성의 독전으로 공세를 강화했다. 그만큼 피아간의 피해도 커 8월 한 달 간 국군과 인민군의 희생자가 3만 명을 헤아릴 정도였다.

지금이야 무기의 성능이 뛰어나지만 당시 인민군 야포의 사거리는 20km. 반면 왜관에서 대구까지는 25km가 넘었다. 왜관을 빼앗길 경우 이곳에서 10km 후방인 도덕산까지 인민군이 장악해 대구는 적군의 사정권 안에 들어가게 된다. 유엔군이 필사적으로 왜관과 다부동을 지키려 했던 가장 큰 이유였다. 특히 유학산은 국도 5호선과 25호선을 제압해 대구를 공격하는 데 가장 유리한 발판이었다. 또 303고지와 328고지는 왜관읍이 발밑에 내려다보이는 군사적 요충지였다. 그 때문에 328고지의 경우, 정상의 주인이 열다섯 번이나 바뀌는 혈전이 벌어졌다.

왜관읍에서 구미 방향으로 약 10km 떨어진 약목역 근처에는 인민군 제2군단의 병참보급기지이자 제3사단 사령부가 있었다. 인민군의 공세

가 절정에 달했던 8월 16일. 수세에 몰린 유엔군은 B29기 98대로 26분 동안 960톤에 달하는 폭탄으로 융단폭격을 가했다.

약목역은 도로가 발달하기 전만 해도 이 지역 교통의 중심지였다. 특히 철도는 화물보다 대중교통 수단으로서의 역할이 더 컸다. 약목역에서 왜관읍으로 들어가는 낙동강에는 보수된 철교가 있다. 1950년 8월 3일 미 제1기병사단장인 게이 소장에 의해 폭파된 이 철교는 그 후 호국의 상흔을 간직한 상징물이자 인도교로 이용되고 있다.

구미시의 진산인 금오산(976m)은 그날의 현장을 묵묵히 지켜봤던 역사의 산증인이다. 금오산에 오르면 약목역 앞의 너른 들판과 낙동강, 한국전쟁 당시 최고 격전장이었던 303고지·328고지·유학산 등이 한눈에 들어온다. 금오산에는 구미시가 관광 차원에서 세운 돌탑 21개를 비롯해 현월봉 부근에 있는 애틋한 사연을 갖고 있는 오형돌탑, 임진란 때 마을 주민들이 피신한 도선굴, 고려 말 '3은隱'의 한 사람이었던 야은 길재의 사당인 채미정, 뛰어난 풍치를 자랑하는 약사암 등이 있다.

산행 코스는 금오지~현월봉~칼다봉~할딱봉~대혜폭포~금오지로 이어지는 11.5km, 6시간 정도 소요된다.

천년고찰 범어사 품은 부산의 진산

금정산

항도 부산은 대양으로 나가는 전초기지이자 육지로 들어오는 시발점이다. 그러기에 왜구는 신라시대부터 노략질을 일삼았으며, 임진왜란 때 고니시 유키나가小西行長가 한반도를 침략할 때 첫발을 내디딘 곳도 부산진이다.

백두산에서 힘차게 뻗어내린 백두대간이 태백 구봉산에서 동해를 끼고 힘차게 내디디며 금정산에서 마지막 용틀임을 한 후 다대포 몰운대로 빠져나가는 산줄기가 낙동정맥이다. 금정산에는 왜적의 침략을 방비하기 위해 숙종 29년에 축성된 금정산성이 있다. 금정산성은 국내 산성 중 규모가 가장 크다. 성벽의 길이는 18.8km, 높이는 1.5~3m나 된다.

『세종실록지리지』에 "금정산은 금어金魚가 사는 바위 우물에서 유래된 것"이라 씌어 있다. 그런가 하면 『동국여지승람』에는 "금정산은 동래현 북쪽 20리에 있는데 산꼭대기에 높이 3장의 돌에는 둘레가 10여 척, 길이가 7촌인 우물이 가뭄에도 마르지 않고 황금색 같다"고 해 금정산이라 불렸다는 이야기가 전해 온다.

낙동강과 수영강의 분수계인 금정산은 최고봉인 고당봉(802m)을 중심으로 장군봉·계명봉·원효봉·의상봉·파리봉·상계봉 등 600m 내외의 봉우리가 이어져 있다. 계명봉에서 대마도를 바라보면 지네의 형상이고, 대마도에서 계명봉을 바라보면 닭의 형상이라고 한다. 닭과 지네는 서로 상극인지라 닭은 지네를 보는 족족 잡아먹는다. 그래서 일본인들이 일제강점기에 암탉을 닮은 바위를 부수고 계명봉의 장수천맥을 끊어버렸다는 일화가 전해 온다.

금정산은 태종대·해운대와 더불어 부산을 대표하는 3대 명승지 중 하나다. 천년고찰인 범어사는 신라 문무왕 18년에 의상대사가 창건한 화엄10찰 중 하나다. 일주문인 조계문은 보물 제1461호로, 기둥이 두 개만 있는 여느 사찰의 일주문과 달리 돌기둥 네 개를 세워서 세 칸으로 되어 있다. 산에는 국청사·석불사 등의 사찰과 계명암·내원암·청련암·금강암·원효암·정수암 등 많은 암자가 있다. 산성마을에는 전통 민속주 1호인 산성막걸리와 함께 동래파전과 염소불고기 등을 팔고 있어 사시사철 관광객의 발길이 이어진다.

최고봉인 고당봉에 오르면 낙동강과 부산 앞바다의 탁 트인 전경이 가슴을 틔워 준다. 금샘이 있는 곳은 바위 구간으로 일부 위험한 곳은 밧줄을 잡고 내려오게 되어 있다. 북문~동문~남문까지는 능선을 따라 걷는다. 남문에서는 케이블카를 이용해서 하산할 수도 있다. 산성마을은 남문에는 길이 없고, 서문 또는 동문에서 내려가야 한다. 능선을 걷다 보면 나란히 붙어 있는 원효봉과 의상봉, 4망루~3망루 사이의 부채바위와 나비바위를 볼 수가 있다. 길은 성벽 바로 옆으로 따라가면 길이 평평하고 넓어서 걷기가 수월하다.

산행 코스는 산성고개~동문~의상봉~원효봉~북문~고당봉~갑오봉~장군봉~갑오봉~계명봉~계명암~범어사로 이어지는 13km, 6시간 정도 소요된다.

운해에 묻힌 만학천봉 속 선경

내변산

불교에서 재가신자로 득도한 사람을 '거사'라 부른다. 인도의 유마거사, 중국의 방거사, 한국의 부설거사를 세계 불교 3대 거사로 꼽는다.

신라 때 사람인 부설거사의 속명은 진광세다. 어린 나이에 불국사에서 출가해 부설이란 법명을 받았다. 부설스님에게는 동년배인 영희·영조 두 도반이 있었다. 그들은 불법의 오묘한 깨달음을 얻기 위해 서라벌을 떠나 지리산·천관산·두륜산·무등산·백양산·내장산을 거쳐 능가산(변산)에 도착한다.

변산의 절경에 반한 이들은 지금의 월명암 자리보다 약간 높은 곳에 암자를 짓고 수행 정진하다 오대산 적멸보궁을 찾아가기로 한다. 길을 떠나 두릉현(김제)에 이르렀을 때 해가 저물어 구무원이라는 재가불자의 집에서 하룻밤을 묵게 된다. 구무원에게는 묘화라는 벙어리 외동딸이 있었는데 부설을 보자 말문이 열리고, 법문을 듣고 나서 그와 부부의 연을 맺지 못하면 죽겠다고 매달린다. 번민하던 부설은 이것도 인연이라 생각하고 묘화의 청을 받아들인다. 두 도반은 부설의 행동에 실망하고 오대산으로 떠난다.

부부가 된 이들은 월명암 자리로 와 토굴을 짓고 등운·월명 남매를 낳는다. 한편 오대산에서 공부를 하던 옛 도반은 어느 날 부설거사를 찾아온다. 부설은 병 세 개에 물을 가득 넣어 매달아 놓고 병을 깨뜨리되 물은 쏟지 않는 것으로 서로의 공부를 시험해 보자고 말한다. 영희·영조 스님이 병을 치자 깨지며 물이 쏟아졌으나 부설거사가 병을 치니 물이 병 모양 그대로 매달려 있었다. 그러자 부설거사는 두 스님에게 설법을 한다.

눈으로 보는 것 없으니 분별이 없고 目無所見無分別
귀로 소리 없음을 들으니 시비가 끊어졌네. 耳聽無聲絶是非
분별과 시비를 놓아 버리고 分別是非都放下
다만 마음으로 부처를 보고 스스로 귀의할 것이다. 但看心佛自歸依

출가를 해도 참된 수행을 하지 않는다면 겉모습만 스님일 뿐이다. 비록 파계했지만 일심전력으로 수행 정진한다면 고승대덕 못지않은 법력으로 성불할 수 있음을 일깨워 주는 일화다.

부설은 불가에 귀의한 부인과 아들딸을 위해 각각 부설암, 묘적암, 등운암, 월명암 등의 수행 도량을 창건한다. 월명암은 불타고 없어지기를 여러 차례 거듭한 끝에 지금까지 남아 있고, 월명암보다 높은 곳에 있었던 등운암은 임진왜란 때 전소돼 아직까지 옛 모습을 되찾지 못하고 있다.

내변산의 최고봉은 의상봉(509m)이고, 월명암은 쌍선봉(459m) 자락에 안겨 있다. 낙조대에 오르면 고군산열도의 섬들이 한눈에 들어오고, 내변산의 모든 봉우리를 조망할 수 있다. 특히 운해에 묻힌 만학천봉이 용틀임하듯 하나씩 모습을 드러내면 아름드리 나무로 둘러싸인 주변 모습과 어우러져 선경이 따로 없다. 이곳의 월명무애와 서해낙조는 변산8경에 속한다. 코스는 남녀치~쌍선봉~난조대~월명암~직소폭포~재백이재~관음봉~내소사로 이어지는 12km, 4시간 30분 정도 소요된다.

겸재 정선도 극찬한 포항 시민의 뒷산

내연산

화가는 그림을 통해 사람이나 사물, 풍경을 자신의 감정이나 상상력으로 구체화한다. 특히 풍속화는 당대의 사회상을 눈여겨볼 수 있는 좋은 자료이다. 조선시대 4대 화가로는 안견, 겸재 정선, 단원 김홍도, 오원 장승업을 꼽는다. 안견은 안평대군에게 선물한 〈몽유도원도〉, 겸재는 〈금강전도〉, 오원은 〈군마도〉, 단원은 풍속도로 유명한 화가다.

조선이 건국된 뒤 300년 동안 조선 산수화는 중국 화풍으로 그려졌다. 당시만 해도 화가들은 산수화를 그릴 때 옛 그림에 나타난 풍경들을 모방하거나 상상 속 풍경들을 주로 그렸다.

숙종~영조 때 활동한 겸재는 이러한 중국풍 산수화의 전통을 버리고 일생을 바쳐 우리나라 산천의 풍경을 직접 보고 관찰하여 그림을 그렸다. 그의 끊임없는 노력으로 우리나라만의 독특한 산수화풍이 생겨났으니 이를 '진짜 풍경을 그린 산수화'라 해서 '진경산수화'라 부른다. 겸재는 우리 고유의 화풍을 개척한 인물인 것이다. 미술사학자 오주석은 『옛 그림 읽기의 즐거움』에서 "옛 그림 중 가장 웅혼하고 장엄한 감동을 주는 작품을 꼽으라면 주저 없이 겸재의 〈인왕제색도〉를 뽑을 것"이라며 조선시대 그림 중 진경산수화풍을 으뜸으로 쳤다.

조선 풍속도의 대표적 화가인 단원이나 혜원이 화원 출신이었던 반면, 겸재는 가난한 양반 가문의 맏아들로 태어나 후에 영조와 안동 김문의 후원을 받아 동지중추부사까지 올랐다. 그의 대표작으로는 〈인왕제색도〉, 〈금강전도〉, 양천(서울 강서구 가양동)현령 때 한강 주변 지역의 모습을 담은 〈경교명승첩〉과 〈양천팔경첩〉 등이 있다.

영조 9년 6월, 겸재는 청하(포항 지역)현감에 임명된다. 2년간의 청하현감 시절 겸재는 〈내연삼용추도〉·〈내연산폭포도〉·〈고사의송관란도〉 등

내연산(930m)의 12폭포를 소재로 몇 점의 그림을 남긴다. 삼용추는 쌍폭인 관음폭포와 연산폭포를 일컫는 옛 이름이다. 특히 관음·연산 폭포를 끼고 있는 용추계곡은 선일대·비하대·학소대 등의 기암절벽과 어우러져 내연산 최고의 절경으로 손꼽힌다.

청하현으로 내려온 이듬해 겸재는 20여 년 전 두 번(1711년과 1712년)에 걸쳐 다녀왔던 금강산을 회상하며 최고의 걸작인 〈금강전도〉를 그린다. 현재 삼성 리움미술관에 소장된 〈금강전도〉는 항공 촬영을 하듯 하늘에서 내려다보는 모습으로 금강산 1만 2천 봉을 그만의 화법으로 장대하게 담아냈다. 단원도 금강산 그림인 〈명경도〉를 그렸는데, 겸재와 단원의 금강산 그림은 자주 비교된다. 단원이 자신의 감상보다 실물을 중시했다면, 겸재는 실제 경치를 마주하고 나서 자신의 감정을 담아 그렸다는 것이 차이점이다.

성해응은 『동국명산기』에서 "보경사 위 10리에 용주가 있어 돌등성이를 예닐곱 번 굽어들어 폭포에 가 닿는데, 장쾌하고 아리땁되 어둑하

고 검푸르죽죽하여 차마 쳐다볼 수가 없다. 그 남쪽 학소대는 하늘을 찌를 듯 바위가 사면으로 깎였는데…"라며 내연산폭포의 아름다움을 적어 놓았다. 이처럼 명승을 품고 있기에 연산폭포와 관음폭포 주변 바위에는 이곳을 다녀간 300여 명의 이름이 새겨져 있을 것이다.

내연산은 제철의 도시 포항사람들의 뒷산이다. '안으로 길게 끌어들인다'는 이름처럼 긴 계곡에 숨어 있는 12폭포는 포항 사람들의 휴식처다. 여름이면 "내연산 청하골 계곡물에 담기는 수박이 3천 통이 넘는다"고 하니 어지간히 찾아오는가 보다. 여름이면 더위 식히러 수박 한 통 둘러메고 내연산 청하골을 가볼 일이다.

산행 코스는 보경사~신령고개~문수봉~삼지봉~출렁다리~은폭~연산폭~관음폭~무풍폭~잠룡폭~삼보폭~보현폭~상생폭~보경사로 이어지며 13km, 5시간 정도 소요된다.

잦은 전란에도 『조선왕조실록』 지켜낸

# 내장산

글자가 없으면 기록을 남길 수 없고 기록이 없는 민족은 결국 역사에서 사라진다. 한때 동북아시아를 호령했던 돌궐·여진·거란 등이 여기에 해당한다.

『조선왕조실록』은 조선시대 역대 왕의 행적을 중심으로 정리한 국가의 공식 기록이다. 태조부터 25대 철종에 이르는 472년간의 역사를 편년체(연도를 따라 사건을 기록하는 연대기 형식의 역사 편찬 체제)로 기술한 우리의 소중한 유산으로 1997년 유네스코 세계기록유산으로 등재됐다.

조선 중기까지 실록은 궁궐 내 춘추관을 비롯해 충주·성주·전주의 4사고 체제로 운영돼 보관됐다. 그러나 임진왜란으로 춘추관·충주·성주 사고본은 소실되고 전주본만 남아 지금까지 전해 온다. 이 전주본을 보관했던 곳이 바로 내장산 용굴암터다.

당시 전주사고에는 실록을 비롯해 『고려사』, 『고려사 절요』 등 1,344책이 보관되어 있었고 전주사고 옆 경기전에는 태조의 어진(임금의 초상화)이 있었다. 임진란이 발발하고 왜군이 몰려온다는 소식이 전해 오자, 경기전을 지키던 참봉 오희길은 지역사회에서 명망이 있었던 유생 손홍록을 찾아가 "옮기는 데 도움을 달라"고 간청한다.

이에 손홍록은 고향 친구인 안의와 함께 하인 30여 명을 데리고 60여 개 상자에 서책을 담아 수십 개의 수레에 실은 후 1주일 걸려 내장산 은봉암으로 옮긴다. 그리고 태조 어진과 제기는 용굴암에, 실록은 더 깊숙한 곳인 비래암에 숨겨 놓는다. 이 소식을 듣고 달려온 내장사의 희묵스님과 승려 100여 명이 자발적으로 동참해 14개월 동안 지킨다.

그 후 정유재란이 발발하자 실록은 유랑길에 나선다. 전란이 끝난 후 실록은 다시 편찬되고 춘추관과 정족산, 묘향산, 태백산, 오대산 등 다섯 곳에 나뉘어 보관된다. 묘향산 사고는 병자호란 때 적상산으로 옮겨지고 일제강점기와 한국전쟁을 거쳐 현재 국내에는 정족산본과 태백산본만 남아 있다. 오대산본은 초대 총독 데라우치가 밀반출했다가 관동대지진 때 소실되었고 47책만 우여곡절 끝에 2006년 반환됐다. 창경궁 장서각에 보관됐던 무주 적상산본은 한국전쟁 당시 북한이 가져간 것으로 판명났다.

내장산(763m)은 끊어질 뻔한 우리의 역사를 온몸으로 막은 선조의 혜안과 우국충절을 느낄 수 있기에 한번은 꼭 가봐야 할 산이다. 주화산 곰치재에서 시작한 호남정맥이 100여km를 달려와 산세를 키우며 바위산을 빚어낸 것이 내장산이다.

『동국여지승람』에는 내장산을 지리산·월출산·천관산·내변산과 함께 호남의 5대 명산으로 꼽았다. 국내에 자생하는 15종의 단풍나무 중 11종이 이곳에 서식하고 있다. 이들 나무가 빚어내는 40여 가지의 색은 온 산을 비단처럼 수놓기 때문에 가을이면 대표적인 단풍산행지로 인기를 끈다. 그래서 정읍 주민들은 "산에 대한 문외한도 단풍으로 유명한 내장산만은 알고 있다"고 말할 정도로 이곳 사람들은 내장산에 대단한 자부심을 갖고 있다.

규모에 비해 금선·약수동·남창계곡 등 계곡이 많은 내장산은 영은산이라 불렸다. 그러나 지금은 계곡이 양의 창자와 비슷해 계곡에 들어가면 잘 보이지 않아 "마치 양의 내장 속에 숨어 들어간 것 같다"고 해 '내장산'이라 부른다. 신선봉을 주봉으로 장군봉·서래봉·불출봉·망해봉·연지봉·까치봉·연자봉·월령봉 등 아홉 봉우리가 내장사를 중심으로 말발굽처럼 둘러쳐져 있다.

산행 코스는 내장사~금선폭포~신선봉~장군봉~까치봉~내장사로 이어지는 7.8km, 5시간 정도 소요된다.

무릉계 10km 구간…금강산의 축소판

# 노인봉

전국 유명 산에는 한때 그곳을 대표하는 터줏대감들이 있었다. 지금이야 많은 분들이 고인이 됐고 국립공원관리공단 직영 체제로 운영되고 있지만, 10여 년 전만 하더라도 북한산의 이영구(백운산장) 씨를 비롯해 설악산 유창서(권금성산장)·이경수(수렴동산장), 지리산 함태식(피아골산장)·민병태(치밭목산장), 덕유산 허의준(향적산장), 오대산 김영복(청학산장)·성양수(노인산장) 씨 등이 짧게는 20년에서 길게는 2대에 걸쳐 산장을 지켰다. 따라서 당시 산을 웬만큼 다닌 산악인들이라면 이들을 모르는 사람이 드물었다. 긴 머리칼과 수염을 길렀기 때문에 '산신령'이라고 부르기도 했다. 이들은 나이에 비해 맑은 눈동자를 갖고 있었다. 이들이 세속과 동떨어진 이야기보따리를 푸는 날이면 산중의 밤도 짧게만 느껴졌다.

 노인봉을 지켰던 성양수 씨도 그중 한 명이다. 성씨는 1980년대 눈 내리던 겨울 저녁, 소금강이 강(江)인 줄 알고 찾아온 여대생 두 명을 구조했다. 이것이 인연이 돼 결혼까지 했다고 해서 유명 인사가 된 당시 노인봉의 젊은 노인(?)이었다.

 노인봉(1,338m)은 오대산국립공원의 동대산과 황병산 사이에 있는 봉우리다. 등산객들은 가을과 겨울에는 비로봉을, 여름에는 청학동 소금강을 많이 찾는다. 기암괴석이 자태를 뽐내며 계곡을 따라 이어진 소금강은 금강산의 축소판이라 해서 붙여진 이름이다.

 지난 1991년 월정사 입구에서 주문진으로 이어지는 국도 6호선이 개통되기 전만 해도 진고개~노인봉~소금강 코스는 2시간 정도의 보너스 산행(월정사~동대산~진고개)을 해야 했던 지루한 코스였다. 하지만 지금은 포장도로를 따라 승용차가 해발 900m 진고개를 넘나들기 때문에 산행이 쉬워졌다.

노인봉까지의 등산로는 약간의 가파른 곳만 지나면 1시간 30분 정도 소요되는 걷기 쉬운 코스다. 노인봉 산장에서 청학동계곡의 끝 지점인 낙영폭포까지는 노인봉에서 가장 경사가 급한 1.5km의 등산로다. 계곡물은 바위를 껴안고 돌며 수많은 소를 만들고 10여m 절벽 아래로 떨어지면서 탕을 이루며 낙영폭포에서 무릉계까지 20리 길을 흘러 동해로 들어간다.

　　낙영폭포·삼폭포·백운대를 지나면 주왕산의 시루봉과 흡사한 괴면암, 암괴에 구멍이 뚫려 이름 붙여진 일월암, 촛대봉 등 기암괴석이 어우러진 만물상에 닿는다. 찌를 듯이 높이 솟은 바위에 있는 노송과 시원한 물소리에 심취하다 보면 시간 가는 것도 잊게 된다. 쉬엄쉬엄 2시간 남짓 내려오면 오른편으로 청학동 소금강 제1의 자연미를 자랑하는 구룡폭포가 발길을 멈추게 한다. 150m 거리에 9개의 폭포가 5~20m의 높이에서 물보라를 날리며 떨어지는 것을 보면 가슴이 시원해진다. 선녀탕·구룡폭포·청심대·세심폭포·십자소를 지나 무릉계까지 총 산행 시간은 여유 있게 걸어도 6시간이면 충분하다.

점점이 박힌 다도해 보며 걷는 육지 최남단
달마산

반도의 끝 '땅끝마을'. 『신증동국여지승람』은 우리나라 남쪽 기점은 '땅끝'이고, 북쪽은 함경북도 온성이라고 설명한다. 육당 최남선도 한반도를 "해남 땅끝에서 서울까지 천 리, 서울에서 온성까지 2천 리로 잡아 삼천리 금수강산"이라고 표현했다. 목포가 국도 1호선과 2호선의 출발이자 종착역이듯, 땅끝은 반도의 끝이자 처음이다.

땅끝마을을 안고 있는 해남은 해남 윤씨의 관향이다. 우리나라 사계의 아름다움을 노래한 「어부사시사」의 고산 윤선도와 「자화상」으로 유명한 공재 윤두서가 활동했던 곳이다. 공재는 「어부사시사」를 지은 고산 윤선도의 증손이자 실학의 대가인 다산 정약용의 외증조다. 장남과 손자가 그림을 계승해 당시로는 보기 드문 3대가 화가 가문을 이루었다. 공재는 겸재 정선, 현재 심사정과 더불어 '조선 후기 삼재三齋'로 불렸다.

자화상은 화가가 자신을 그린 그림이다. 화가는 자신의 생각과 시대상을 그림을 통해 이야기한다. 서양화의 대표적 자화상으로 램브란트·반고흐·피카소의 작품을 꼽을 수 있다면, 조선시대의 대표적 자화상으로는 공재 윤두서와 표암 강세황의 작품을 꼽을 수 있다.

정면을 뚫어져라 응시하는 강렬한 눈매와 날카로운 구레나룻, 그리고 마치 불꽃처럼 꿈틀거리는 풍성한 수염과 눈. 한국 초상화 최고의 걸작으로 손꼽히는 공재 윤두서의 〈자화상〉이다. 자화상은 모두 이목구비가 또렷하다. 귀가 없는 고흐의 자화상이야 고흐 자신이 겪은 고뇌와 아픔으로 인한 자해로 그렇다 치지만, 공재의 자화상에는 귀와 목이 보이질 않는다.

일제강점기인 1937년 조선총독부가 발행한 『조선사료집진속』에서 윤두서의 모습은 지금 작품과 크게 달랐다. 단정하게 여민 옷깃과 옷의 주름선이 있었다. 조선시대에 초상화는 종이나 비단에 그렸다. 이것들은 반투명한 재질의 특성을 갖고 있으며, 뒷면에 유탄(버드나무 가지로 만든 가는 숯)으로 밑그림을 그리고 앞면을 채색했다. 그런데 유탄의 점착력이 약해 쉽게 지워지다 보니 지금 흔적이 남지 않았을 뿐이다.

미술사학자 오주석은 『옛 그림 읽기의 즐거움』이라는 책에서 "자화상의 예술성은 회화의 가장 중요한 표현 수법 가운데 하나인 대조對照를 고차원적으로 활용한 데에 있다"며 "코를 중심으로 치올라간 눈과 눈썹의 예리함과 아래로 팔자처럼 펼쳐진 점잖은 콧수염이 화면에 활력을 불어 넣어 준다"고 설명한다.

한양에서 태어난 고산은 여덟 살 때 큰아버지의 양자가 되어 해남으로 내려와 해남 윤씨의 대종을 잇는다. 송시열과의 논쟁으로 패한 뒤 유배지를 전전하다 자신이 가꾼 보길도 녹우당에서 85세의 일기로 명을 다한다.

공재는 숙종 19년 진사시에 합격하나 당쟁이 심화되어 집안이 어려움

에 처하자, 벼슬을 포기하고 남은 생을 학문과 시서화로 보낸다. 1712년 이후 고향인 해남 연동으로 돌아와 은거하다 48세를 일기로 세상을 떠났다. 올해는 공재 서거 300주년이 되는 해다. 공재 고택은 해남 윤씨 녹우당에서 약 20km 떨어진 망부산 자락 백포리 해안가에 있다. 원래 이 집은 고산이 큰아들과 함께 살기 위해 지은 것이다.

달마산(489m) 산행의 묘미는 암릉 종주에 있다. 정상에 오르면 다도해의 작은 섬들이 수석처럼 점점이 박혀 있고, 그 사이로 흰 꼬리를 길게 늘어뜨리며 달리는 배들의 모습이 장관이다. 그리고 백포 바닷가와 멀리 두륜산도 보인다.

산행 코스는 송촌마을~불썬봉~문바위~작은 금샘~미황사로 이어지는 5.5km, 3시간 정도 소요된다.

'동학의 아픔' 품은 남부군 최후 저항지

대둔산

대둔산은 가을 단풍이 붉게 들 무렵, 바위 틈새로 구석구석 피어나는 흰 구절초와 연보랏빛 벌개미취의 아름다운 모습이 여느 산 못지않아 '호남의 풍악산'이라고 불렸다. 수직의 세계로 비상하려는 충남 클라이머들에게는 푸짐한 '암벽종합선물세트'를 선사한다. 대둔산의 대표 명물인 케이블카나 구름다리와 함께 사시사철 많은 등산객을 불러들인다.

이런 멋진 풍광을 갖고 있음에도 불구하고 국내 여느 산과 마찬가지로 우리 역사만큼이나 가슴 아픈 사연을 간직하고 있다. 동학농민군과 빨치산 토벌로 이 산에서 유독 죽은 이가 많기 때문이다.

동학은 수운 최제우가 서학(천주교)에 대항해 1860년 우리나라의 도를 일으킨다는 뜻에서 붙인 이름으로, 1905년 3·1운동 민족대표 33인 중 한 사람인 의암 손병희에 의해 천도교로 이름이 바뀐다.

동학의 접주이자 농민운동가였던 녹두장군 전봉준은 전라도 고부군수 조병갑의 포악한 정치와 동학교도 탄압에 불만을 품고 고종 31년 고부민란을 일으킨다. 민초들의 함성인 동학혁명의 시작이었다. 녹두장군은 호남을 장악하지만 그해 말 일본과 관군의 공세로 우금치에서 대패한다. 순창으로 도피하던 중 12월 2일 체포되어 서울로 압송된 후 교수형을 당한다. 녹두장군이 체포된 후 25인의 동학 고위 인사 등 1,300여 명이 약 100일간 최후의 항전을 한 곳이 바로 대둔산이다. 비록 혁명은 실패로 끝났지만 이는 봉건제도의 붕괴를 가져왔고, 외세의 침략을 불러일으키는 도화선이 됐다.

남부군 총사령관이었던 이현상은 금산이 고향이었다. 중앙고보와 보성전문학교 법학부를 졸업한 이현상은 일제강점기에 조선공산당 활동을 하다 4년가량 복역한 후, 박헌영·김삼룡과 경성 콤그룹을 결성하고 지하 활동을 벌인다. 해방 후 조선공산당을 부활시킨 그는 1948년 지리산으로 들어가 빨치산 활동을 전개한다. 한국전쟁 중 전황이 불리해지자 1951년 5월, 거점을 덕유산으로 옮긴다. 그해 7월 '남한 6도 당위원장회의'를 주재한 이현상은 '조선인민유격대 남부군 사령관'으로 추대된다. 이후 '공화국 영웅'이란 칭호까지 받았으나 1953년 9월 18일 지리산 빗점골에서 토벌대에게 사살된다.

당시 남부군의 빨치산 활동의 거점은 지리산·덕유산·회문산 등이었으며, 충남 지역은 대둔산이었다. 대둔산 빨치산은 많을 때는 그 수가 2만 명을 넘었고, 논산·강경·공주·대전 등 충남 지역은 물론 완주·진안 등 전북 지역에까지 출몰하면서 양민학살과 식량약탈 등을 자행했다. 충남 경찰국은 이들을 소탕하기 위해 대둔산지구 전투경찰대를 창설했다. 토벌작전은 1950년 9월 시작해, 휴전이 끝나고도 1년 6개월이 지난 1955년 1월에야 총성이 멈췄다. 당시 전투는 피아간 사상자가 3,600명을 넘길 정도로 치열했다.

대둔산은 마천대(878m)를 비롯하여 사방으로 뻗은 산줄기가 어우러져 칠성봉·장군봉 등 멋진 암봉을 이루고 삼선바위·용문굴·금강문 등 사방으로 기암괴석과 수목이 한데 어우러져 산세가 수려하다. 마천대에서 북쪽 능선을 따라 낙조대에 이르는 구간은 산행의 백미이며, 낙조대에서 바라보는 일몰 또한 일품이다.

　산행 코스는 대둔산 승전탑~수락폭포~340계단~정상~삼선계단~금강구름다리~수락리로 이어지는 5km, 4시간 정도 소요된다.

'다산의 문향' 풍기는 남도답사 1번지

덕룡산

유홍준 전 문화재청장은 향토적 서정과 역사적 체취가 물씬 나는 강진~해남 답사 길을 '남도답사 1번지'라고 이름 붙였다. 그의 『우리문화유산답사기』는 한국인의 여행 패턴을 일시에 바꿔 놓을 정도로 파급력이 컸다. 덕분에 강진으로 많은 사람들의 발길이 이어져 왔다.

목포·진도·해남·강진·장흥으로 이어지는 전라남도 서남 땅은 '민속문화의 보고'로, 탐진강이 흘러드는 강진만을 사이에 두고 강진에는 다산초당, 백련사와 고려청자 도요지가 있고, 해남에는 다도 1번지인 대흥사, 이순신의 전라우수영, 고산의 녹우당, 땅끝마을 등이 있다.

유배 생활 중 11년 동안 실사구시의 학문을 꽃피운 다산초당은 다산의 정신적 고향이다. 동백림으로 유명한 백련사는 고려 말 불교의 실천성을 강조함으로써 불교의 세속화와 사회 모순을 극복하기 위한 중심 도량이었다. 다산은 당시 백련사의 뛰어난 학승이었던 혜장선사(초의선사의 스승)와 산중 오솔길을 거닐며 학문을 토론했다.

정조는 조선시대 최고의 임금으로 꼽히는 성군이었다. 신하들을 가르칠 정도로 성리학에 대한 조예가 깊었던 정조는 당대 성리학의 최고봉이었던 다산과 매우 가까웠다. 다산은 정조의 총애를 받으며 수원 화성 설계에 참여했다. 정조가 죽은 후 신유박해가 일어나 다산은 경상도 포항 부근의 장기를 거쳐 전라도 강진에서 18년간 유배 생활을 했다. 그곳 강진에서 다산은 그의 3대 저서인 『목민심서』, 『흠흠신서』, 『경세유표』를 비롯해 500여 권의 책을 썼다. 조선 후기 최고의 학자로 재평가받고 있는 다산이 머물렀던 강진의 다산초당은 '다산학의 산실'로 손색이 없다.

사실 '남도문화 답사 1번지'를 꼽자면 진도를 거론하지 않을 수 없다.

진도는 그림·소리·민속·역사·자연 등 섬사람들의 애환이 절절이 묻어 나는 곳이다. 소치 허련에서 시작해 미산 허영-의제 허백련-남농 허건-임전 허문으로 이어지는 '한국 남종화의 메카'인 운림산방. 그런가 하면 씻김굿·강강술래·진도아리랑 등의 소리가 있고, 항몽 유적지와 임진란 3대첩 중 하나인 명량대첩이 일어난 울돌목이 있다. 기상청이 추천하는 국내 최고의 일몰지인 세방리도 있어 답사지로 손색이 없다. 그러나 강진에는 다산이 있고, 해남에는 윤선도와 윤두서가 있었기에 유홍준도 해남·강진을 '남도문화 답사 1번지'로 꼽지 않았나 싶다.

남도 해안 지역에 있는 산에 오르면 어느 곳에서건 아름다운 다도해의 모습을 한껏 즐길 수 있다. 다산의 향기가 물씬 풍기는 강진 덕룡산(433m)도 달마산·팔영산·동석산과 마찬가지로 암릉길을 걸으면서 다도해의 풍광을 음미할 수 있다. 특히 덕룡산은 바위의 뾰족뾰족함이 설악산의 용아장성 능선에 버금갈 정도여서 암릉 산행의 진수를 맛볼 수 있는 산행지다. 덕룡산에 오르면 다산초당과 백련사를 품고 있는 만덕산이 지척에 있어 다산의 문향을 흠뻑 담고 올 일이다.

산행 코스는 소석문~동봉~서봉~작천소령~주작산~휴양림으로 이어지며 13km, 6시간 정도 소요된다.

겨울 꽃 아름다운 '상고대의 천국'
# 덕유산

겨울철에 만날 수 있는 가장 아름다운 꽃을 서리꽃, 또는 상고대라 부른다. 서리꽃은 영하의 기온에서 액체 상태로 존재하는 물방울이 나무나 풀 따위에 들러붙어 눈처럼 된 것을 일컫는다. 겨울철 날씨가 받쳐만 준다면 전국 어디서나 볼 수 있는 것이 서리꽃이다. 서리꽃은 눈꽃과 달리 얼음 알갱이여서 햇빛을 받으면 빛이 알갱이를 통과하면서 눈부신 장관을 연출한다. 그중 덕유산(1,614m)을 겨울철 서리꽃 최고의 포인트로 꼽는다. 그래서 사람들은 눈에 푹푹 빠지면서도 겨울 덕유산을 찾는다.

덕유산은 남한 산줄기의 중심에 있어 조망이 그 어느 산보다 뛰어나다. 남동쪽으로는 가야산을 중심으로 거창의 산들이 첩첩이 깔려 있다. 특히 가야산 주변으로 떠오르는 일출은 산에서 맞는 국내 제일의 일출로 꼽힌다. 눈을 남서쪽으로 돌리면 맑은 날 천왕봉에서 노고단~만복대에 이르는 지리산 주릉이 선명하게 보인다. 게다가 덕유산리조트에서 곤돌라를 타고 손쉽게 정상까지 오를 수 있어 사시사철 사진작가들의 발길이 끊이지 않는다.

덕유산을 품고 있는 무주는 삼국시대 신라와 백제의 접경 지역이다. 해서 무주 33경을 이야기할 때 제1경이 나제통문이다. 이곳에서 제33경인 향적봉까지 오르는 길가에는 31경이 도처에 널려 있다.

이런 아름다운 풍광과 달리 덕유산도 남도의 여느 산과 마찬가지로 의병 활동과 빨치산의 본거지로 근현대사의 큰 상처를 지켜보았다. 항일의병운동은 명성황후 시해와 단발령 시행에 항거하는 을미의병, 일본의 강압으로 맺은 을사조약에 반대했던 을사의병, 그리고 정미의병으로 이어진다. 이는 1910년 국치일 이후 항일무장독립운동 세력의 근간이 된다.

조선의 전제왕권이 무너지면서 형식적으로 대한민국의 시작을 알리는 근대국가가 대한제국이다. 1907년 고종 황제는 헤이그에 이준 열사를 특사로 보낸다. 이에 일본은 이토 히로부미를 내세워 고종을 퇴위시키고 조선의 마지막 왕인 순종을 앉힌다. 그리고 정미7조약을 맺고 군대를 강제로 해산시킨다.

대한제국의 핵심 부대로 시위대 출신이었던 신명선은 정미7조약이 체결된 후 군대가 해산되자 덕유산을 중심으로 동지들을 규합해 의병장이 된다. 그리고 150여 명의 의병을 모아 덕유산을 중심으로 구국항쟁을 벌인다. 이들은 칠연계곡을 본거지로 진안·임실·순창군 등 인접 지역으로 세력을 넓히면서 숱한 전과를 올린다.

그러나 1908년 4월 장수주재소를 습격하고 칠연계곡으로 돌아와 전열을 가다듬던 중 일본군 토벌대의 기습을 받아 거의 전사한다. 그 후 살아남은 의병 중 한 명이 마을 사람들의 도움을 받아 유해를 수습, 송정골에 안치한 것이 지금의 칠연의총이다.

상해임시정부 2대 대통령이었던 박은식은 『한국통사』에서 "의병은 민군이다. 나라가 위급할 때 즉시 의로써 일어나 조정의 명령을 기다리지 않고 종군해 싸우는 사람이다. 의병은 우리 민족의 국수國粹"라고 말했다. 나라의 힘이 쇠약해지면 그 민족은 역사에서 사라지거나 쓰라린 형극의 길을 걷게 된다는 것을 덕유산을 오르면서 새겨 보았으면 싶다.

산행 코스는 구천동 탐방지원센터~인월담~백련사~향적봉 왕복 구간이 17km, 6시간 정도 소요된다. 정상에서 무리하다 싶으면 설천봉에서 곤돌라를 타고 내려올 수도 있다.

오지 산행 후 환선굴 관람은 '보너스'
# 덕항산

석기시대, 신생 인류의 첫 주거지는 동굴이었다. 비바람과 눈보라 등 자연환경과 외부로부터의 공격을 막아 주던 역할을 했다. 농경사회로 접어들면서 주거 형태의 변화와 함께 동굴은 피신처, 농작물 저장소, 군사기지 등으로 활용되었다.

강원도 삼척은 '동굴의 도시'다. 영월에 버금갈 정도로 동양 최대 석회동굴인 환선굴을 비롯해 대금굴·관음굴 등 82개의 석회동굴을 품고 있다. 국내 동굴은 크게 종유굴·용암굴·해식동 세 종류로 나뉜다. 숫자는 1천여 개에 달하며 종유굴이 전체 동굴의 90% 이상을 차지한다.

용암굴은 제주도에만 있으며, 제주도는 세계적인 화산동굴 지대를 이루고 있다. 현무암 지대에 발달된 용암동굴은 제주 해안지방 저지대에 넓게 분포해 있으며, 총 길이 11.749km의 빌레못 동굴을 비롯해 만장굴·협재굴·미천굴·김녕사굴 등 크고 작은 동굴이 세계적인 동굴로 이름을 날리고 있다.

삼척 대이리 동굴 지대에 속한 환선굴은 총 길이가 6.5km로 국내에서 가장 규모가 크다. 지금은 1.6km만 개방하고 있다. 북굴·북서굴·중앙굴·남굴 네 갈래로 갈라져 있어 구조가 복잡하다. 종유석·석순·석주가 잘 발달돼 있어 '지하의 금강산'이라 불릴 정도로 풍광이 빼어나다.

주굴(730m)·지굴(880m)로 이뤄진 대금굴은 지난 2003년 발견됐다. 1회 40명씩 하루 18회에 걸쳐 인터넷으로 예약한 사람들에 한해 관람할 수 있다.

덕항산(1,071m)은 태백산과 백두대간을 사이에 두고 있는 강원도의 깊은 오지다. 1950년 "한국전쟁이 발발한 것도 몰랐을 정도였다"고 하니, 과장이 섞였겠지만 그만큼 사람의 발길이 뜸한 곳이다. 전형적인 동고

서저 지형으로 동해에서 바라보면 경사가 가파르고 기암괴석으로 이뤄진 병풍암이 펼쳐져 위엄이 있지만 태백에서는 완만한 구릉 지형으로 보인다. 계곡을 따라 흐르는 12km의 무릉천은 오십천과 합쳐져 동해로 들어간다. 주변에는 너와집·굴피집·통방아 등 많은 민속 유물이 남아 있다.

덕항산 북쪽으로는 두타산, 남동쪽으로는 응봉산이 있고 지극산과 능선을 나란히 하고 있다. 태백 하사미에서 시작하는 코스는 구부시령을 넘게 된다. 구부시령은 도로가 뚫리기 전 하사미에서 삼척 도계읍으로 넘어가는 고개다. 옛날 남편만 얻으면 죽는 바람에 무려 아홉 명의 서방을 모셨다는, 팔자가 기구한 여인의 전설을 간직한 곳이다.

덕항산 산행은 크게 골말, 환선굴, 태백 하사미 방면 등 세 곳에서 시작한다. 등산객들이 가장 많이 이용하는 산길은 골말에서 장암목이 능선을 타고 올라 장암밭목에 이르는 길이다. 이곳에서 덕항산 정상을 경유해 환선봉을 거쳐 환선굴 방면으로 하산한다. 환선굴 방면에서 오르는 길도 골말에서 오르는 길과 크게 다르지 않다.

대이리에서 오르기 시작해 환선굴을 관람한 후, 자암재를 거쳐 환선봉에 오른다. 그러나 이 코스는 환선굴부터 자암재까지 경사가 심해 힘이 많이 드는 까닭에 올라오는 이들의 발길이 뜸하다. 하사미에서 시작하는 길은 예수원에서부터 시작한다. 이 코스는 승용차로 이동하지 않으면 접근하기 어렵다는 단점이 있다. 새메기골을 거쳐 구부시령으로 오른다. 구부시령에서 백두대간을 타고 덕항산~환선봉~자암재를 거쳐 환선굴로 하산하는데, 거리는 11km에 5시간 정도 소요된다.

덕항산 산행은 어느 코스든 환선굴 관람까지 하루에 끝낼 수 있다는 것이 장점이다. 그래서 많은 등산객들이 환선굴 관광을 위해 대중교통으로 대이리까지 이동한 후 환선굴~골말 구간으로 산행한다.

발아래 펼쳐진 남한강 보며 도를 깨닫다

# 도락산

"길이 끝나는 곳에서 등반은 시작된다." 영국의 등반가 앨버트 프레더릭 머메리의 명언이다. 정상을 밟는 것이 목적이 아닌, 어떠한 방법으로 오르느냐를 역설한 머메리즘(등로주의)도 여기서 시작된다. 그러나 누군가 먼저 밟고 지나갔건, 내가 처음이건 걸어가는 곳 모두가 길이다. 바로 동·서양의 사고 차이다.

길을 걷고, 산을 오르고 - 그 모든 행위 속에서 우리는 삶의 의미를 깨닫는다. 특히 산을 오름짓 하는 가운데 우리는 자연이 인간에게 던지는 인생의 의미를 배운다. 우암 송시열은 "깨달음을 얻는 데는 나름대로 길이 있어야 하고, 거기엔 필히 즐거움이 수반되어야 한다"고 역설했다. 우암은 '도락산'(도를 깨닫고 스스로 즐길 만한 산)이라고 이름지었다. 그만큼 아름다운 풍광과 산길을 걸으며 발밑으로 펼쳐지는 남한강을 보면서 깨달음을 얻기에 충분한 곳임에 틀림없다.

도락산이란 이름을 붙인 우암에 대해 대부분의 사람들은 인품이 고귀했던 조선의 사상가이자 정치가라고 말한다. 그러나 작가 이덕일은 『송시열과 그들의 나라』에서 "조선 최대 당쟁가로 성인과 악마라는 극단적 찬사와 저주를 받는 송시열은 조선과 한국사의 비극을 잉태한 인물"이며 "학자로서 일생을 살았다면 후대에 존경을 받았을 것"이라고 소개한다.

전국 어느 곳이건 지역만의 아름다운 풍광을 뽑아 8경, 10경의 이름을 붙인다. 도락산을 품고 있는 단양은 예로부터 인근의 영춘·청풍·제천과 함께 내륙지방에서 경치가 빼어난 네 고을이라는 뜻으로 '내사군內四郡'이라 불렸다. 특히 단양읍을 중심으로 8~12km 내에 있는 도담삼봉·석문·구담봉·옥순봉·사인암·하선암·중선암·상선암 등은 단양을 대표하기에 '단양8경'으로 꼽았다.

　남한강 가운데 바위 봉우리 셋을 깎아 세운 듯 절벽으로 되어 있는 도담삼봉은 8경 중 제일로 꼽는 명승지다. 대한민국을 홍보하는 대표적인 CF 촬영지다. 이곳에서 태어난 정도전이 특히 도담삼봉을 좋아해 자신의 호를 '삼봉'으로 정했다는 이야기도 전해 온다. 석문은 삼봉에서 200m 되는 곳에 있다. 절벽 위 돌이 거북 모양이라 해서 구담봉, 절벽의 소나무와 산봉우리가 죽순처럼 깎아 세운 듯 경치가 빼어난 옥순봉, 기암괴석이 꽃 병풍을 두른 듯 하늘로 치솟은 자태가 해금강을 연상케 한다는 사인암, 선유동 상류에 있으며 물속에 비친 바위가 무지개 같다 하여 홍암으로도 불리는 하선암, 송림과 계곡 사이에 있는 바위로 여름철 최고의 휴양지인 중선암, 조그만 폭포와 노송이 수묵화를 만들며 최고의 조망을 자랑하는 상섬암이 8경이다.

　그중 옥순봉은 행정구역상으로 청풍현에 속했다. 옥순봉이 단양팔경에 속하게 된 이유는 퇴계와 관련 있다. 퇴계가 단양군수로 부임한 후 관내를 순방하면서 명승지 일곱 개를 정하던 중 이웃 청풍의 옥순봉이 눈에 띄었다. 당시 청풍수령으로는 평소 친분이 있던 이지번이 부임해 있었다. 퇴계는 이지번에게 청을 넣었지만 거절당하자, 고심 끝에 옥순봉 석벽에 '단구동문'(단양으로 들어가는 관문)이라는 글씨를 새겼다. 이후 단양팔경의 하나로 인정받았으나 퇴계의 글씨는 충주호가 생기면서 물에 잠겼고, 이제는 갈수기에만 살짝 모습을 드러낸다.

　도락산은 상선암을 품고 있다. 전망이 제일 좋은 신선봉에는 직경 1m 정도의 웅덩이가 있는데 숫처녀가 물을 퍼내면 금방 소나기가 쏟아져 다시 물을 채운다는 전설이 전해 내려온다. 그래서 마을 사람들이 이곳에서 기우제를 지내기도 했다고 한다. 산행 코스는 상선암 주차장~제봉~형봉~정상삼거리~신선봉~도락산~채운봉~흔들바위~검봉~주차장으로 이어지는 6.6km, 5시간 정도 소요된다.

북한산과 함께 산악인들의 사랑 받는 '서울의 진산'
### 도봉산

▲

전문 산악인들에게는 히말라야 등반의 꿈을 키웠던 저마다의 모산이 있다. 1953년 히말라야 낭가파르밧(8,125m)을 초등한 헤르만 불이나 1986년 히말라야 8,000m 자이언트봉 14좌를 완등한 라인홀트 메스너는 돌로미테(이탈리아 북부 산악지대로 동부 알프스산군)에서 젊은 시절 등반가로서의 실력을 닦았다. 국내 최초로 에베레스트를 등정한 고 고상돈(한라산), 한국 여성 최초로 에베레스트를 등정한 고 지현옥(조령산), 8,000m 14좌를 완등한 엄홍길(도봉산)과 고 박영석(북한산), 산악인 허영호(금수산) 등도 자신들만의 모산이 있다.

산악인 엄홍길은 1960년 경남 바닷가인 고성에서 태어났다. 세 살 때 가족이 의정부로 이사오면서 원도봉산에서 어린 시절을 보냈다. 당시 그의 집은 망월사로 올라가는 등산로 끝에서 가게를 했다. 주말이면 암

벽등반을 하러 오는 산악인들과 자연스럽게 어울릴 수 있었고, 중학 시절부터 원도봉산 두꺼비바위에서 선배나 친구에게 암벽 기술을 익혔다. 해군 UDT로 제대한 엄홍길은 군에서 배운 잠수 기술을 이용해 교량 건설공사에도 참여했으나 산악인 박영배의 도움으로 1985년 에베레스트 원정대에 합류한다. 이것은 히말라야에 첫발을 내딛는 계기가 됐다. 그러나 경험 부족으로 두 번의 실패를 거듭한 끝에, 1988년 대한산악연맹이 '88서울올림픽을 기념하기 위해 결성한 에베레스트-로체 원정대에 참가해, 그해 9월 26일 에베레스트 정상을 밟는다. 그리고 히말라야 8,000m 고봉 14좌를 완등한다.

도봉산은 큰 바윗길이 산 전체를 이루고 있건, 천축사·희룡사 등에서 조선 왕조 창업의 길을 닦았기에 이름 붙여졌건, 북한산과 함께 산악인들의 사랑을 가장 많이 받고 있는 서울의 진산이다. 최고봉인 자운봉(740m)을 비롯해 거대한 암벽인 만장봉, 선인봉, 오봉 등 우람한 기암괴석과 깎아지른 듯 뾰족하게 솟아 있는 봉우리가 장관을 이룬다. 어느 지점에서 보아도 명산의 자태가 감탄을 불러일으킨다.

도봉산 3대 계곡인 문사동계곡·망월사계곡·보문사계곡은 수량이 풍부해 골짜기를 타고 흘러내리는 물소리가 산행 내내 따라다니며 빼어난 경치를 자랑한다. 마치 금강산을 빚어놓은 것 같다고 하여 '서울의 금강산'이라고도 불렸다. 도봉산은 사패산·만장봉·오봉·우이암을 주봉으로 하여 보문능선·사패능선·포대능선·오봉능선·도봉 주능선으로 이루어져 있다.

등산로는 우이동, 무수골, 우이암, 천축사, 만월암, 은석암, 원도봉, 회룡역, 안골, 송추 방면 등 다양하며 평일에도 등산객들로 붐빈다. 다락 능선~포대 능선~신선대~마당바위를 잇는 코스가 가장 인기 있다. 이렇게 수많은 코스 중 자신의 능력에 맞게 선택해 산을 오를 수 있다. 특히 날씨가 풀리면 우이암·오봉·선인봉 등에는 암벽등반을 즐기려는 클라이머로 북적인다.

　도봉탐방센터~보문능선~주능선~오봉~여성봉을 거쳐 송추로 내려가는 길은 도봉산의 명품 코스 중 하나다. 보문능선은 완만한 경사길로 쉽게 오를 수 있는 데다 오봉~자운봉을 잇는 주능선에 쉽게 닿을 수 있어 등산객의 발길이 많이 이어진다. 능선에 오르면 나무와 아기자기한 바위가 한데 어우러져 한 폭의 수묵화를 그려낸다.

　도봉산에는 망월사·천축사·원통사 등 크고 작은 사찰과 도봉서원 등의 명소도 품고 있다. 망월사에는 서울특별시 유형문화재 제121호로 지정된 만월암 석불좌상이 있고, 도봉산으로 오르는 무수골에는 서울특별시 유형문화재 제106호인 전주 이씨 영해군파 묘역이 있다. 또한 도봉산 계곡에는 송시열을 비롯하여 도봉산에 다녀간 역대 문인이나 명사들의 암각 글자가 눈길을 사로잡는다.

### 도봉산 둘레길

도봉산 자락을 도는 둘레길은 13~20구간(25.8km)으로 나뉜다.

- **13구간(송추마을길)** : 우이령 입구~원각사 입구. 송추계곡을 만나는 이 길은 군 시절의 추억과 시골의 정취를 동시에 느낄 수 있는 추억의 마을길이다. 5km, 2시간 30분.

- **14구간(산너미길)** : 원각사 입구~안골계곡. 사패산의 속내를 볼 수 있는 곳으로 사패산 6부 능선에 있는 붉은바위까지 올라야 하기에 둘레길 중 가장 힘든 구간이지만 전망이 으뜸이다. 전망대에서는 수락산과 천보산이 파노라마처럼 펼쳐진다. 안골계곡에는 나무다리가 조성돼 있어 산길의 운치를 더해 준다. 2.3km, 1시간 10분.

- **15구간(안골길)** : 안골계곡~회룡탐방지원센터. 의정부시가 조성한 직동공원과 연결된 길로 야생화 단지, 조각공원 등을 즐길 수 있는 가족형 산책 코스다. 태조와 무학대사에 얽힌 전설로 유명한 회룡사에는 경기도 문화재가 있다. 4.7km, 2시간 20분.

- **16구간(보루길)** : 회룡탐방지원센터~다락원. 고구려시대의 석축과 보루가 있어 이름 붙여졌다. 다락원 방향으로 가파르게 오르면 사패산 3보루터를 만난다. 중랑천을 따라 남북을 잇는 고대 교통로를 통제하던 보루답게 호원동 일대가 한눈에 보인다. 2.9km, 1시간 30분.

- **17구간(다락원길)** : 다락원~원도봉 입구. 조선시대 공무로 출장 가던 사람이 묵던 곳을 원이라 했고, 그 원에 누각이 있어 다락원이라 불렀다. 서울과 경기도의 경계를 지나는 구간이다. 3.1km, 1시간 30분.

- **18구간(도봉옛길)** : 다락원~무수골. 우암 송시열이 '도봉동문'이라 쓴 바위 글씨가 명산의 입구임을 알려준다. 세종이 찾았다가 물 좋고 풍광이 뛰어나 아무 근심이 없는 곳이라 해서 이름이 유래된 무수골에는 왕족묘가 있으며 탐방로 끝 전망 데크에 서면 선인봉 등 도봉산의 절경이 한눈에 들어온다. 3.1km, 1시간 30분.

- **19구간(방학동길)** : 무수골~정의공주묘. 방학동은 곡식을 찧는 방아에서 유래됐다. 전 구간이 숲길로 이어졌으며 도봉산 둘레길의 명소이자 유일한 전망대인 쌍둥이 전망대를 만난다. 3.1km, 1시간 30분.

- **20구간(왕실묘역길)** : 정의공주묘~우이령길 입구. 성종의 맏아들로 중종반정 때 폐왕 된 연산군과 세종의 둘째 딸 정의공주의 묘가 있다. 그리고 600여 년 전부터 주민들의 식수로 이용된 원당샘과 서울에서 가장 오래된 수령 830년의 방학동 은행나무도 만날 수 있다. 1.6km, 40분.

음악이 울리는 '판소리의 고향'

# 동악산

판소리는 전통적인 한국 민속악 양식의 하나로, 사전적 의미로는 부채를 든 노래꾼 한 명이 북 장단에 맞추어 창·아니리·발림을 섞어서 이야기를 엮어 가는 극적 음악이다. 판소리는 〈춘향가〉·〈심청가〉·〈수궁가〉·〈흥보가〉·〈적벽가〉·〈변강쇠타령〉·〈배비장타령〉·〈옹고집타령〉·〈강릉매화타령〉·〈무숙이타령〉(왈자타령) ·〈장끼타령〉·〈가짜신선타령〉(숙영낭자전) 등 열두 마당으로 출발해 19세기에 여섯 마당, 그리고 지금은 〈춘향가〉·〈심청가〉·〈수궁가〉·〈적벽가〉·〈흥보가〉 등 다섯 마당만 전해진다. 판소리는 민중의 입을 따라 떠돌던 구비문학 설화가 극시를 거쳐 소리로 우리 민족의 애환을 달래 주었던 우리 음악예술의 진주다.

    판소리는 섬진강을 중심으로 크게 동편제와 서편제로 나뉜다. 동편제는 웅장하고 씩씩하며, 기교를 부리지 않고 타고난 음량을 소박하게 드러내는 것이 특징으로 운봉·구례·순창·흥덕 지역에서 불렸다. 반면 서편제는 계면조를 주로 사용해 슬픈 느낌을 애절하면서도 화려하고 감칠 맛 나는 소리로 그려냈으니 광주·나주·해남·보성 등이 그 중심이다. 판소리는 숙종 말~영조 초에 걸쳐 불리기 시작해 정조~고종대에 전성기를 누리다 일제강점기를 지나며 쇠잔해진다. 2003년 유네스코 인류구전 및 무형유산 걸작으로 선정됐다.

    지금의 판소리 여섯 마당의 체계를 세운 '판소리의 아버지'가 동리 신재효다. 고창 모양성 앞에 가면 동리 신재효를 기리는 동리국악당이 있다.

    곡성은 순창과 남원의 영향을 많이 받았다. 그 때문인지 곡성 성덕산 자락에 있는 관음사는 판소리 〈심청가〉 연기설화의 중심지다. 조선 영조 5년 백매자 스님이 쓴 「관음사 사적기」에는 심청전과 관련된 연기설화를 이렇게 소개하고 있다.

　대흥현에 살던 맹인 원량은 홍장이라는 딸과 살고 있었다. 어느 날 공덕을 쌓으면 눈을 뜰 수 있다는 홍법사 성공 스님의 말을 듣고 외딸 홍장을 시주한다. 홍장은 스님을 따라가다 소랑포에서 쉬게 된다. 마침 진나라 혜재는 황후가 죽고 외로움에 젖어 있던 중, 동국에 귀인이 있다는 꿈을 꾼다. 소랑포에 이르러 홍장을 발견한 신하들은 스님에게 보화를 건네고 홍장을 진나라로 데려간다. 그 후 홍장은 혜재의 총애를 받아 황후 자리에 오른다.

　아버지를 잊지 못하던 홍장은 관음상을 조성해 배에 실어 고국으로 보낸다. 벌교 앞바다에서 표류하던 관음상은 성덕이라는 처녀에게 발견된다. 성덕이 절을 하고 관음상을 업으니 새털마냥 가벼웠다. 성덕이 이를 업고 북쪽으로 올라가던 중 불상이 태산처럼 무거워져 그 자리에 안치하고 절을 세우니 지금의 성덕산 관음사다. 원량은 딸과 이별할 때 흘린 눈물로 눈을 뜨게 되며 95세까지 천수를 다했다고 한다.

　남원의 고리봉과 섬진강을 사이에 두고 솟아오른 동악산(735m)은 지리산 조망대로서의 역할을 톡톡히 하고 있다. 곡성의 진산인 동악산은 크게 두 봉우리가 남북으로 놓여 있다. 각 봉우리는 비슷한 높이로 배넘어재 사이로 남봉과 북봉으로 나뉜다. 북봉에는 동악산, 남봉에는 동봉과 서봉이 있으며, 최고봉은 형제봉(750m)이다. 정상에 오르면 고속도로 건너편으로 〈심청가〉의 연기설화를 간직하고 있는 성덕산이 손짓한다. 동악산의 '樂'자는 '즐거울 락'이 아닌 '풍류 악'으로 읽는다. '음악이 울리는 산'에 오를 때는 판소리 한마당 음미해 볼 일이다.

　산행 코스는 도림사~동악산~중봉~배넘어재~도림사로 이어지는 8.5km, 5시간 정도 소요된다.

다산과 추사를 되새기는 '한국 다도의 메카'

## 두륜산

옛 선인들은 "차는 도"라고 말했다. 우리는 차를 접하며 '다도'라는 말을 가장 많이 듣는다. 차를 재배하고, 덖고, 끓이고 마시는 과정에서 도를 깨우친다는 이야기일 것이다. '다도'에 대해 여연 스님은 "차를 다루고 끓이고 마시는 일에서 자연과 인간의 삶을 깨닫게 되는 진리나 이념의 총체적인 것"이라며 "단순한 차를 벗어나 당대의 사회문화적 사상이나 정신 등을 포괄하는 개념"이라고 설명한다. 요즈음 우리가 자주 접하는 커피나 녹차 등 인스턴트 차와는 다른 철학을 품고 있다.

차는 커피·코코아와 더불어 세계 3대 기호음료로 꼽히며, 그중 역사가 가장 오래됐다. 차나무의 잎을 가공한 것이 우리가 마시는 차다. 중국이 그 기원이라는 견해가 일반적이다. 중국 서남부 지역인 윈난·쓰촨성에서 800년 이상 된 야생 차나무가 발견되었으며, 2004년에는 윈난성 린칭臨滄시 펑칭鳳慶현에서 수령 3,200년 된 야생 차나무가 발견되어 최소한 그 이전에 차나무가 재배되었음을 알게 됐다.

당나라 문인 육우가 차 산지를 직접 둘러보고 차의 종류와 문화 등을 정리한 '차의 성전'이 『다경茶經』이다. 『다경』에는 "중국 황제 신농씨가 처음 차를 발견하고 그때부터 널리 마시기 시작했다"는 내용이 기록되어 있다. 처음에는 치료와 건강을 돕는 약으로 사용되다가 점차 기호음료로서 가치를 인정받으며 중국 전역으로 퍼져 나간 것이다. 이처럼 차는 중국인들의 삶의 일부로 자리 잡았다. 그러기에 윈난의 차와 티베트의 말 또는 소금과 교환하기 위해 기원전 2세기 전부터 고대 무역로였던 차마고도가 열렸던 것이다.

국내에는 언제 차가 들어왔을까? 4세기에 불교가 전래되며 수많은 사찰이 생기고 불전에 헌다獻茶 의식을 봉행하면서 시작된 것으로 보고 있다. 그러나 문헌상으로는 『삼국사기』에 "신라 흥덕왕 3년(828) 당나라 사신 대렴이 차 종자를 가져와 지리산 자락에 심었다"고 소개하고 있다. 이때부터 본격적으로 차가 퍼지게 되어, 고려시대에는 거리 어디서나 차를 마실 정도로 차의 소비가 왕성했다고 한다.

허준은 『동의보감』에서 "차는 소화를 돕고 소변이 잘 나오며 독을 풀어 주는 약리적 기능과, 머리와 눈을 맑게 해 마음을 안정시켜 주는 정신적 기능"이 있다고 강조했다. 그러나 조선조에 들어오면서 차 문화는 일부 양반 계층만 즐기게 되면서 그 맥을 잃기 시작한다.

이러한 다도의 맥을 다시 일으킨 인물이 19세기 대흥사에 기거했던 초의선사다. 신라 진흥왕 5년에 창건된 대흥사는 '한국 다도의 메카'다. '한국의 다성茶聖'으로 추앙받는 초의선사는 대흥사 일지암에서 대흥사에 전해 내려온 '차 만드는 법'을 복원하며 우리의 다도를 완성시켰다. 대흥사에서 40년간 수도 생활을 하는 동안 이웃한 강진으로 유배 온 다산 정약용은 물론, 추사 김정희와 교류를 맺으며 한국 고유의 차와 다도를 널리 알렸다. 이러한 인연으로 1840년 제주로 귀양 가는 도중 대흥사에 들른 추사는 대웅보전과 무량수각의 현판이 마음에 들지 않자 자신의 글씨로 바꿨다. 현판은 지금까지 내려오고 있다.

대흥사를 품고 있는 두륜산은 가련봉(703m)이 정상이다. 두륜산은 8개 봉우리 어느 곳이건 눈앞에 펼쳐지는 땅끝마을과 완도 방향의 남해 조망이 일품이다.

산행 코스는 대흥사~만일재~두륜봉~가련봉~노승봉~북미륵암~대흥사로 이어지는 4.9km, 3시간 30분 정도 소요된다.

무릉계곡 반기는 여름철 최고 산행지

두타산

한민족의 시조는 단군 할아버지이고, 단군이 고조선을 개국했다고 우리는 배웠다. 단군왕검은 하늘신의 아들인 환웅과 곰에서 여인으로 된 웅녀 사이에서 태어났다고 한다. 중국은 삼황오제 중 으뜸이었던 황제黃帝, 일본은 한반도 이주민설이 끊임없이 제기되고 있지만 그들의 건국신화에는 이자나기イザナキ와 이자나미イザナミ가 그들의 시조다. 이처럼 어느 민족이건 자신들의 뿌리를 알리고 나라를 세우기까지의 과정을 이야기로 남긴 건국신화가 있다.

이승휴는 원나라가 고려를 침탈했던 충렬왕 때 문인이다. 그는 28세 늦은 나이로 과거에 급제한다. 삼척에 계신 어머니에게 인사를 드리러 갔다 몽골의 5차 침입으로 그곳에 눌러앉았다가 41세 나이에 관직에 오르게 된다. 그러나 1280년 충렬왕에게 '폐단 10개조'를 상소했다가 노여움을 사 57세에 파직되자, 삼척으로 내려와 은거하며 집필 활동을 한다. 바로 우리 역사에 최초로 단군왕검을 소개한 『제왕운기』다.

『제왕운기』는 1287년에 쓰였다. 상권은 중국 역사, 하권은 우리 역사를 기록했다. 하권은 「동국군왕개국연대」와 「본조군왕세계연대」로 나뉜다. 「동국군왕개국연대」는 단군의 전조선, 기자의 후조선, 위만조선, 삼한을 계승한 신라·고구려·백제, 후고구려·후백제와 발해까지 정리했고, 「본조군왕세계연대」는 고려의 개국부터 충렬왕까지 소개했다. 일연의 『삼국유사』 '고조선조'에는 단군신화가 등장하지만, 『제왕운기』는 단군신화를 역사화해 중국과 같은 무진년(BC 2333)에 시작된 것으로 서술함으로써 한민족 역사 체계의 골간을 완성했다. 이처럼 『제왕운기』는 우리의 정통사관을 보여준 최초의 역사책이다.

『제왕운기』가 우리에게 중요한 것은 중국이 주장하는 동북공정東北工程

두타산 117

('동북변강역사여현상계열연구공정(東北邊疆歷史與現狀系列硏究工程)'을 줄인 말. 현재 중국 국경 내에서 이뤄진 모든 역사는 중국의 역사이며 고조선·고구려·발해는 당연히 고대 중국의 지방 민족 정권이라는 중국 주장)과 관계가 있다. 중국은 자신들이 내세우는 동북공정의 정당성을 위해 우리 역사에서 단군조선을 무시하고 주나라 무왕이 조선 왕으로 봉한 기자조선부터 인정하고 있다. 고구려도 '변방 정권 중 하나'라는 것이다.

이에 대해 동아일보 이정훈 기자는 그의 저서 『발로 쓴 반동북공정』에서 "한민족은 삼한의 후예이고 한민족 역사와 정치무대는 한강 이남이라는 것이 동북공정의 핵심"이라며 "이들의 사관대로라면 우리는 중국에 예속된 변방의 조그마한 나라에서 벗어날 수 없다"고 소개한다.

그런가 하면 정구복 한국학중앙연구원 명예교수는 "『제왕운기』에서 단군의 개국 연대는 『삼국유사』와 다르다. 조선왕조는 『동국통감』, 『동사강목』 등에서 『제왕운기』의 설을 택했고 광복 후 단기를 설정하는 근거가 됐으며, 옛 국가의 시조가 천손족이라는 설은 애국가에 '하느님이 보우하사'가 반영되는 데 일조를 했다"고 설명한다.

이승휴는 두타산(1,353m) 자락에 용안당을 짓고 『제왕운기』를 집필한다. 용안당이 지금의 천은사다.

두타산은 계곡미를 자랑한다. 비 온 뒤의 두타산은 어느 곳 하나 버릴 것 없이 아름답다. 골짜기를 따라 올라오는 안개, 물을 흠뻑 먹은 소나무, 그리고 암릉이 묘한 조화를 이루며 한 폭의 산수화를 그려낸다. 불가에서 '두타'는 출가 수행자가 세속의 모든 욕심을 떨쳐 버리고 몸과 마음을 깨끗이 닦는다는 의미다.

비 온 뒤 두타산에 오르면 무릉계곡을 따라 시원하게 흘러내리는 개울물과 그 아름다움에 모든 번뇌와 망상이 씻겨 내린다. 용추폭포와 무릉계곡은 깊고 그윽한 계곡미와 폭포·반석이 어우러져 '소금강'으로 불린다. 빼어난 경관으로 양사언의 석각을 비롯해 매월당 김시습을 비롯한 수많은 시인묵객의 시가 새겨져 내려온다.

산행은 삼화사~산성터~12폭~대궐터~두타산~박달재~삼화사로 이어지는 14.4km, 7시간 30분 정도 소요된다.

국내 최고의 설치미술 '탑사' 품은

마이산

우뚝 솟은 두 봉우리가 '말의 귀처럼 생겼다' 해서 이름 붙여진 마이산 馬耳山(673m)은 신이 이 땅에 만든 최고의 걸작품 중 하나다. 설악산 귀면암·울산바위, 주왕산 기암, 무등산 입석대·서석대 등 전국 유명한 산에 모양이 특이한 바위는 많지만 독립봉으로 우뚝 솟은 산으로는 마이산이 으뜸이다.

봄내음을 흠뻑 머금은 바람이 진안고원에 우뚝 솟은 '말의 귀'를 간지럽히면 벚꽃이 온 산을 아름답게 수놓는다. 어느 산이건 내려오는 전설이 있는데, 마이산에는 부부 신선이 새벽녘 하늘로 오르려다 물 길러 나온 동네 아낙의 눈에 띄는 바람에 그 자리에서 '바위산'이 됐다는 이야기가 전해 온다.

암마이봉(686m)과 숫마이봉(680m)으로 이루어진 마이산. 봄에는 안개 속에 솟은 두 봉우리가 쌍돛배 같다 하여 돛대봉, 여름에는 신록 사이로 드러난 봉우리가 용의 뿔처럼 보인다 하여 용각봉, 가을에는 단풍 든 모습이 말 귀처럼 보인다 해서 마이봉, 겨울에는 눈이 쌓이지 않아 먹물을 찍은 붓끝처럼 보인다 해서 문필봉이라 부르는 등 사계절에 따라 서로 다른 멋을 뽐낸다.

지질학계에서는 "마이산이 1억 년 전까지 담수호였으나 모래·자갈 등으로 이루어진 역암이 9,000만 년 전 지각변동으로 융기되었다"고 말한다. 지금도 민물고기 화석이 가끔씩 발견된다. 봉우리 중턱 급경사면에는 군데군데 폭격을 맞은 것처럼 움푹 팬 굴들이 많이 보이는데, 이를 타포니 Taffoni라 부른다. 타포니는 풍화작용으로 인해 모래가 부서지면서 자갈이 떨어져 나가는 지형으로 마이산의 타포니는 여행안내서인 프랑스 『미슐랭그린가이드』에서 만점인 별 3개를 받을 정도로 세계적으로도 인정받은 특이한 지형이다.

　지질학적으로 특이한 모습을 보여주는 마이산을 더 신비롭게 해주는 것은 탑사의 명물인 원뿔 형태의 천지탑이다. 전북 임실에서 태어난 이갑용 처사는 1895년 을미사변(명성황후 시해) 소식을 듣고 마이산에 들어온다. 이곳에서 그는 생식을 하며 수도하던 중, 신의 계시를 받고 돌탑을 쌓기 시작했다고 한다. 10년 동안 120여 개의 다양한 탑을 쌓다 보니 사람들이 탑에 돈이나 곡식 등을 올려놓게 되었다. 이갑용은 이를 모았다가 장에 나가 송아지를 사서 황소로 키운 다음 독립군에게 건네줘 독립운동 자금으로 보냈다고 한다.

　한편 천지탑은 풍수지리적으로 기운이 허한 곳을 보완하기 위해 쌓았다고도 한다. 일설에는 "숫마이봉과 암마이봉은 남성과 여성의 상징과 비슷하며 진안 읍내에서 볼 때 모습은 후굴 자세다. 섹스 후에는 모든 것이 허무해지기에 방사를 막기 위해 첨탑을 만들었다"는 이야기가 설득력 있어 보인다. 원래 120여 개가 있었지만 지금은 80여 개만 남았다.

　암마이산과 숫마이산은 천황문을 사이로 20m 떨어져 있다. 문화재청장이었던 유홍준은 천지탑에 대해 "안정감이 있으면서 선이 날렵한 이 탑은 마이산 산세와 잘 어울리는 '국내 최고의 설치미술 작품'"이라고 극찬했다. 조선시대 성리학자였던 김종직은 마이산에 대해 "아름다운 봄 죽순 같은 자태를 / 서로 사랑할 뿐 기댈 수는 없구나"라고 노래했다.

　봄날 마이산을 찾아가면 흐드러지게 핀 벚꽃과 함께 1억 년 전 사연을 눈에 담아 올 수 있다. 산행 코스는 강정리~광대봉~고금당~비룡대~봉두봉~탑사~남부주차장으로 이어지는 8.4km, 5시간 30분 정도 소요된다.

궁예의 못다 이룬 고구려 수복의 꿈 어린

# 명성산

바람에도 색깔이 있다면 가을 산에서 맞는 바람의 색깔은 갈색이다. 파란 하늘을 배경으로 억새평전에 엷은 햇살이 비치면 억새는 불어오는 바람에 몸을 맡긴 채 못다 쓴 가을의 전설을 잉태한다.

울타리 옆 감나무에는 떫은 물이 들었지만 가을산은 붉은 물이 묻어날 정도로 단풍이 한창이다. 가을 산은 단풍으로 말하고 억새로 마무리한다. 가을 산에 오르면 '갈색 추억'을 머금은 억새가 들려주는 '대자연의 교향악'에 누구나 심취한다.

어느 산이건 슬픈 전설을 간직하지 않은 산이 없겠지만 명성산(922m)은 잃어버린 고구려의 영토를 수복하려다 끝내 꿈을 못 이루고 죽은 궁예왕의 넋이 서려 있는 서울 근교의 명산이다.

산정호수를 끼고 있는 명성산은 마의태자가 망국의 한을 품고 이곳까지 오자 산이 울었다는 설과 궁예가 왕건의 신하와 격전을 벌이다 크게 패해 울면서 도망칠 때 울음소리가 온 산을 울렸다는 설 등 두 가지가 있다. 명성산에는 궁예가 왕건의 군사에게 쫓겨 몸을 숨겼던, 200명이 들어갈 수 있는 크기의 자연동굴이 있다.

'영남 알프스'로 불리는 취서~신불산, 화왕산, 지리산 만복대, '호남의 금강'으로 불리는 월출산, 천관산, 민둥산 등은 억새로 유명하다. 명성산은 여기에 비하면 억새 군락이 작지만 서울에서 손쉽게 산행을 즐길 수 있기 때문에 주말이면 많은 등산객들의 발길이 이어진다.

산행 들머리는 관광지부 상동주차장. 돌을 다듬은 너덜길이 등산로 초입부터 시작되는데, 10분 정도 오르면 비선폭포에 닿는다. 이곳부터 본격적으로 산행이 시작된다. 계곡을 끼고 30여 분 오르면 물안개를 따라 용이 하늘로 올랐다는 등룡폭포가 나타난다. 2단 폭포로 설악산의

12선녀탕 계곡의 복숭아탕을 연상시킬 정도로 무척 아름답다.

여기서 가파르고 험한 왼쪽 길 대신 완만하게 나 있는 오른쪽 길을 이용하는 것이 편하다. 쉬엄쉬엄 20분 정도 걸어 고개를 넘으면 눈앞에 억새밭이 펼쳐진다. 등산로는 서쪽을 향해 나 있는데, 시간상으로 정오를 넘어서므로 햇빛에 비친 억새의 모습을 만끽할 수 있다. 산정호수가 내려다보이는 삼각봉까지는 20분가량 더 올라야 한다.

하산은 삼각봉 아래 삼거리에서 능선을 따라 내려가게 된다. 울창한 숲길을 걷다 보면 뚝뚝 떨어진 단풍 물에 온몸이 붉게 물든다. 안부삼거리에서 왼편은 비선폭포로 연결된다. 오른쪽 바위길은 자인사로 이어지는데 워낙 경사가 급한 데다 크고 작은 돌들이 뒤에서 떨어질 염려가 있으므로 조심해야 한다.

서울에서 두 시간쯤 거리에 있는 명성산은 "오른 만큼 보여주는 산은 정직하다"는 말을 가슴속으로 느끼면서 가을의 정취를 만끽할 수 있는 주말 가족 산행지다. 총 산행 거리는 6.5km로 3시간 정도 소요된다.

4월이면 산 전체가 벚꽃으로 치장하는

모악산

모악산(793m)은 '어머니의 산'이다. 정상을 중심으로 서쪽 김제에는 금산사, 동쪽 완주에는 대원사와 수왕사가 있다.

옛날에 한 머슴이 살고 있었다. 어찌 잘못해 집에서 쫓겨난 머슴은 산속에서 땔나무를 줍다 포수에게 쫓기는 사슴을 구해 준다. 그 대가로 사슴은 아내를 구하고 싶다는 머슴의 소원을 들어준다. 머슴은 사슴이 얘기한 연못 근처에 숨었다가 하늘나라에서 목욕하러 내려온 선녀의 옷을 감춰, 결국 아내로 맞아들인다. 세월이 흘러 아들 형제를 얻은 머슴은 사슴의 말을 잊고 선녀에게 옷을 내준다. 그러자 선녀는 아들 둘을 데리고 하늘로 올라간다. 뒤늦게 머슴은 울면서 하늘로 올라간 선녀를 부르지만 소용이 없다. 그때 사슴을 다시 만난 머슴은 사슴의 말대로 물을 긷기 위해 내려온 두레박을 타고 하늘로 올라가 아내와 아이들을 만나 행복하게 살았다.

우리가 흔히 아는 「선녀와 나무꾼」 이야기다. 중국과 일본에도 내용은 조금씩 다르지만 이와 유사한 설화가 있다. 모악산 자락에 있는 대원사의 선녀폭포와 사랑바위도 같은 전설을 간직하고 있다.

대원사를 거쳐 산을 오르다 만나는 수왕사 석간수石間水는 전국 최고의 물 중 하나다. 정유재란 때 소실된 수왕사는 기행으로 유명한 진묵선사에 의해 중건된다. 진묵선사는 술이 아닌 곡차만 마시는 두주불사로, 수왕사의 송화백일주는 사찰에서 만드는 곡차로 유명하다. 누룩에 송홧가루를 넣어 100일 정도 발효시킨 후 증류하는 이 술은 알코올도수 38도의 화끈한 소주다. 찹쌀·송화·당귀·산수유·구기자 등이 들어가며 신경통에 효험이 있다고 알려져 있다. 수왕사 주지스님은 송화백일주의 전통주 전승자로 매년 11월 말 진묵선사 열반 다례제가 열릴 때는 송화백일주 곡차 공양도 함께 한다.

전국 어느 명산을 가건 그곳에서 우리는 유명 사찰을 만나게 된다. 모악산 자락에 있는 금산사도 여기에 속한다. 1,400여 년의 역사를 품고 있는 금산사에는 국보 62호인 미륵전을 비롯해 노주·석조연화좌대·혜덕왕사응진탑비·오층석탑·석종·육각다층석탑·당간지주·삼층석탑이 보물 22~29호까지 연번을 얻었고, 대장전과 석등은 각각 보물 827호와 828호로 지정됐다. 이 밖에도 불교미술사적 가치를 지닌 문화재를 간직하고 있으니 금산사는 '한국 불교미술사의 보고'라 할 수 있다.

백제 법왕 원년에 세워진 금산사는 1,400살이 훌쩍 넘는다. 미륵신앙은 불교의 메시아다. 금산사는 백제 유민들의 삶과 애환이 서린 미륵신앙의 텃밭이다. 증산교를 통해 미륵세계를 꿈꿨던 증산교 창시자 강일순도 이곳에서 도를 얻었다. 모든 이들이 미륵세계를 염원했기에 모악산은 엄마의 품처럼 포근하다. 이런 까닭에 전북 옥구가 고향인 고은은 모악산을 시로 노래했다.

내 고장 모악산은 산이 아니외다 어머니외다 / 저 혼자 떨쳐 높지 않고 험하지 않고 먼 데 사람들마저 어서 오라 어서 오라 내 자식으로 품에 안은 어머니외다 / 여기 고스락 정상에 올라 거룩한 숨 내쉬며 저 아래 바람진 골마다 온갖 풀과 나무 어린 짐승들 한핏줄이외다 세세생생 함께 살아가는 사람과도 한핏줄이외다 / 이다지도 이다지도 내 고장 모악산은 천년의 사랑이외다 오 내 마음 여기 두어

모악산은 4월이면 산 전체가 벚꽃으로 만발한다. 예로부터 모악산 춘경은 변산 하경, 내장사 추경, 백양사 설경과 함께 호남4경의 하나로 꼽혔다. 보리 냄새 맡으며 오르는 봄철 모악산에서는 어머니를 생각해 볼 일이다. 산행 코스는 대원사~수왕사~정상~남봉~모악정~금산사로 이어지는 10.5km, 5시간 정도 소요된다.

빛고을 사람들의 사랑과 회한 품고 있는

## 무등산

빛고을 광주의 동쪽을 둘러싸고 높이 솟아오른 무등산은 광주시민의 한 恨이 서린 역사의 현장이다. 암울했던 시절 빛고을 사람들은 사랑과 미움을 속세에 묻어둔 채 정상에 올라 가슴속 깊이 간직한 울분을 함성으로 풀었다. 그리고 그 분노는 한 줄기 메아리가 돼 영산강을 따라 서해로 흘러들었다.

무등산을 사이에 두고 광주와 이웃한 담양은 16세기 정철 송강이 꽃피운 가사문학의 산실답게 수많은 사대부의 작품이 전해 오고 있다. 또한 모순된 현실정치로 인해 뜻을 못 이루고 낙향한 선비들이 세운 누각과 정자가 60여 채나 될 정도여서 '국내 정자문화의 1번지'로 불린다. 무등산은 이처럼 광주 시민의 문화적 고향이자 정신적 지주로 영욕의 세월을 같이했다.

호남정맥은 세 번 솟으며 '뫼 산'자를 이루고 있다. 백두대간에서 금남호남정맥이 시작되는 장안산이 가장 높고 섬진강으로 떨어지는 백운산, 무등산의 순으로 이어진다.

호남정맥이 전남 순창군의 강천산에서 담양호를 에돌아 남쪽으로 뻗기 전 솟구쳐 오른 산이 무등산이다. 무등산에 있는 입석대·서석대·규봉은 웅장하면서도 뛰어난 조형미를 갖추고 있어 '3대 석경'으로 불린다. 그중 입석대는 신이 천상에 빚어 놓은 예술작품으로 수십 개의 돌기둥을 깎아 세워 병풍처럼 펼쳐 놓은 모습이 장관이어서 등산객들의 발길을 사로잡는다. 특히 육당 최남선은 무등산 입석대에 대해 "호남 종교의 중심지일 정도로 웅장함과 영험함이 뛰어난 천연의 신전"이라고 설명했다. 그 빼어난 기운 때문인지 이 고장에는 수백 년간 고경명(선조 때 문인으로 임진난 당시 왜군과 싸우다 전사), 박상(서거정 이후 4가로 칭송된 조선 중기 때 문신),

기대승(퇴계의 제자로 스승과 필적할 정도의 학식을 갖췄던 조선 중기 최고의 성리학자) 등 기라성 같은 인물이 태어났다.

무등산은 억새로 치장한 가을과 흰 눈 덮인 겨울이 제맛이다. 은빛 꿈 너울대는 억새밭에 오후의 햇살이 엷게 비친다. 가녀린 허리를 꼿꼿이 세운 억새는 서해를 빠져나와 빛고을 광주의 무등산을 감도는 하늬바람에 온몸을 내던진다. 속절없이 쏟아내는 한숨에 마음마저 흔들린다. 꽃이 오므라들 듯 계절이 가을로 깊어 가면 능선에 흐드러지게 핀 억새는 산을 '갈색 추억'으로 곱게 장식하며 가을의 전설을 잉태한다. 남부 지방부터 시작해 한 달가량 피는 억새꽃은 가을 산에서 맛볼 수 있는 최상의 선물이다.

무등산에서 억새를 감상할 수 있는 곳으로는 안양산 정상·백마능선·장불재·신선대 능선 등이 손꼽힌다. 산행 출발지는 증심사·산장·화순 등이 있는데, 증심교에서 토끼등을 거쳐 동화사터에 오르는 등산로는 무등산에서도 가장 가파른 길이어서 증심사 코스가 힘든 축에 꼽힌다. 토끼등에서 40분가량을 올라야 동화사터에 닿는다. 이곳에서 오른쪽으로 눈을 돌리면 옥새 같다 해서 이름 붙여진 새인봉이 있다. 바위벽으로 광주 산악인들이 즐겨 찾는 암장이다. 그리고 동화사터나 중머리재에서 한참 발품을 팔다 보면 넓은 억새 평전을 이루고 있는 장불재에 닿는다.

산행 코스는 산장~꼬막재~신선대삼거리~규봉암~장불재~용추삼거리~중머리재~토끼등~증심사로 이어지는 11km, 4시간 정도 소요된다.

'한국 3대 악성' 중 난계 박연 배출한 충청권 최고봉

민주지산

국내에는 삼도봉이 세 개 있다. 지리산 삼도봉, 초점산 삼도봉, 민주지산 삼도봉이다. 이중에서 지리산 삼도봉이 가장 많이 알려져 있다.

민주지산(1,242m) 삼도봉은 1천여 년 전 백제와 신라가 각축을 벌였던 역사의 무대였다. 충북 영동, 전북 무주, 경북 김천의 지자체가 만난다. 『동국여지승람』이나 『대동여지도』에 나타난 민주지산의 원래 이름은 백운산이었다. 일제강점기에 지금의 민주지산岷周之山으로 바뀌었다. 그러나 산악인들은 '백성이 주인인 산民主之山'으로 풀이한다.

민주지산을 품고 있는 충북 영동군은 난계 박연이 태어난 '악성의 고향'이다. 난계는 거문고의 왕산악, 가야금의 우륵과 더불어 '우리 음악의 3대 악성'으로 불린다. 난계는 조선조 세종 때 악학별좌였다. 악서의 편찬, 편경을 비롯한 각종 아악기 제작, 종묘악의 정정 등 조선 음악의 기반을 닦아 국악을 완성했다. 그가 만든 종묘제례악은 지금도 종묘에서 옛 모습을 지키며 연주되고 있다. 특히 편경 제작은 그의 업적 중 가장 높이 평가된다. 편경은 우리 아악과 일본 아악을 구별시켜 주는 중요한 악기다. 돌을 깎아 만든 조각을 매달아 소리를 내는 편경은 쇠붙이와 달리 기온의 영향을 받지 않기 때문에 악기의 소리를 맞추는 조율기 역할을 한다.

영동군은 지난 1972년 그의 업적을 기리기 위해 난계사를 세웠다. 매년 10월 초하루에는 시제를 지내고 예술제를 개최한다. 1991년에는 난계국악단을 창단했는데, 그 실력이 시·군 단위에서 운영하는 국악단 중 최고다. 매주 토요일 오후 3시 30분~4시에는 난계국악기체험전수관에서 이들의 공연을 무료로 감상할 수 있다.

그러나 아픈 역사도 갖고 있다. 한국전쟁이 발발한 1950년 7월 25일

~7월 29일 미군은 영동 노근리 쌍굴다리에 갇힌 주민 수백 명을 학살했다. 노근리 사건은 1999년 AP통신의 특종 보도로 세상에 널리 알려지게 되었다. 2001년 1월 미국 대통령은 유감을 나타내는 성명서를 발표했고, 2004년 2월 국내에서 노근리특별법이 통과되면서 희생자들의 명예회복이 이루어졌다.

지난 1998년 4월 초에는 정상 부근에서 천리행군 중이던 특전사 6명이 갑자기 불어닥친 폭설과 추위로 동사한 사고가 일어났다. 어느 산이건 봄철 기상이변으로 등반객의 안전사고는 있게 마련이다. 그러나 특전사마저 죽음으로 몰고 간 민주지산은 비록 완만한 산세임에도 불구하고 영동의 수많은 산 중 가장 높기에 어느 때건 산행할 때는 주의가 필요하다.

산행이 시작되는 물한계곡은 국내 최대 원시림 중 하나로 꼽힌다. 예로부터 용소·옥소·의용골폭포·음주골폭포 등이 있어 경치가 아름답기로 유명하다. 또한 삼도봉·석기봉·민주지산·각호봉 등 1,000m가 넘는 4개 봉우리에서 발원한 물이 물한계곡으로 흘러들기 때문에 수량도 풍부하다.

삼도봉~석기봉~민주지산~각호봉으로 이어지는 종주 구간은 인기 많은 산행 코스. 그러나 활처럼 휘어져 있고 작은 오르내림이 많아 생각보다 시간이 많이 걸린다는 것을 잊지 말아야 한다. 물한리에서는 민주지산·각호봉·석기봉·삼도봉을 모두 오를 수 있다.

산행 코스는 물한리~삼도봉~석기봉~민주지산~황룡사~물한리로 이어지는 13.2km, 6시간 30분 정도 소요된다.

지리 능선 한눈에 들어오는 철쭉꽃 1번지
## 바래봉

〈춘향가〉는 이몽룡과 성춘향의 로맨스에 각종 설화 등이 합쳐져 판소리로 발전한 것이다. 그리고 판소리 사설이 소설로 각색되어 전하는 한국의 대표적인 고전소설이 『춘향전』이다. "『춘향전』은 세계적 경쟁력을 갖춘 작품으로 셰익스피어의 『로미오와 줄리엣』과도 바꿀 수 없는 고전 중의 고전, 명작 중의 명작"이라는 평을 받는다. 고전소설로 분류되지만, 현대소설에서도 보기 힘든 해학과 풍자, 창의성과 수사가 담겨 있기 때문이다. "춘향과 몽룡의 밀회에 앞서 전령사로 나선 향단과 방자의 대화를 엿듣고 있노라면 셰익스피어의 해학적인 대사가 연상"되고, "춘향과 몽룡의 첫날밤 장면에선 헨리 밀러의 소설을 읽듯이 얼굴이 화끈거리지만 결코 난잡하게 느껴지지 않는다"고 평가한 사람도 있다. 이처럼 『춘향전』은 최고의 고전문학으로 손꼽히는 데 손색이 없다.

… 근읍近邑 수령이 모와든다. 운봉영장, 구례·곡성·순창·옥과·진안·장수원님의 차례로 모와든다. 좌편에 행수군관 우편에 현령사령 한가온대 본관은 주인이 되야 하인 불러 분부하되 관청색 불러 다담상을 올려라.

판소리 〈춘향가〉에 변사또가 자신의 생일날 잔치를 벌이는 한 대목이다. 조선시대에는 지역을 관장하는 벼슬아치를 원님·사또·현령이라 불렀다. 운봉영장은 운봉 고을의 현령으로, 사또를 말한다. 남원의 변사또가 초대한 가까운 지역의 수령 중 한 명이다. 어사가 일필휘지로 글을 써내려가자 가장 먼저 눈치를 채고 도망가려 했던 인물이기도 하다.

운봉은 지리산 북서쪽에 자리 잡은 평균 고도 600m의 고원지대다. 철쭉으로 유명한 바래봉(1,165m)을 품고 있다. 남원 운봉 지역은 목공예로 유명한 고장이다. 남원목기는 통일신라시대 산내면 실상사에 있는 수천여 명의 승려들이 바리때나 집단생활 용구 등의 목기를 제작, 공급하면서 발달했다. 목기 제조 기술이 인근 주민들에게 전수되면서 남원 지역은 국내를 대표하는 목기 생산지가 됐다. 그러나 유교문화 쇠퇴, 플라스틱 제품 등장으로 쇠퇴의 길을 걷는다.

운봉 사람들은 바래봉이 스님들의 밥그릇인 바리때를 엎어 놓은 모습과 닮았다 하여 '발악鉢岳'이라 불렀는데, 음이 변해 바래봉이 되었다. 바래봉과 '목기의 메카'인 운봉의 상관관계가 자못 흥미롭다.

바래봉이 철쭉 군락지를 이루게 된 것은 1960년대로 거슬러 올라간다. 호주를 방문한 박정희 대통령은 농가소득 프로젝트의 일환으로 바래봉 아래 국립종축장 분소를 설치하고 수천 마리 양을 방목했다. 철쭉은 독성이 강해 양들은 이를 외면하고 풀을 모조리 뜯어먹었다. 양떼산업이 쇠퇴기에 접어들면서 황폐화된 바래봉은 철쭉만 남아 지금의 군락지를 이루고 있다.

바래봉은 철쭉뿐 아니라 정상에 서면 중봉에서 시작해 천황봉·제석봉·촛대봉·영신봉·형제봉·토끼봉·반야봉을 거쳐 노고단에 이르는 지리산 능선이 한눈에 들어오는 최고의 전망대다. 그곳에서는 두 눈이 호강할 수 있다.

산행 코스는 전북학생교육원~세동치~부운치~팔랑치~바래봉~용산마을 주차장으로 이어지는 11.7km, 5시간 정도 소요된다.

망부의 아픔 간직한 '백제 노래'의 산실

방장산

어느 시대건 사람들의 생활상과 생각을 노래한 시가 있게 마련이다. 고구려를 대표하는 시가로는 황조가·내원성가·연양가·명주가 등이 있고, 신라 때는 서동요·헌화가·처용가·도솔가·제망매가 등 14수의 향가가 꼽힌다. 그리고 고려조로 넘어오면 한림별곡·청산별곡·가시리 등이 고려가요를 대표한다. 『고려사』에는 백제의 5대 가요로 정읍사를 비롯해 선운산가·무등산가·지리산가·방등산가를 소개하고 있는데, 그중 정읍사만이 가사가 전해 온다.

방장산(743m)의 옛 지명은 방등산이었다. 방등산가는 신라 말기에 지어진 작자미상의 백제 노래다.

전북 고창에서 정읍이나 장성으로 가기 위해서는 방등산 자락에 있는 갈재를 넘어야 했다. 산 높고 계곡이 깊었던 방등산에는 고개를 넘는 사람들의 주머니를 털기 위해 산적들이 들끓었다. 신라 말기 치안이 어수선한 틈을 타 방등산 도적들은 양가의 자녀를 많이 잡아갔다고 한다. 이때 장일현(현재의 장성으로 추정)에 살던 여인도 그 중 한 명이었을 것이다. 도적들에게 잡혀간 여인은 남편이 구하러 오기를 손꼽아 기다렸다. 그러나 오지 않자, 이를 원망하여 부른 노래가 방등산가다. 『고려사』에 제목과 유래만 전하고 있다.

고창은 백제 5대 가요 중 선운산가와 방등산가가 만들어진 고장이다. 그런 연유에서인지 신재효를 비롯해 진채선·김소희 등 소리꾼이 많아 "고창 사는 사람치고 소리 한마디 못하고 장단 못 맞추는 사람 없다"는 말이 생겼을 정도다.

유네스코가 지정한 생물권 보전지역인 고창은 역사와 문화유적, 그리고 소리의 고장이다. 유네스코 세계문화유적인 고인돌을 비롯해, 국내

3대 읍성 중 하나인 모양읍성, 판소리 여섯 마당을 집대성한 동리 신재효의 국악당, 국내 최고 시인인 미당 서정주 생가 등이 있는 문화의 고장이다.

고창의 진산인 방장산은 이웃한 선운산의 명성에 가려 사람들의 발길이 그다지 많지 않았으나 하산길에 만나는 석정온천에 힘입어 요즈음은 사시사철 등산객이 많이 찾고 있다.

산행 코스는 갈재~서대봉~방장산~고창고개~벽오봉~방장사~양고실재로 이어지는 9km, 5시간 30분 정도 소요된다.

살둔마을에는 먼 뱃고동 소리 들려오고

방태산

하늘에는 어느새 달빛 가득하고 내 술은 덧없이 바닥이 났다. 문득 서글퍼졌다. 풀벌레 우는 소리도 더욱 서글퍼졌다. / 덧없이 비워 버린 첫 번째 술병 속에서 이따금씩 들려오던 먼 뱃고동 소리가 다시 들린다. / 그대여, 지금은 뭇 목숨이 모두 애처로운 가을이다. 술 몇 병들고 내린천 따라 끝없이 흘러보고 싶은 계절이다.

히말라야에서 돌아온 시인 김홍성은 「내린천 살둔마을- 오래전 가을 이야기」에서 살둔마을의 쓸쓸한 가을밤을 이렇게 노래했다.

방태산(1,444m) 남쪽 자락에 있는 살둔마을은 월둔·달둔 마을과 함께 '3둔'으로 불린다. 북쪽 자락의 5가리(아침가리·연가리·적가리·곁가리·명지가리)와 함께 『정감록』이 피장처(흉년·전염병·전쟁으로부터 안전한 곳) 중 하나로 꼽은 곳이다. '둔屯'은 평평한 산기슭, '가리'는 사람이 살 만한 계곡이나 산비탈을 가리키는 말이다.

금강과 설악을 빚어낸 백두대간은 점봉산을 거쳐 갈전곡봉에서 바다를 끼고 오대산을 거쳐 태백산으로 내닫는다. 여기서 방향을 틀어 내륙으로 힘차게 뻗어 가는 것이 방태산 줄기로 가칠봉~응복산~구룡덕봉~주걱봉~깃대봉으로 이어진다. 가히 백두대간에 견줄 만한 높이와 깊이를 갖추었다. 방태산 줄기는 점봉산과 더불어 남한에서 둘째가라면 서러울 원시림 지대다.

진동계곡 원시림은 '극상림'(생태적으로 가장 안정된 상태를 취하고 있는 삼림)으로 남한 최고의 생태계 박물관이다. 국내에서 생태계가 가장 잘 보존된 지역으로 4,000여 종의 식물 중 20%인 800여 종이 서식하고 있다. 대개인 동에서 구룡덕봉을 향하는 주계곡 이름도 '어두우니'이니 숲이 얼마나 우거졌는지 짐작할 만하다. 그리고 골짜기 곳곳에는 아직도 심마니 제단과 모둠이 숨어 있다. 5가리 중 특히 빼어난 풍광을 자랑하는 곳이 적가리다. 방태산자연휴양림이 자리 잡은 이곳의 압권은 '이폭포 저폭포'라는 이단 폭포인데 위 큰 것이 이폭포, 아래가 저폭포다.

그런가 하면 〈신고산타령〉으로 유명한 함경남도 신고산에서 시작해 양구~인제~홍천~평창~영월~태백~봉화~영양~청송~포항~울산을 거쳐 부산 기장까지 이어지는 도로가 일반국도 31호선이다. 특히 양구~평창으로 이어지는 길에는 대암산 후곡약수, 점봉산 필례약수, 방태산 방동약수, 개인산 개인약수, 가칠봉 삼봉약수, 계방산 신약수, 오대산 방아다리약수 등 유명 약수터가 널려 있다. 명지가리에는 명지약수가 계곡과 몸을 섞어 아침가리골로 흘러오고, 응복산 북쪽의 불바라기약수는 폭포 옆에서 흘러나온다. 갈전곡봉 북쪽의 갈전약수, 구룡령 남쪽의 명개약수 모두 자신의 독특한 맛을 자랑하니 가히 '약수터의 메카'로 손색이 없다.

이처럼 방태산에서는 고요한 원시림의 비경과 약수를 맛볼 수 있다. 봄에는 야생화 산행, 여름에는 깊은 계곡의 백패킹과 비박 산행, 가을에는 울창한 단풍숲을 즐기는 단풍 산행, 겨울에는 눈꽃 산행 등 사계절 산행지로 손꼽힌다.

산행은 미산리에서 시작해 개인약수~주걱봉~구룡덕봉~매봉령을 돌아 적가리로 내려오는 코스가 좋지만, 교통이 불편하다. 주로 휴양림을 기점으로 이폭포 저폭포~매봉령~구룡덕봉~주걱봉~휴양림으로 돌아오는 코스를 많이 이용한다. 6시간 정도 소요된다.

기암괴석 어우러진 구산선문의 고향

백덕산

전국에는 부처의 진신사리를 모셔 놓은 사찰이 다섯 곳 있다. 설악산 봉정암, 함백산 정암사, 사자산 법흥사, 취서산 통도사, 오대산 중대가 여기에 속한다. 이곳들은 법당에 불상 없이 법당만 있기에 '적멸보궁'이라 부른다. 5대 적멸보궁은 통일신라시대에 고승들이 인도에서 부처의 진신사리를 모셔와 봉안한 고찰이다. 이 가운데 사자산 법흥사는 다른 네 곳보다 지명도가 떨어진다.

불교가 이 땅에 전래된 이래 8세기까지 활발했던 신라 불교는 침체의 길을 걷는다. 이때 들어온 것이 중국의 선불교다. 도의선사는 선덕왕 5년(784) 당으로 가 마조 도일의 제자인 지장선사에게 선종의 법을 얻어 귀국한다. 그러나 당시 신라에서는 이를 '마설'이라고 규정해 배척한다. 이에 도의는 설악산에 은거하고 그 법을 제자들에게 전한다. 이때 형성된 것이 구산선문이다.

고려 문종의 네 번째 아들은 대각국사 의천이다. 의천이 『속장경』을 출판하는 등 천태교학을 펼치면서 선종은 한때 힘을 크게 잃었다. 그러나 고승 지눌이 나와 구산선문의 교리를 종합해 조계종을 확립하면서 많은 선승이 끊이지 않고 배출됐다. 이는 한국 불교의 정통인 조계선종이 지금까지 이어져 오는 원동력이 됐다. 그 조계종의 시작이 바로 구산선문이다. 가지산(전남 장흥), 실상산(전북 남원), 희양산(경북 문경), 봉림산(경남 창원), 동리산(전남 곡성), 성주산(충남 보령), 사자산(강원 영월), 사굴산(강원 강릉), 수미산(황해 해주) 등이 구산선문에 속한다.

사자산과 4km 거리를 두고 같은 능선에 붙어 있는 백덕산(1,350m)은 강원도 횡성·영월·평창군에 걸쳐 있다. 백덕산은 정상으로 이어지는 능선 곳곳에 단애를 이룬 기암괴석과 송림이 잘 어울려 겨울 산행지로 인

백덕산

기가 있다. 백덕산 정상은 협소한 암봉으로 이루어져 있다. 동북쪽으로 평창에서 새말로 넘어가는 국도 42호선과 하산할 마을들이 한눈에 보인다. 뒤돌아보면 올라온 계곡길이 손바닥 보듯 훤하다. 첩첩산중이란 말이 절로 나올 정도로 골이 깊다.

문재에서 시작해 능선에 올라 헬기장에 도착하면 전망이 확 트이면서 눈앞에 펼쳐진 강원도의 실한 산줄기가 파노라마를 연출한다. 두 개의 봉우리를 지나면 사자산 정상이다. 겨울철엔 당재까지 군데군데 얼음이 얼어 있으므로 조심해야 한다. 당재에서 운교삼거리를 거쳐 1262봉까지의 길이 백덕산 산행 중 가장 힘들다. 겨울철 백덕산행에서 가장 주의해야 할 점은 북사면 대부분이 얼음 지역이므로 아이젠을 꼭 준비해야 한다는 것이다. 중간에 샘터가 없으므로 식수도 미리 챙겨야 한다.

산행 코스는 문재~사자산~당재~1262봉~정상(3시간), 묵골(평창군 방림면)~정상(3시간), 법흥사~관음사~당재~1262봉~정상(4시간)으로 이어지는 세 개의 등산로가 있다. 가장 쉬운 코스는 문재에서 시작하는 것이다. 그래서 이곳은 사시사철 많은 등산객들이 몰린다. 특히 겨울철에는 설경을 감상하려는 등산객들로 붐빈다.

그러나 백덕산의 묘미를 맛보려면 법흥사에서 시작해 주 계곡을 이용하는 것이 좋다.

백양사 품고 있는 가을 단풍의 메카

# 백암산

지구상에 숨 쉬는 모든 것의 생명은 유한하다. 그중 식물이 동물보다 장수한다. 세계 최고령 나무는 미국 캘리포니아주의 시코리 소나무로 수령이 무려 4,770여 년이나 된다. 단군 할아버지가 이 땅에 발을 딛기 400년 전에 이미 뿌리를 내렸으니 어마어마한 세월이다.

수천 년 동안 농경사회를 이뤘던 우리의 농촌에 들어서면 아름드리 고목을 쉽게 볼 수 있다. 널찍한 들판이 보이는 마을 어귀에는 정자목이 서 있고, 외부의 사악한 기운으로부터 마을을 지키는 서낭당목에는 오색천이 주렁주렁 달려 있으며, 뒷산 고개에는 마을을 굽어보며 무사안녕을 기원하는 성황나무가 있었다. 서낭당목이나 성황나무를 지나치려면 왠지 으스스한 기분이 들지만 정자목은 어릴 적 자주 보아왔던 서정적인 농촌의 대표적인 풍경이다. 아늑한 나무의 품은 뙤약볕 여름 농사에 지친 농민들의 안식처였고, 마을의 크고 작은 일을 결정하는 여론 광장이었다.

그러나 천 년 넘게 마을을 지켜 주었던 서낭당목이나 성황나무는 산업화 과정에서 수난을 당했다. 마을의 수호목인 이들 고목은 주로 느티나무·소나무·팽나무·향나무 등 장수목이 차지하고 있다. 우리는 이러한 고목을 통해 그 마을의 역사와 전통을 엿볼 수 있다.

국내 최고령 나무는 강원도 정선 두위산에 있는 주목이다. 수령이 1,400년 된 주목은 9부 능선에서 긴 세월을 버텨 왔으며, 아래위로 1,200년과 1,100년 된 주목이 함께 두위산을 지키고 있다. 부산 기장읍 장안리의 느티나무(1,300년), 마의태자의 전설을 간직하고 있는 양평 용문사의 은행나무(1,100년), 진안 마이산의 청실배나무(640년), 합천 오도산의 노간주나무(500년 이상 추정), 천안 광덕사 호두나무(400년) 등도 고목에 속

한다. 한편 울릉도 삼형제봉 절벽 돌틈에 솟아 있는 향나무의 수령이 2,000년 정도 된 것으로 추정하고 있지만 정밀조사가 이뤄지지 않아 정확한 연대를 알 수는 없다.

나무박사인 박상진 경북대 명예교수는 '둘레 150cm, 직경 50cm에 수령 100년 이상'을 고목으로 정의하고 있다. 국내에서 가장 굵은 나무는 강원도 영월 하송리의 은행나무로 가슴 높이 둘레가 14m다. 가장 큰 나무는 경기도 양평 용문사 은행나무(41m)로 14층 아파트에 버금간다. 그의 저서 『우리 문화재 나무 답사기』에 따르면 국내 대부분의 고목은 산림청의 지도 감독을 받아 각 지자체에서 '보호수'란 이름을 붙여 관리한다. 보호수로 지정되면 국가가 관리하는 보호 리스트에 올라 함부로 훼손할 수 없다. 이름 없는 고목은 우선 보호수라는 작은 벼슬이라도 얻기를 바란다. 최고의 영예인 문화재 나무로 지정받으면 대접이 엄청 달라진다. 담장이 쳐지고 연간 수천만 원의 예산을 배정받으며 유급 관리직

원이 임명된다. 천수를 다할 수 있게 되는 것이다.

내장산국립공원에 속하는 백암산(741m)은 가을 단풍이 뛰어나지만 이웃한 내장산의 명성에 가려 있는 곳이다. 그러나 산자락 아래 있는 백양사 주변 숲에는 비자나무, 고불매(400년 묵었다는 홍매화), 수령 700년의 이팝나무, 국내 최고의 수령을 자랑하는 갈참나무 등 다양한 수종의 고목이 자리하고 있다.

비자나무는 고려 고종 때 각진국사가 승려들의 구충을 위해 심기 시작했다고 전해진다. 고려 땐 구충제로 쓰기 위해 저 멀리 제주도 비자림에서 조정에 공납을 했다는 기록이 있다. 쌍계루 연못가에는 700살 수령의 이팝나무가 있다. 이팝나무는 1355년 무렵 각진국사가 지팡이를 꽂아서 자란 나무라는 삽목 설화가 전해 온다.

백암산을 오르는 등산객들에게 가장 인기 있는 나무로는 상왕봉에서 백학봉으로 이어지는 능선 길 낭떠러지 절벽 위에 있는 명품 소나무를 꼽지 않을 수 없다. 옛말에 "못난 소나무가 선산을 지킨다"고 비록 볼품없지만 세상 풍파 다 이겨내며 비스듬하게 누워 자란 이 소나무야말로 백암산을 오르는 사람들의 인증샷 장소로 사랑받고 있다.

산행 코스는 매표소~쌍계루~백학봉~도집봉~상왕봉~사자봉~청류암~매표소로 이어지는 11.8km, 4시간 30분 정도 소요된다.

섬진강 어귀에 자리잡은 '광양의 진산'
# 광양 백운산

장도粧刀는 남녀 구별 없이 허리띠나 주머니끈에 차고 다니면서 호신과 장신구 겸용으로 사용한 칼이다. 삼국시대 고분에서 소형 도검이 빈번하게 출토된 것으로 미루어 볼 때 장도의 전통은 꽤나 오래된 듯싶다. 특히 조선시대에는 상의원에 소속된 6명의 장인이 왕실 소용의 장도를 전담 제작했다. 일반 백성들 사이에 널리 사용된 민수용 장도는 광양·곡성·울산·영주·울진 등 전국에 분포된 도자장刀子匠들이 제작했다.

장도에는 절개뿐 아니라 충효 사상이 담겨 있다. 사대부 집에서는 아들이 성인식을 맞거나 딸이 시집갈 때 장도를 주었다. 그러나 양반제도의 몰락과 일제의 탄압으로 수요 기반이 무너지면서 크게 쇠퇴했다. 다행히 몇몇 장인들에 의해 그 제작 기술이 오늘날까지 전해지고 있다.

조선 후기 사대부 남자들이 장도를 많이 차고 다닌 것은 당쟁이 심하다 보니 술자리에 초대받았을 때 술에 독약이 들어갔는지 검사하거나 호신용으로 사용하기 위해서였다. 남자의 장도는 가슴에 품었던 여성의 장도와 달리 크고 은젓가락을 부착한 것이 특징이었다.

장도는 여러 과정을 거쳐 만든다. 불에 달군 쇠를 망치로 두들겨 칼날형을 잡고 줄로 간 후 숯돌에 문지른다. '일편심一片心'이라는 문양을 칼날에 새겨 800℃ 숯불에 담금질하면 칼날이 완성된다. 칼자루는 대추나무·흑시(감나무)·우골 등으로 제작하며 옥돌은 이 분야의 장인에게 따로 의뢰한다.

현재 몇몇 지자체에서는 장도장 장인을 지역 무형문화재로 지정해 후원하고 있다. 장도장은 문화재청이 지정한 중요무형문화재 제60호다. 초대 장인은 고 박용기 옹, 그 뒤를 이어 아들 박종군씨가 2대 장인으로 활동하고 있다. 전남 광양시는 국내 유일의 장도전문박물관을 건립해 고

박용기 옹이 기부한 작품을 전시하고 다양한 문화사업을 전개하고 있다.

광양 백운산(1,222m)은 지리산과 함께 고로쇠 수액으로 유명한 곳이다. 고로쇠는 뼈에 이롭다는 뜻의 한자어 '골리수'에서 유래했다. 한방에서는 나무에 상처를 내어 흘러내린 즙을 '풍당'이라 하여 위장병·폐병·신경통·관절염 환자들에게 약수로 마시게 하는데, 즙에는 당류가 들어 있다.

고로쇠 수액은 1m 정도 높이에 채취용 드릴로 1~3cm 깊이의 구멍을 뚫고 호스를 꽂아 흘러내리는 것을 받는다. 수액은 경칩 전후인 2월 말에서 3월 중순에 채취한다. 고로쇠 수액 말고도 나무에 물이 가장 많이 오르는 곡우 때에는 자작나무·거자수·박달나무 등에서도 물이 나온다. 거자수 수액은 남자물이라 하여 여자들에게, 경칩 때 주로 채취하는 고로쇠 수액은 여자물이라 하여 남자들이 더 애용한다. 봄철만 되면 국내 어느 산이건 고로쇠 수액을 채취하려는 사람들로 인해 나무들이 몸살을 앓는다. 이곳 백운산도 마찬가지다.

산행 코스는 선동마을~백운사~상백운암~백운산~병암계곡~진틀로 이어지는 8km, 4시간 30분 정도 소요된다.

어라연 아름다움 감상하는 '동강 전망대'

정선 백운산

2002년 '세계 산의 해'를 맞아 산림청은 산의 가치와 중요성을 새롭게 인식하도록 전국 100대 명산을 선정했다. 백운산은 포천·정선·광양 세 곳이 100대 명산에 포함됐다. 100대 명산 가운데 같은 이름을 가진 산이 백운산 말고는 하나도 없는 것으로 봤을 때 옛 선조들은 '산에 흰 구름만 걸렸다' 하면 백운산으로 이름 붙였을 것으로 짐작된다.

전국에는 4천여 개의 산이 있는데, 그중에서 봉화산이라는 이름의 산이 가장 많다. 수많은 전쟁과 외침 속에 가장 빠른 통신 수단이었던 봉화대가 있던 산은 대부분 봉화산으로 불렸다.

정선 백운산은 북한산 백운대보다 겨우 46m 높다. 백운산은 '동강의 전망대'라 불릴 만큼 산자락을 비켜 흐르는 동강을 조망하기 좋다. 산행을 시작하자 처음부터 만만치 않은 된비알이다. 거친 비탈길이야 어느 산행이든 만나게 되지만 너덜지대와 진흙 길이 이어져 비 내린 뒤에는 산행이 꽤나 힘든 곳이다. 여섯 개 봉우리를 따라 오르내리며 깎여진 듯 흘러내린 산비탈 아래로 푸른 물이 넘실대는 조화로운 비경을 한눈에 감상할 수 있는 것이 백운산 산행의 매력이다. 날이 좋으면 멀리 함백산까지 조망이 가능하다. 특히 백운산에는 회양목이 많으며, 참나무에 자생하는 겨우살이도 종종 볼 수 있다.

동강은 남한강 상류를 흘러내리는 강으로 굽이굽이 휘도는 어라연 魚羅淵의 빼어난 절경이 백미다. 한강의 발원지는 태백 금대봉 자락에 있는 검룡소다. 둘레 20m의 깊이를 알 수 없는 석회 암반을 뚫고 올라오는 지하수가 폭포를 이루며 떨어진다. 검룡소다. 여기서 발원한 물은 임계까지 골지천을 이루고, 임계에서는 아우라지까지 임계천이라는 이름으로 흘러내린다. 아우라지에서는 대관령과 노추산에서 내려오는 송천과 만나 나전까지 달려간다. 나전에서는 오대산 우통수에서 발원한 오대천과 만나 정선읍내를 휘감고 돌면서 비로소 강의 이름이 붙여지니 조양강이다.

정선 조양강이 영월 동강으로 흘러드는 길목에 자리 잡은 어라연은 백운산을 휘감고 있다. '강물 속에 뛰노는 물고기들의 비늘이 비단같이 빛난다'는 뜻의 어라연은 풍광이 뛰어나 영월 10경의 하나로 많은 사람들의 발길이 이어진다. 조양강은 어라연을 거쳐 동강으로 연결되고 평창에서 흘러온 서강과 영월에서 만난다. 물줄기는 충주를 지나면서 남한강을 이룬 다음 양수리에서 북한강과 합쳐져 광나루, 삼개나루를 거쳐 서해로 빠져나간다.

1990년대 초 남한강의 홍수로 영월이 물에 잠기자 정부는 동강댐 건설 계획을 세웠다. 몇몇 부동산업자들은 보상금을 더 받기 위해 동강 상류에 거주하는 마을 사람들을 부추겨 산비탈에 어린 과실수 묘목을 심었다. 그러나 이곳은 카르스트 지형이라 탐사되지 않은 굴이 많다. 그 끝을 몰라 만약 댐을 건설한다면 수압을 못 이긴 굴이 터질 가능성이 아주 높다. 따라서 댐 건설 계획은 아주 신중해야 한다. 당시 댐 건설을 빌미로 동강의 백미인 어라연계곡의 빼어난 수석이 엄청나게 반출됐다.

어라연은 아직도 차가 들어가지 못할 정도로 심산유곡이다. 그만큼 맑고 깨끗한 여울과 소가 즐비해 동강에선 첫손으로 꼽히는 절경지다. 일제강점기에는 떼꾼들이 강원도 임계나 정선에서 한강 나루까지 뗏목을 운반했던 물길이다. 요즈음은 백패킹이나 래프팅을 이용해 빼어난 비경을 감상하기도 한다. 제장리에서 시작하는 백패킹은 칠목령을 넘어 거운리까지 오는 데 5시간이 소요된다.

산행 코스는 점재나루~정상~칠목령~제장나루로 이어지며 8.5km, 4시간 30분 정도 소요된다.

클라이머 북적이는 한국 근대 등반의 요람

북한산

주말이면 많은 등산객들로 발 디딜 틈조차 없을 정도인 북한산은 한국 근대 등반의 요람이다. 북한산과 도봉산은 우이령길을 중심으로 서로 마주보고 있다. 멀리서 보면 도봉산은 선인봉과 자운봉의 암릉이 왕관처럼 아기자기함이 돋보이는 반면, 북한산은 길게 뻗어 있는 산세가 웅장함을 자랑한다.

수도 서울의 진산인 북한산에서 빼놓을 수 없는 것이 인수봉이다. 주말이면 수많은 클라이머들의 발길이 이어진다. 인수봉은 1억 8천만~1억 3천만 년 전 중생대 쥐라기에 생긴 '대한민국 대표 바위'다. 인수봉을 최초로 소개한 문헌은 『삼국사기』다. 『백제본기』에는 고구려 동명왕의 아들 온조와 비류가 기원전 18년 아기를 업고 있는 모양새를 한 부아악負兒嶽, 즉 인수봉에 올라 도읍을 살펴보았다는 내용이 나온다. 그리고 『동국여지승람』에는 "고려 예종 원년(1106)에 두 차례, 조선 선조 30년(1597)에 한 차례 커다란 지진으로 인수봉이 무너져 지금의 모습을 하게 됐다"고 적혀 있다. 지진이 나기 전 인수봉은 완만한 경사를 이루고 있어 지금보다 오르기 수월했을 것이라는 이야기다.

그렇다면 인수봉을 처음 오른 사람은 누구일까? 1926년 한국인 임무林茂가 후면 C코스로 올랐다는 인수봉 초등설과 1927년 연세대 설립자 언더우드 박사가 고독길을 통해 올랐다는 설이 있다.

그러나 영국 산악회가 클리프 아처의 인수봉 등반기(1936)를 발견하면서 아처가 문서로 기록된 '공식 초등자'가 됐다. 아처는 1919~1934년 한·일 양국에서 근무했던 영국 외교관으로, 1922년 인수봉을 처음 보았다. 그 후 경성 주재 영국 총영사관 부영사로 근무하던 1929년 9월 영국의 E. R. 페이시, 일본의 S. 야마나카와 함께 북면을 통해 올랐다. 그러나

1936년 영국 산악회에 제출한 그의 기록에 따르면 "우리 말고 다른 사람이 올라가 있는 것을 봤고, 정상에는 돌탑이 있다"고 적혀 있다. 아처 이전에 누군가 인수봉을 올랐다는 이야기인데 아직도 이것은 밝혀지지 않고 있다.

북한산은 숨은벽, 만경대, 원효봉 릿지 등 수많은 능선이 백운대로 모아진다. 북한산은 규모에 걸맞게 등반로가 40~50개는 될 듯싶다. 크게 도선사, 구기동, 불광동, 북한산유원지 등 4곳에서 출발하는 산행 코스가 가장 붐빈다. 능선에 오르면 향로봉~사모바위, 위문~대동문 구간에서 등산객이 가장 많이 왕래한다. 봄철에는 진달래능선과 소귀천계곡의 꽃 산행, 여름에는 북한산 종주와 13성문 종주, 가을에는 숨은벽 코스와 대동사~위문 코스의 단풍 산행, 겨울에는 대남문~북한산유원지의 적설기 산행이 백미다.

그중 북한산 종주는 족두리봉에서 시작해 향로봉~비봉~사모바위~승가봉~문수봉~동장대~백운대~영봉을 거쳐 우이령까지 연결되는

15km 거리로 10시간 정도 소요된다. 그런가 하면 대서문~중성문~가사당암문~부암동암문~청수동암문~대남문~대성문~보국문~대동문~용암문~백운동암문~북문~서암문으로 이어지는 성문 종주도 난이도는 높지만 도전해 볼 만한 코스다.

### 북한산 둘레길

북한산과 도봉산 자락을 잇는 저지대 수평 산책로로 총 71.5km이며 2010년 9월에 서울시 구간과 우이령길을 포함해 45.7km를 일반에게 선보였고, 이듬해 6월 나머지 구간(25.8km)을 개통했다. 우이령길(6.8km)은 북한산과 도봉산의 경계로 1968년 1월 21일 무장공비의 청와대 침투사건으로 민간인의 출입이 통제됐다가 2009년 탐방예약제로 개방된 자연생태계가 비교적 잘 보존된 지역이다.

그중 북한산 자락을 도는 둘레길은 1~12구간(38.9km)으로 나뉜다.

- **1구간(소나무숲길)** : 우이령 입구~솔밭근린공원 상단. 소나무가 빼곡하게 들어차 있으며 넓고 완만해 산책을 즐기기에 적합하다. 3.1km, 1시간 30분.

- **2구간(순례길)** : 솔밭근린공원 상단~이준 열사 묘역 입구. 독립유공자 묘역이 조성되어 있는 구간으로 헤이그 밀사인 이준 열사, 이시영 초대 부통령, 조국을 위해 청춘을 바친 17위의 광복군 합동묘소 등 12기의 독립유공자 묘역과 4·19 민주묘지가 조성돼 있다. 2.3km, 1시간 10분.

- **3구간(흰구름길)** : 이준 열사 묘역 입구~북한산 생태숲 앞. 아담한 오솔길을 걷다 독특한 원형 계단의 12m 구름전망대에 오르면 북한산, 도봉산, 불암산, 용마산, 아차산을 비롯해 서울 도심의 모습이 한눈에 들어온다. 빨래골 계곡은 물이 맑고 수량이 풍부해 궁중의 무수리가 빨래터와 휴식처로 이용했던 곳이다. 4.1km, 2시간.

- **4구간(솔샘길)** : 북한산 생태숲 앞~정릉주차장. 예로부터 소나무가 무성하고 맑은 샘이 있어 솔샘으로 불렸으며, 북한산 생태숲은 성북구의 대표적 도시공원으로 작은 꽃길을 따라 야생화 단지가 잘 조성돼 있다. 2.1km, 1시간.

- **5구간(명상길)** : 정릉주차장~형제봉 입구. 호젓한 참나무 길이 이어지는 명상길은 수평과 수직의 탐방로가 적절히 배합된 둘레길로, 북악산 하늘길과 이어져 있다. 2.4km, 1시간 10분.

- 6구간(평창마을길) : 형제봉 입구~탕춘대 암문. 조선시대 선혜청 중 가장 큰 창고인 평창이 있어 이름 붙여진 곳이지만 대저택들이 즐비하게 늘어선 차도를 걷기에 따분하다. 5km, 2시간 30분.

- 7구간(옛성길) : 탕춘대성 암문~북한산 생태공원. 둘레길 중 유일하게 성문(탕춘대성 암문)을 통과하는 구간으로 전망대에 오르면 보현봉에서 시작해 문수봉, 비봉, 향로봉을 거쳐 족두리봉으로 끝나는 북한산 능선이 한눈에 들어온다. 2.7km, 1시간 40분.

- 8구간(구름정원길) : 북한산 생태공원~진관 생태다리. 숲 위로 하늘다리가 설치돼 있고 물길과 흙길은 숲길과 조화를 이루어 북한산 둘레길 중 걷는 재미가 가장 쏠쏠한 구간이다. 전망대에 오르면 날씨가 화창한 날은 인천 앞바다까지도 눈에 들어올 정도로 전망이 뛰어나다. 5.2km, 2시간 30분.

- 9구간(마실길) : 진관 생태다리~방패교육대. 은평 뉴타운과 가장 인접한 코스로 수령이 150년 이상 된 아름드리 느티나무 다섯 그루가 구간 중에 자리 잡고 있어 옛 정취를 느낄 수 있는 곳이다. 1.5km, 45분.

- 10구간(내시묘역길) : 방패교육대~효자동 공설묘지. 국내 최대의 내시 묘역이 위치한 구간으로 임금을 그림자처럼 보좌했던 이들의 삶을 되새겨 볼 수 있다. 3.5km, 1시간 45분.

- 11구간(효자길) : 효자동 공설묘지~사기막골. 인수봉에서 발원해 한강으로 흐르는 창릉천이 에두른 이 길에는 몇몇 굿당이 있어 우리의 민속문화를 엿볼 수 있다. 3.3km, 1시간 30분.

- 12구간(충효길) : 사기막 계곡~우이령 입구. 이 길은 사기막 계곡에서 솔고개로 이어지는 숲 속 길과 교현리까지 이어지는 보도가 혼합되어 있다. 상장봉 왼쪽 사면을 가로지르는 숲 속 길은 새롭게 조성된 산책로로 둘레길 구간 중 인적이 드물고 산세가 가장 아름다운 코스다. 3.7km, 1시간 45분.

승려의 애절한 사랑 머금은 꽃무릇 군락지

# 불갑산

사계절 꽃은 핀다. 꽃이 피는 이유는 생물학적으로 종을 유지하기 위해서겠지만, 주위에서 흔히 보는 많은 꽃들은 사람의 지친 마음을 어루만져 준다. 지구상의 식물은 30만 종 안팎이다. 꽃으로 취급되는 종은 8천여 종이고 온실 화훼까지 합치면 수만 종에 이른다. 국내 자생식물은 4천여 종이며, 이중 꽃으로 이용할 가치가 있는 것은 500여 종으로 추정하고 있다. 사람들은 이러한 꽃을 전설로 포장한다. 전설 대부분은 이루지 못하는 사랑 이야기다.

가을로 접어든 9월 중순이면 불갑산(516m) 자락에 자리 잡은 불갑사나 용천사 주변은 무리지어 핀 '꽃무릇'(꽃명 석산화 또는 상사화)이 절 주변을 빨갛게 물들인다. 변산 내소사, 고창 선운사도 꽃무릇 자생지로 유명하지만 이곳은 국내 최대 군락지를 이루고 있다.

송림 사이에서 홍자색 꽃을 뽐내는 꽃무릇은 아름답고 선명하다. 하나의 꽃대에 예닐곱 개의 꽃이 피는데, 꽃잎은 뒤로 말리고 여섯 개의 수술과 한 개의 긴 암술이 갸날픈 자태로 피어난다. 이러한 화려한 외형과 달리 꽃무릇은 슬픈 사랑과 그리움을 지니고 있다.

한 젊은 스님이 깊은 산속 절에서 열심히 불도를 닦고 있었다. 어느 여름날, 불공을 드리러 온 아리따운 젊은 처자가 갑자기 내린 비로 사찰 마당 나무 아래서 비를 맞고 있었다. 이때 스님은 그녀의 자태에 반해 버렸다. 그때부터 식음을 전폐한 스님은 시름시름 앓다가 백 일 만에 피를 토하며 죽었다. 이를 불쌍히 여긴 노스님이 그를 양지 바른 언덕에 묻어 주었는데, 가을이 시작될 무렵이면 그 자리에 긴 꽃줄기가 나와 선홍색의 아름다운 꽃을 피웠다. 사람들은 그 꽃이 죽은 스님의 넋이라고 말했다. 그래서 이 꽃은 '슬픈 추억'이라는 꽃말을 가지고 있다.

송림 사이로 비치는 아침 햇살을 받고 자라서인지 불갑사의 꽃무릇은 우거진 숲 속에 가느다란 허리를 곧추세우고 하늘을 향해 꽃잎을 말아 올리며 계절의 길목에서 사람들의 발길을 붙잡는다. 꽃무릇은 구근을 가루로 말려 탱화 방부제로 사용하였기에 사찰이라면 어디를 가나 손쉽게 볼 수 있는 음지식물이다. 사전적 의미로는 수선화과에 속한 여러해살이풀이다.

불갑산 자락에 있는 불갑사는 1,600여 년이나 된 고찰이다. 파키스탄 간다라 지방 출신의 승려 마라난타가 중국의 동진을 거쳐 침류왕 원년(384) 9월 영광 법성포에 도착하면서 백제 불교가 시작되었다. 그가 지은 백제 최초의 사찰이 불갑사다. 영광 법성포에는 이를 기리기 위해 백제 불교문화 최초 도래지 공원을 조성했다.

불갑산은 영광군과 함평군 경계에 있다. 영광군 방향 불갑산 자락에 효동마을(전남 영광군 묘량면 삼효리)이 있다. 「백치 아다다」는 계용묵의 대표적인 단편소설이다. 영화인 임권택과 정일성 콤비는 이를 영화로 만들었다. 벙어리라는 이유로 논 한 섬지기를 지참금으로 주고 가난한 이웃 청년에게 시집가는 아다다의 시집살이 장면을 찍은 곳이 바로 효동마을이다. 아름다운 미모로 아다다의 모습을 잘 소화해 낸 배우 신혜수는 이 작품으로 1988년 열린 몬트리올영화제에서 여우주연상을 받았다. 마을 입구부터 고샅을 따라 호박 덩굴이 감싸고 있는 돌담이 이어지는 마을은 아직도 곳곳에 때 묻지 않은 자연스러움과 정겨움을 간직하고 있다.

산행 코스는 불갑사~덫고개~장군봉~연실봉~구수재~용천봉~불갑사로 이어지는 11km, 4시간 30분 정도 소요된다.

30만 평 산기슭 붉게 물드는 진달래 정원

비슬산

만산홍의 진달래는 마음 들뜬 아가씨의 두 볼을 붉게 물들인다고 했다. 초여름에 피는 철쭉이 정열의 화신이라면 진달래는 수줍은 새악씨의 두 볼처럼 청순함을 자랑하는 대표적인 봄꽃이다.

심훈은 소설 『영원의 미소』에서 진달래를 "산기슭에 조그만 계집애들이 분홍 치마를 입고 쪼그리고 앉아 있는 것"이라고 표현했다. 봄이면 그 조그만 계집(?)들이 산을 온통 불태운다.

영취산·화왕산·비슬산은 남한의 3대 진달래 명산으로 손꼽힌다. 그중에서 대구 비슬산은 소월이 노래한 '진달래의 고향'인 북녘 땅 영변의 약산에 버금갈 정도여서 '진달래 정원'으로 손색없다. 봄꽃 피는 4월, 비슬산에 오르면 대견사 북쪽 30여만 평 산자락에 흐드러지게 핀 진달래의 봄노래를 들을 수 있다. 비슬산 참꽃축제가 열리는 4월이면 산은 등산객들로 인산인해를 이룬다.

대구 달성군과 경북 청도군에 걸쳐 있는 비슬산은 주봉인 천왕봉을 중심으로 청룡산과 산성산을 거느리며 대구 앞산까지 뻗친다. '비슬'이란 이름은 비파 비琵, 큰 거문고 슬瑟자에서 보듯 정상 바위의 생김새가 신선이 앉아 비파를 켜는 형상이라 해서 붙여졌다고 한다. 비슬산은 일부 유림이 1997년 최고봉에 대견봉을 표지석으로 설치했으나 달성군이 2014년 학자와 지명 전문가들의 의견을 취합해 최고봉 지명을 천왕봉으로 변경해 표지석을 다시 세웠다.

낙동정맥 서쪽에 있는 비슬산은 금호강을 사이에 두고 북쪽의 팔공산과 마주보며 대구분지를 만들었으니 분명 대구 사람들의 자랑이자 든든한 울타리다.

수도암을 지나면 가파른 오르막길의 연속이며, 1시간 30분 정도 오르면 천왕봉이다. 주변은 병풍을 두른 듯 깎아지른 절벽이 절경을 이루고 천왕봉~대견봉까지 능선에 작은 나무들이 초원을 이룬다. 봄철에는 산을 뒤덮은 붉은 참꽃이 화려함의 극치를 이룬다.

    대구 대명동 앞산공원에서 청룡산을 거쳐 천왕봉까지 남북으로 길게 이어지는 비슬산은 앞산에서 정상까지 아홉 시간이나 걸릴 정도로 꽤나 길다. 참꽃축제가 열리는 봄철, 자연휴양림 코스는 인산인해를 이루므로 용연사 입구 벚꽃 길을 따라 북에서 남으로 길게 산행을 한다면 저물녘 대견사지에서 낙동강의 낙조를 감상할 수도 있다. 정상부 능선에는 그늘이 없기 때문에 여름철 산행지로는 적합하지 않다. 대신 가을에는 활엽수들의 단풍과 억새 군락이 아름답다.

    산행 코스는 유가사~수도암~도통바위~전망바위~천왕봉~머령재~참꽃군락지~조화봉~대견사~유가사로 이어지는 11km, 5시간 정도 소요된다.

북한강과 '호반의 도시'가 한눈에 들어오는

# 삼악산

'물의 도시' 춘천은 '안개의 도시'다. 사흘 중 하루는 안개가 낀다. 오봉산 자락에 걸친 구름 사이로 아침 해가 떠오르면 하늘 높이 떠 있는 구름과 의암호 가득 메운 새벽안개는 붉은 옷으로 갈아입는다. 바람이 머물다 간 의암호에 어둠이 깔리면 하루 해도 어느덧 삼악산을 넘어간다. 그리고 춘천시내의 불빛은 은하수처럼 호반에 별가루를 흩뿌린다.

경춘선이 지나는 마석·대성리·청평·가평·강촌역 어디 한 군데 젊은 날의 추억이 서려 있지 않은 곳이 없다. 창밖으로 추억의 강이 앞서거니 뒤서거니 흐른다. 젊은 시절 누구나 한 번쯤 타봤을 낭만과 추억을 간직한 경춘선의 마지막 플랫폼은 춘천역이다.

'호반의 도시' 춘천은 '문화의 도시'이기도 하다. 「봄봄」·「땡볕」·「노다지」의 작가 김유정이 태어났고, 이외수·전상국의 고향도 춘천이다. 해마다 5월이면 마임축제와 국제연극제, 8월에는 인형극제와 아트페스티발이 열린다.

가깝다는 이유 하나만으로 잊혀져 가는 춘천. 차창 밖으로 스쳐 지나가는 지난날의 추억들. 거리에서 만나는 인형극에서 어린 시절 품었던 꿈을 하나 둘 꺼내 볼 수 있는 춘천은 '추억여행의 고향'이다. 그 추억이 잊히기 전 삼악산에 가볼 일이다.

경춘선을 타고 강촌역에 내려 오르는 산이 삼악산이다. 능선에서 아름다운 북한강과 의암호를 조망할 수 있다. 주봉인 용화봉과 청운봉·등선봉 등 세 개의 봉우리가 있다고 해서 삼악산이라 불리는데, 바위산답게 제법 험하고 거칠다. 산세는 작지만 단조롭지 않고 등선폭포를 비롯해 백련·비룡·주렴 폭포 등 크고 작은 폭포가 다섯 개 있다.

삼악산 등반은 나름대로 특색을 지닌 세 갈래 접근로가 있다. 강촌교 코스는 암릉 구간이 많고 조망이 좋아 스릴과 시원함을 선사하며, 등선폭포 코스는 아기자기한 폭포와 협곡의 이국적인 느낌이 좋고, 의암댐에서 시작하는 삼악산장 코스는 호수와 산이 어우러진 시원한 조망이 돋보인다.

삼악산의 세 봉우리를 둘러보려면 강촌교에서 시작한다. 삼악좌봉~등선봉~청운봉을 거쳐 용화봉에 오른 후 흥국사를 거쳐 등선폭포로 내려온다. 능선을 걷다 보면 발아래 춘천시 전경과 봉의산, 중도와 붕어섬, 의암댐 등이 펼쳐지며, 멀리로는 화악산과 가리산이 손짓한다. 용화봉에서는 깔딱고개를 넘어 삼악산장으로 내려올 수도 있다. 삼악좌봉을 넘으면 삼악산 중에서 가장 까칠하지만 멋진 암릉 구간으로 안전시설과 홀드가 잘 설치되어 보기와 달리 어렵지 않다.

한편 춘천 출신의 소설가 이외수씨는 '음악을 배달한다'는 뜻의 '철가방'이라는 이름을 가수 이남이씨에게 준다. 우리에게 〈울고 싶어라〉로 잘 알려진 콧수염 가수 이남이는 1974년 '신중현과 엽전들'의 멤버로 데뷔했다. 그 후 '사랑과 평화'를 거쳐 2001년 춘천 지역 토박이 음악인 5명과 의기투합해 포크 록그룹인 '철가방 프로젝트'를 결성한다. 이들은 이외수와 박범신에게 가사를 받아 곡을 만들었으며, 이남이씨가 타계할 때까지 10년간 활동했다. 삼악산을 배경으로 만든 〈들개의 눈〉은 삼악산을 이렇게 노래한다.

내 눈은 들개처럼 붉다 / 내 눈은 들개처럼 붉다 /
봉의산 삼악산 구봉산에 올라 / 안개에 젖어 있는 이 도시를 굽어본다.

산행 코스는 강촌교~등선봉~용화봉~등선폭포로 이어지는 7.5km, 6시간 정도 소요된다.

견우와 직녀 이야기 품은 충남 최고봉

서대산

충주에는 신라 진흥왕 때 악성 우륵(가야국 가실왕과 신라 진흥왕 때 악사로 활동한 가야금의 명인)이 가야금을 연주했다는 탄금대가 있다. 『삼국사기』에는 그와 관련해 다음과 같은 이야기가 실려 있다.

가야 사람이었던 우륵이 나라가 어지러워지자 가야금을 가지고 신라에 귀화한다. 진흥왕은 기뻐하며 우륵을 충주에 거주케 하고, 신라 청년 중 법지·계고·만덕을 뽑아 악을 배우게 한다. 우륵은 이들의 능력을 헤아려 각기 춤과 노래와 가야금을 가르쳤다. 이곳에 터전을 잡은 우륵이 가야금을 타니, 그 미묘한 소리에 사람들이 모여 마을을 이루었다. 이런 연유로 후대에 이곳을 탄금대라 불렀다는 것이다.

남한강과 접하면서 기암절벽에 송림이 우거져 경치가 좋은 탄금대는 임진왜란 때 신립 장군이 가토 기요마사(加藤淸正)와 고니시 유키나가(小西行長)의 군대를 맞아 격전을 치른 곳이다.

충남 최고봉인 서대산(904m)에도 탄금대가 있다. 서대산 탄금대는 견우와 직녀 이야기로 이어진다. 밤하늘 은하수 양쪽에 견우성과 직녀성이 있었다. 두 별은 사랑을 속삭였는데 옥황상제의 노여움을 사 1년에 단 한 번 칠월칠석 전날 밤에만 만날 수 있었다. 이때 까치와 까마귀가 만들었다는 다리가 오작교다.

서대산 탄금대는 '직녀 직금대'로 불리기도 한다. 탄금대에서 1년 내내 거문고를 타며 공부를 하던 견우가 이곳 직금대에서 비단을 짜던 직녀를 만나 칠월칠석 하루 서대산 정상에 올라 정을 나누었다는 전설이 전해 오는 곳이다. 그러나 지금은 탄금대에 무속인이 꾸려 놓은 기도처가 눈살을 찌푸리게 한다.

산 전문 포털 사이트인 '한국의 산하'에는 "기암절벽으로 이루어진 서대산은 암릉으로 이어지는 가파른 산길을 타고 넘고 돌아 오르는 재미가 쏠쏠하다. 산행 중 어느 곳을 둘러보아도 경관이 좋아 산을 타는 멋에 흠뻑 빠져들고 협곡을 가로질러 높게 설치된 약 50m의 구름다리 주변은 신선바위·벼슬바위 등 기암절벽이 어울려 장관을 이루고 있다"고 서대산을 소개한다. 산림청도 같은 이유로 서대산을 100대 명산에 선정했다. 정상에는 홍수 예방을 위해 세운 강우레이더관측소가 있다. 전국적으로 강우레이더관측소는 비슬산과 소백산에서 운영되고 있다.

시인 문병란은 「직녀에게」라는 시에서 남북 분단의 아픔을 "이별이 너무 길고 슬픔이 너무 길어 가슴 아픈 우리는 오작교가 없어도 노둣돌이 없어도 칼날 위라도 딛고 가 만나야 한다"며 "말라붙은 은하수 눈물로 녹여서라도 이별과 슬픔은 이제 끝나야 한다"며 목 놓아 울었다. 서대산 탄금대 미녀샘을 들를 거라면 의미는 다르지만 「직녀에게」를 한 번쯤 읽어 보고 찾아갈 일이다.

산행 코스는 서대산리조트~용바위~신선바위~북두칠성바위~정상~탄금대~개덕사~서대산리조트로 이어지며 7km, 4시간 30분 정도 소요된다.

'주모의 육자배기' 들려오는 미당의 고향
# 선운산

▲▲

　국내 최고의 서정시인이었던 미당 서정주의 시「국화 옆에서」,「푸르른 날」,「자화상」,「귀촉도」,「선운사 동구」등은 누구나 어린 시절 한 번쯤 읊었을 것이다. 미당과「소나기」의 작가 황순원은 올해로 탄생 100주년을 맞는다.

　미당이 태어난 선운리는 넓은 들이 펼쳐져 있고 앞바다 곰소만 너머로 변산반도가 자리 잡은 조용한 바닷가 마을이다. 그 옛날 선운리 주민들이 고창 읍내로 들어가기 위해 넘었던 고개가 질마재다. 질마재는 미당이 살았던 진마 마을 뒷산인 소요산 자락에 있는 고개로 오산리와 연결된다. 질마는 짐을 실으려고 소나 말의 등에 안장처럼 얹는 기구인 '길마'의 사투리다. 질마재를 넘으면 부안면이고, 곰소만으로 들어가는 갈곡천을 건너면 줄포에 닿는다. 진마 마을에서는 고창 읍내보다 부안이 더 가까웠다. 미당의 아버지는 한학자였다. 진마 마을에서 결혼하고 5남매를 얻었다. 당시 미당 아버지의 재능을 아깝게 여긴 무장현감의 도움으로 서울 한성학원에서 2년간 신학문을 배우고 토지측량기사로 일했다. 이런 아버지의 경제력 덕분에 미당이 열 살 때 가족이 줄포로 이사해, 5남매 모두 신학문을 배울 수 있었다. 미당이 뛰어놀았던 질마재에서는 부안 5일장이 서는 날이면 주민들은 이른 새벽 물건을 이고 20리 길을 걸었다. 그리고 필요한 물건을 사서는 칠흑같이 어두운 질마재를 다시 넘어왔다. 그들은 도깨비불이 길을 밝혀 준다고 생각했다. 미당이 어린 시절 경험했던 고개에 얽힌 사연들을 이야기하듯 풀어낸 작품이 바로「질마재 신화」다.

　김동리·김광균·오장환 등과 경성에서 문단 활동을 하던 미당은 1942년 부친의 부고를 받고 고향으로 내려간다. 장례를 마치고 선운사에 들렀던 그날, 가을비가 촉촉이 내렸다. 나이 사십 전후의 주모가 육자배기 한 가락을 흐벅지게 불렀다. 술 한 동이가 금세 바닥을 드러냈다. 그때의 여운이 미당의 가슴 한구석에 그대로 남았다. 세월이 흘러 동구 밖 그 주막을 다시 찾았다. 당시 어느 누구 하나 가슴에 한이 맺히지 않은 사람이 있었겠냐만 술 파는 일이 직업이었던 주모는 한국전쟁 중에 그 아픔 다 가슴에 안고 이승을 떠났다는 소식을 듣는다. 바로 주모의 육자배기 소리를 담은 작품이 「선운사 동구」다.

전국 산중에는 수많은 사찰이 자리하고 있다. 그중 사찰의 명성과 한 편의 시로 유명해진 산을 꼽자면 선운사의 선운산(336m)과 선암사의 조계산을 꼽을 수 있다. 야트막하면서도 수려한 산세를 지니고 있는 선운산은 동백꽃으로도 유명한 '호남의 내금강'이다.

선운사 대웅전 뒤 5천여 평의 동백나무숲은 매년 4월 중순이면 동백꽃이 만개해 장관을 이룬다. 한때 89개의 암자를 거느렸던 선운사에는 현재 도솔암·참당암·석상암·동운암만이 남아 있다. 도솔암 부근의 진흥굴은 신라 진흥왕이 왕위를 버리고 중생 계도를 위해 도솔왕비와 중애공주를 데리고 입산수도했다는 전설이 깃들어 있다.

산은 비록 낮지만 등산로에는 선학암·봉수암·천마봉·수리봉·진흥굴·용문굴·낙조대 등 기기묘묘한 암벽이 곳곳에 솟아 있어 자연미의 극치를 이룬다. 수려한 풍치와 개어금니처럼 울퉁불퉁한 봉우리들이 이어져 있어 등산의 묘미를 만끽할 수 있다. 낙조대에 올라서면 멀리 서해가 아스라이 잡혀 온다. '개이빨산'으로도 불리는 국사봉보다 전망이 더 뛰어나다. 낙조대~천마봉에 이르는 산마루에서 건너편을 바라보면 도솔암 일대의 모습이 장관을 이룬다. 중앙에는 거북 모양의 암반이 치솟아 있고, 너럭바위에 솔숲을 배경으로 암자가 아담한 자태를 뽐내고 있다.

산행 코스는 선운사~수리봉~국사봉~낙조대~용문굴~천마봉~도솔암로 이어지는 11km, 4시간 정도 소요된다.

능선마다 산악인들의 애절한 사연 숨쉬는

설악산

굽이져 휜 띠 두른 능선 길 따라 / 달빛에 걸어가던 계곡의 여운을 /
내 어이 잊으리오 꿈같은 산행을 / 잘 있거라 설악아 내 다시 오리니

산악인들 사이에 불리는 산 노래 중 최고의 애창곡인 〈설악가〉의 가사다. 1970년 경희대 치대생이었던 이정훈이 달빛 고요한 설악산 천불동계곡을 홀로 걷다가 달빛에 반사되는 눈 덮인 능선을 보며 느꼈던 감흥을 읊은 산악가다.

국내를 대표하는 산으로는 한라산이 있고, 육지에서는 설악산과 지리산이 쌍벽을 이룬다. 음악으로 비유할 때 설악산이 모차르트라면 지리산은 베토벤이다. 그만큼 두 산은 서로 다른 모습을 간직하고 있으면서도 많은 산악인의 사랑을 받고 있다.

계곡마다 흐르는 물소리, 새벽안개 사이로 들리는 새소리, 겨울철 만주벌판에서 불어오는 바람 소리. 사계절 어느 것 하나 쉽게 버릴 수 없는 곳이 설악산이다. 설악산은 산악인들의 애환이 그 어느 산보다도 많이 서려 있는 곳이다. 아름다우면서도 가슴 아픈 사연이 골골이 숨어 있다.

외설악 초입 노루목에는 설악산에서 유명을 달리한 산악인들의 영혼을 기리는 묘지가 있다. 이곳에 엄홍석과 신현주라는 두 남녀의 무덤이 있다. 연인 사이로 여러 차례 설악산을 함께 올랐던 두 사람은 1967년 가을 어느 날 설악산을 등반하던 중 사고로 함께 세상을 떴다. 엄홍석의 자일파트너였던 송준호는 엄홍석과 신현주의 무덤을 자주 찾았는데, 이듬해 7월 험준한 바위로 이어진 천화대의 여러 능선 중 설악골에서 왕관봉과 범봉 사이에 성곽처럼 생겨 유난히 눈길을 끄는 능선을 초등

하게 되었다. 그는 이 능선에 친구였던 엄홍석의 '석'과 연인 신현주의 '주'를 따와 '석주길'이라는 이름을 붙여 두 사람의 영전에 바쳤다.

이처럼 산악인들의 애틋한 사연과 함께 많은 사랑을 받은 설악산에는 계곡과 능선도 많다. 십이선녀탕계곡·백담계곡·수렴동계곡·구곡담계곡·천불동계곡에는 사시사철 맑은 물이 흐른다. 설악산을 받쳐주는 서북주능선·용아장성능선·공룡능선·화채능선에는 발길 안 닿는 곳이 없을 만큼 곳곳에 등산로가 즐비하다.

설악산은 주봉인 대청봉을 중심으로 백담사에서 시작하는 내설악, 오색약수에서 출발하는 남설악, 그리고 신흥사에서 오르는 외설악으로 구분된다. 능선 산행은 남교리~십이선녀탕~대승령~귀떼기청봉~대청봉~화채봉~집선봉~권금성~신흥사로 이어지는 서북주능선이 제일로 꼽힌다. 그러나 대청봉에서 화채봉을 거쳐 신흥사로 내려오는 구간은 영구 자연휴식년제로 등반객의 출입이 통제되고 있다. 서북주능선 종주는 십이선녀탕을 지난 후 대청봉까지 산행 중 식수를 조달하기 어렵고 워낙 길어서 굉장한 인내를 요구하는 코스다.

설악산은 일제강점기까지는 금강산에 가려 이목을 못 끌었으나 해방 이후 서울대·고려대·동국대 등 대학 산악부와 산악클럽들이 지금의 코스를 개척했다. 여름이면 고교와 대학 산악부 회원들이 적벽·범봉·1275봉 등에서 암벽훈련을 했고, 겨울에는 토왕성폭포의 장쾌한 빙벽에서 초등 레이스를 펼쳤다. 토왕성폭포는 지금도 국내의 대표적인 겨울 빙벽등반 코스로 사랑받는 곳이다. 그리고 1990년대까지 국내 산악인들이 히말라야 원정을 떠나기 전 겨울철 훈련장으로 가장 폭넓게 활용됐던 곳도 설악산이다.

1969년 겨울, 한국산악회 해외원정 훈련대는 설악산 '죽음의 계곡'에서 훈련하던 도중 폭설로 인한 눈사태로 10명이 운명을 달리해 지금도 산악인들의 추모 행사가 열린다.

공룡능선은 백두대간을 마등령에서 대청봉으로 연결하며 내·외설악을 가르는 분수령이다. 거대한 공룡의 등줄기 같은 바위 능선이 줄을 이었다고 해서, 1957년 이곳을 찾은 경기고등학교 '라테르네' 클럽이 처음으로 이름 붙였다. 공룡능선에서는 내설악의 가야동계곡과 용아장성을 한눈에 내려다볼 수 있을 뿐만 아니라, 외설악의 천불동계곡과 그 너머 동해까지 시원하게 펼쳐진 절경을 조망할 수 있어 매력적이다.

공룡능선을 당일로 오르려면 설악동~마등령~공룡능선~희운각~양폭~설악동 코스가 적당하다. 오색약수에서 대청~중청~희운각~공룡능선~마등령 코스도 있지만 여간한 체력이 뒷받침되지 않으면 무리가 올 수 있다.

마등령 직전에 샘터가 한 곳 있다. 능선에 올라서면 가야동계곡 건너편의 용아장성, 암릉미가 빼어난 범봉, 외설악으로 이어지는 천화대리지 등 설악의 절경에 넋을 잃어 쉽사리 발길을 돌리지 못한다. 지금은 많은 사람이 오르내려 도봉산의 포대능선만큼이나 쉽게 찾을 수 있다. 공룡능

선 종주의 백미는 능선 중간에 있는 1184봉에서의 전망이다. 왼편으로 범봉과 천화대리지, 오른편으로 용아장릉, 뒤를 돌아보면 하늘선에 걸린 마등령이 시야를 가로막는다. 능선 길은 동쪽 사면(천불동 쪽)이 급경사를 이루고 있어, 경사가 약한 서쪽 사면을 따라 나 있다. 능선상의 샛길은 대개 설악골(마등령과 천화대 사이 계곡), 잦은 바윗골, 천화대 등 산행이 어려운 동쪽 계곡이나 암릉으로 이어진다. 갈림길이 나타났을 때는 오른쪽 길을 택하면 거의 실수가 없다. 마지막 봉우리인 신선대 낙조는 '지리 10경' 중 하나로 꼽히는 '반야낙조'에 버금갈 만큼 뛰어나다.

1968년 가을, 갑자기 불어난 물로 가톨릭의대생 8명의 젊은 목숨을 앗아간 십이선녀탕도 빼어난 풍광으로 여름이면 많은 등산객의 사랑을 받는 곳이다. 십이선녀탕계곡은 설악산의 이름난 계곡 중 가장 서쪽에 위치해 있다. 조선 정조 때 실학자 성해응이 『동국명산기』(전국 명승지를 설명한 책)에서 설악산의 여러 명소 중 십이선녀탕을 가장 먼저 소개했을 정도로 풍광이 빼어나다. 기암절벽으로 이어진 협곡에 기기묘묘한 폭포와 담이 연이어 있어 설악산의 속살을 보는 듯하다. 원래 '지리곡', 또는 '탕수골'로 불렸던 십이선녀탕은 한국전쟁 이후 지금의 이름으로 바뀌었다. 십이선녀탕을 거치는 등산로는 장수대~대승폭포~대승령~안산~십이선녀탕~남교리로 이어지는 대승령 코스가 가장 많이 이용된다.

장수대에서 대승령 코스를 오르다 만나는 대승폭포는 박연폭포·구룡폭포와 함께 국내 3대 폭포로 꼽힌다. 대승폭포 앞 넓은 반석에는 조선시대 4대 명필이었던 봉래 양사언의 '구천은하九天銀河'라는 글씨가 새겨져 있다. 금강산의 만폭동, 묘향산의 상원암 글씨도 그의 작품이다. 장수대에서 대승폭포까지는 30~40분 거리로 대승폭포에 오르면 건너편 점봉산의 아름다운 산세가 눈앞에 다가오고 멀리 한계령이 손짓한다. 땀을 잠시 식히고 1시간 30분가량 오르면 대승령 정상이다.

정상 오른쪽 길은 중청으로 이어지는 설악산의 서북능선, 왼쪽 길은

한계산으로 불리는 안산으로 이어진다. 30분을 걸어 만나는 안산삼거리에서 2시간가량 내려오면 두문폭포와 복숭아탕이 나온다. 이곳부터 약 1km 구간이 그 아름다운 비경을 자랑하는 십이선녀탕이다. 물은 푸르다 못해 검고, 우렁찬 물소리가 마음속의 찌든 때를 깨끗이 씻어 내준다. '참, 아름답다'는 감탄사가 절로 나올 정도다. 십이선녀탕에서 남교리까지는 3km로 2시간가량 소요된다.

이처럼 아름다운 설악산에 많은 이들의 반대에도 불구하고 환경부·강원도·양양군이 오색~끝청 구간(3.4km)에 케이블카를 설치하려고 해 전국이 시끌벅적하다.

설악산은 국립공원·천연기념물·유네스코생물권보전지역·산림유전자보호지역·백두대간보호지역으로 다섯 개 보호 울타리가 쳐진, 한반도 생태계에서 매우 중요한 지역이다. 정확한 환경평가는 아직도 끝나지 않았다. 권금성은 1971년 케이블카 설치 후 40여 년간의 운행으로 '민둥암벽'의 속살을 드러냈다. 이로 미루어 오색 케이블카도 불 보듯 뻔하다. 지역경제 활성화라는 미명 아래 우리 강산은 신음하고 있다. 후손들에게 부끄러운 조상으로 남을 것이라는 생각이 앞선다.

신록 속 '정열의 화신'으로 요염하게 불타는

소백산

5월은 돌아온다. 비가 한 차례 뿌린 뒤 말쑥하게 매무새를 다듬는 봄의 숲 5월은 신록을 거느리며 먼 여행에서 돌아온다. 산의 진달래와 들의 개나리가 지고 나면 그 뒤를 이어 배꽃·복숭아꽃·이팝나무·조팝나무의 하얀 꽃망울이 봄을 맞는다. 이런 봄꽃이 물러갈 즈음, '한밝(태백산)'이 있기에 '작은 밝'으로 불렸을 소백산의 5월은 붉은 철쭉으로 온 산이 활활 타오른다.

전국 유명 철쭉 산행지로는 황매산, 바래봉, 제암산, 소백산, 한라산, 덕유산, 천성산 등이 손꼽힌다. 산마다 철쭉꽃의 모양은 각양각색이다. 대부분 키 작은 관목임에 비해 소백산 배점리~죽계구곡~국망봉으로

이어지는 철쭉은 하늘에 걸친 듯 능선에 무리지어 피어난다. 유난히 키가 커서 마치 천상의 구름인 양 머리 위에서 일렁거린다. 소백산 철쭉을 즐겁게 감상할 수 있는 봄꽃 산행 들머리가 죽계구곡이 시작되는 배점리다.

금성대군은 조카인 단종을 폐위시키고 영월로 귀양 보낸 세조의 동생이다. 세조는 동생에게도 모반의 누명을 씌워 영주 순흥으로 유배를 보낸다. 그리고 복위 계획이 드러나자 사약을 내려 죽인다. 이처럼 배점리나 삼가리가 속한 순흥면은 금성대군의 파란만장한 비애가 서려 있다. 이곳 주민들은 억울하게 죽은 단종과 금성이 각각 태백산과 소백산의 산신이 됐다고 믿는다. 그래서 1년에 한 번 비로봉 북동쪽의 고개인 고치령에서 둘이 만난다며, 두 산신을 모시는 고치령 당집을 차려놓았다.

소백산 자락에서 가장 아름다운 계곡을 꼽자면 죽계구곡이다. 소백

산 동쪽 자락에 초암사 앞 금당반석(1곡)을 시작으로 청운대(제2곡)·척수대(제3곡)·용추비폭(4곡)·청련동애(5곡)·목욕담(6곡)·탁영담(7곡)·관란대(8곡)를 거쳐 삼괴정 근처 이화동(9곡)에 이르기까지 약 2km에 걸쳐 흐르는 계곡을 말한다. 고려 말 시인 안축은 소백산 자락의 죽계구곡을 〈죽계별곡〉이라는 경기체가로 아름답게 노래했다.

조선 중기 풍기군수 주세붕과 퇴계 이황이 계류의 운치를 시로 읊어 빼어남이 알려지기 시작했고, 영조 때 순흥부사 신필하가 '구곡'의 이름을 붙이면서 오늘날까지 죽계구곡으로 불리고 있다.

소백산은 육지에 있는 국립공원 중 세 번째로 넓다. 산행은 영주에서는 배점리 죽계구곡~국망봉~비로봉, 삼가리~비로봉, 희방사~천문대~제1연화봉~비로봉, 단양에서는 천동굴~비로봉, 율전~비로봉 코스가 가장 많이 이용된다.

구인사~신선봉~국망봉~비로봉~연화봉~죽령으로 이어지는 소백산 종주 코스는 구인사~신선봉은 길이 험하고 연화봉~죽령은 도로를 따라 두 시간가량 걸어야 하는 단조로움 때문에 주로 배점리~국망봉~비로봉에서 희방사나 천동굴로 하산한다.

원효와 요석공주의 사연 깃든 '경기 소금강'

## 소요산

한국 단학의 계보를 밝힌 『해동전도록』은 조선 인조 때 발견된 작자미상의 도교서다. 『해동전도록』에 따르면 매월당 김시습이 부여 무량사에서 열반에 든 지 7년 뒤 제자 윤군평이 스승 김시습을 개성에서 만난다. 제자가 "스승님이 선화仙化하신 지 벌써 7년이 넘었는데 어인 일이냐"고 묻자, 김시습은 "나는 오고 감이 자유자재이고 요새는 서경덕에게 도를 가르친다"고 답한다. '소요逍遙'의 사전적 의미는 '마음 내키는 대로 슬슬 거닐며 돌아다님'이다. 이처럼 매월당과 서화담은 시대를 뛰어넘어 서로 만나 소요했다고 전해지며, 이런 뜻에서 이름 붙여진 산이 소요산(587m)이다.

소요산에는 원효대사·요석공주·설총과의 사연도 얽혀 있다. 『삼국유사』에는 원효대사와 요석공주에 대해 이렇게 전한다.

원효는 34세 때 의상과 함께 당나라로 불법을 배우러 떠났다가 요동 땅에서 고구려 군사들에게 첩자로 붙잡혔다가 구사일생으로 살아온다. 10년 후 다시 의상과 함께 바다를 건너 당나라로 가던 중 깊은 산속에서 폭풍우를 만나 토굴에서 하룻밤을 지샌다. 이때 해골에 담긴 물로 도道를 깨치고 혼자서 신라로 돌아온다.

『화엄경』을 쉽게 주석하고 거지 행세를 하며 포교를 하던 중, 어느 날 거리에서 "누가 자루 없는 도끼를 빌려준다면 내가 하늘 떠받칠 기둥을 박으리誰許沒柯斧 爲斫支天柱"라고 노래 부른다.

태종 무열왕만이 이 노래의 뜻을 눈치채고 '아마도 이 스님은 귀부인을 만나 훌륭한 아들을 낳길 원한다'는 생각에 마침 요석궁에서 과부가 되어 홀로 살고 있는 둘째 딸을 연결시켜 준다. 당시 요석공주는 남편 진여랑이 백제와의 전투에서 전사한 후 청상과부로 궁을 지키고 있었다. 원효는 3일간 요석궁에 머물다 떠났고 660년 요석공주는 설총을 낳았다. 설총은 강수·최치원과 함께 신라 3대 문장가로 손꼽힌 대학자로 활동했다.

그 후 원효는 소요산에 들어와 자재암을 창건하고 수행에 전념했는데, 요석공주는 공주봉 기슭에 별궁을 짓고 어린 설총과 매일 지금의 일주문 부근까지 내려와 자재암을 향해 세 번 절을 올리면서 그의 정진이 잘 되기를 빌었다고 한다. 후에 원효는 수많은 저서를 남기고 70세 되던 해 혈사(경주 골굴사)에서 입적했다.

이처럼 소요산에는 거대한 절벽의 원효대, 전국 최고의 석간수 중 하나로 꼽히는 나한전의 원효샘, 기암절벽 사이로 떨어지는 원효폭포, 요석공주가 머물렀다는 공주봉의 별궁 등 원효대사와 요석공주의 사연이 얽혀 있는 곳이 곳곳에 있다.

소요산은 높고 웅장한 산은 아니지만 산세가 빼어나게 아름다워 예로부터 '경기의 소금강'으로 불렸다. 주능선을 경계로 해 동서로 동두천과 포천에 걸쳐 있지만 등산로 대부분은 동두천으로 나 있다. 주봉인 의상대·하백운대·중백운대·상백운대·나한대·공주봉 등 400~500m에 이르는 아담한 봉우리 여섯 개가 병풍처럼 둘러 있다.

능선은 부분적으로 바위로 이루어져 있지만 위험한 구간에는 안전 로프 등 시설이 갖춰져 있다. 나한대 오르는 길은 소요산 종주의 백미로 힘들기는 하지만 풍광이 뛰어나다.

속세가 산을 떠난 중부 최고 관광지

## 속리산

"산은 강을 건너지 못하고, 물은 산을 넘지 않는다"는 선조들의 자연에 대한 인식 체계를 보여준 지리서가 여암 신경준의 『산경표』다. 백두산에서 지리산까지 발에 물을 안 묻히고 갈 수 있다는 의미다. 1대간, 1정간, 13정맥으로 이뤄진 산줄기에 나라를 대표하는 산과 강은 12개가 있다고 『산경표』는 소개하고 있다. 백두산·삼각산·금강산·오대산·지리산과 백두대간에서 정맥으로 갈라지는 꼭짓점에 위치한 원산·낭림산·두류산·추가령·태백산·속리산·장안산은 12종산이다. 압록강·두만강·청천강·용흥강·대동강·예성강·한강·낙동강·영산강·금강·대진·섬진강이 12종강에 속한다.

속리산은 12종산의 하나다. 빼어난 산세와 계곡의 아름다움으로 옛 문인들의 시가 많이 전해 온다.

도는 사람을 멀리하지 않건만 사람이 도를 멀리하고 道不遠人 人遠道
산은 속세를 떠나지 않건만 속세가 산을 떠나네. 山非離俗 俗離山

백호 임제가 당쟁을 피해 속리산에서 칩거하던 스승인 대곡 성운을 찾아왔다가 속리산의 빼어난 모습을 보고 읊은 시다. 이런 임제에 대해 시인 고은은 『만인보』에서 "나 죽거든 곡을 하지 말라 하고 / 서른아홉 살에 뜬구름 백호 임제 가고 말았지요 / 이 땅덩어리 좁다 하고 / 큰 세상 태어나지 하고 가고 말았지요"라고 그를 칭송했다.

매표소에서 일주문을 지나 법주사로 가는 길은 금강골에서 흘러내리는 개울물 소리와 어우러져 속세를 잊게 할 정도다. 그러기에 최고봉인 천왕봉을 중심으로 비로봉·길상봉·문수봉 등 8봉, 문장대·입석대·신선대 등 8개의 대, 8개의 석문이 있는 속리산은 가을 산이 더 아름답다.

조선팔경의 하나로 꼽히는 속리산은 중부 내륙 최고의 관광지다. 화양동구곡·선유동구곡·쌍곡계곡·만수계곡 등 계곡 곳곳에 기암괴석이 파노라마를 이루는 경승지가 널려 있어 마치 자연이 써내려간 한 편의 대서사시 같다.

특히 화양동구곡은 우암 송시열이 은거하며 지냈을 정도로 산수가 빼어나다. 경천벽(제1곡)에서 파천(제9곡)까지 화양천변 10여 리 길에 펼쳐진 암석과 암반들은 중국의 무이구곡武夷九曲과 닮았다 해서 이름 지어졌다. 저마다의 사연을 간직하고 있는 아홉 개의 곡 중 금사담(제4곡)과 파천이 가장 손꼽히는 경승지다. 넓은 암반, 층암절벽과 노송이 한데 어우러져 있는 금사담에는 우암이 글을 읽고 시상을 다듬던 세 칸짜리 암서재가 계곡 옆에 있다. 파천은 계곡 전체에 편편하게 펼쳐져 있는 흰 바위 위를 흐르는 계곡물의 포말이 시원함을 더해 준다. 금사담·반석 등 바위 곳곳에는 우암의 글씨가 새겨져 있다.

국내에만 자생한다는 노란색의 금붓꽃, 회오리바람의 강원도 사투리인 흰색의 회리바람꽃, 노란색 꽃과 붉은 열매가 환상적인 두메닥나무, 속리산이 자생지인 황색의 속리기린초, 순백색 꽃에 노란 수술에서 고귀한 품격을 느끼게 하는 백작약 등 36종의 희귀식물을 볼 수 있다. 최근에는 북방계 식물로 멸종위기에 있는 '등대시호'와 환경부 지정 희귀종인 '솔나리' 자생지가 발견돼 눈길을 끈다.

문장대(1,028m)가 주봉인 천왕봉(1,058m)보다 더 인기가 높다. 산행 코스는 화북탐방지원센터~문장대~신선대~천왕봉~세심정~법주사로 이어지며 11.8km, 7시간 정도 소요된다.

늘어선 명품바위 넘으며 '귀천'을 노래한다

수락산

나 하늘로 돌아가리라
새벽빛 와 닿으면 스러지는
이슬 더불어 손에 손을 잡고

나 하늘로 돌아가리라
노을빛 함께 단 둘이서
기슭에서 놀다가 노을 손짓하면은

나 하늘로 돌아가리라
아름다운 이 세상 소풍 끝나는 날
가서, 아름다웠더라고 말하리라

「귀천」을 노래한 시인 천상병은 하루치 막걸리와 담배만 있으면 스스로 행복하다고 말했던 '문단의 마지막 순수시인'이다. 일본 효고현 히메지시에서 태어나 1945년 귀국한 후 마산에서 성장했다. 마산중학교 시절 국어 교사였던 시인 김춘수의 영향을 받아 시를 쓰기 시작했다.

1967년 음악가 윤이상과 관련된 '동베를린 간첩단 사건'의 누명을 쓰고 온갖 고문을 받으며 억울하게 옥살이를 했다. 서울대 상과를 다니던 대학 시절 술이 좋아 지인에게 술값 받은 것을 간첩에게 공작금을 받았다는 죄명으로 구속된 것이다. 전기고문만 세 번을 받았을 정도로 심한 6개월간의 옥살이 끝에 출소한다. 고문 후유증으로 길을 헤매다 행려병자로 정신병원에 입원한다.

한편 친구들은 그의 행방을 몰라 죽은 줄 알고 유고집을 낸다. 이때 천상병을 알아봤던 주치의가 친구들에게 알림으로써 문병을 오게 되고, 여기서 친구 동생인 목순옥과의 운명적 만남이 이루어진다. 퇴원 후 두 사람은 결혼해 수락산 자락에 자리를 잡고 천상병은 주옥같은 시를 남긴다.

　서울시 노원구는 관내에서 작품 활동을 했던 천상병 시인을 기념하고자 테마공원을 조성했다. 그리고 시인이 생전에 쓰던 안경·찻잔·집필 원고 등 유품 41종 203점을 모아 타임캡슐에 묻고 탄생 200주년이 되는 2130년 1월 29일 개봉하기로 했다.

　문학인들의 인사동 찻집으로 알려진 '귀천歸天'은 1985년 지인의 도움으로 문을 열었다. 천 시인의 아내 문순옥씨마저 2010년 일흔네 살의 일기로 생을 마감하자, 귀천은 건물 공사로 사라지고 지금은 인근에 같은 상호로 처조카이자 친구의 딸이 운영하고 있다.

　수락산(637m)은 전형적인 바위산으로 북한산·도봉산과 함께 서울의 북쪽 경계를 이룬다. 한북정맥에서 갈라진 수락지맥의 최고봉으로 수락산~불암산~용마산~아차산을 거쳐 중랑천으로 떨어진다. 그 이름은 맑은 골짜기 물이 금류·은류·옥류 폭포를 이루며 떨어지는 아름다운 모습

에서 유래됐다고 한다.

   도심과 가깝고 능선에 오르면 조망이 좋은 데다, 산이 낮고 계곡이 짧아 의정부나 창동에서 쉽게 오를 수 있다. 봄이 되면 불암산과 이어지는 능선은 철쭉으로 붉게 물든다. 수락계곡과 노원골 일대 11km 산책로는 삼림욕하기에 좋은 곳이다.

   수락산 종주는 장암 밤나무골이나 수락산역에서 시작한다. 밤나무골~석림사~기차바위~정상~철모바위~코끼리바위~하강바위~도솔봉~수락산 쉼터로 이어지는 약 9km의 코스로 '명품 바위'가 줄지어 있다. 그중 기차바위는 수락산 최고의 명소다. 언제 봐도 멋지고 스릴 넘친다. 기찻길처럼 길게 이어져 있다 해서 기차바위, 또는 홈이 길게 패여 있어 홈통바위라고 부른다. 깔딱고개에서 올라오는 암릉은 배낭바위와 암벽 사이에 자리 잡은 노송이 운치를 더한다. 힘들여 오른 정상에서 바라본 사패산~도봉산~북한산으로 이어지는 능선의 장쾌함은 산행의 피로를 말끔히 씻어 준다. 수락산 주능선 남쪽 끝자락에 있는 도솔봉에서 바라보는 수락산 기암 풍경은 가히 절경이다.

가지산~신불산~재약산으로 이어지는 국내 종주산행의 백미

# 영남 알프스

알프스는 지중해 제노바 만에서 오스트리아 빈까지 1,200km의 활 모양으로 뻗어 있는 산맥이다. 마터호른·몽블랑 등 4,000m대 봉우리가 만년설을 머리에 이고 있는 '유럽의 지붕'이다. 근대 산악 활동의 발상지이기도 한 알프스는 호른에 맞춰 들려옴직한 베르네 처녀의 요들송과 목가적인 풍경에 많은 관광객이 몰려든다. 이런 아름다운 풍광 때문에 많은 나라들이 자국 내 몇 개의 산을 묶어 '○○알프스'라고 부른다.

　나가노·기후·도야마 현에 걸쳐 있는 히다·기소·아카이시 산맥을 '일본 알프스'라 부른다. 국내에서는 운문산에서 시작해 가지산~간월산~신불산~제약산으로 이어지는 산군이 '영남 알프스'다. 수십만 평에 이르는 너른 신불평원과 사자평의 가을은 은빛 꿈 너울대며 동해에서 불어온 바람에 잿빛 추억을 전해 주는 억새바다로 많은 이들의 사랑을

받는 산행지다.

　백두대간에서 빠져나온 낙동정맥이 동해로 꼬리를 감추기 전 여력을 다해 빚어 놓은 곳이 '영남 알프스'다. 최고봉인 가지산을 비롯해 운문산·취서산·간월산·신불산·재약산·천황산 등 1,000m가 넘는 일곱 개의 산과 수많은 봉우리로 형성돼 있다.

　"등반은 인내의 예술"이라고 한다. 라인홀트 메스너가 히말라야에 첫발을 내디딘 것은 1970년. 메스너는 동생 귄터와 함께 낭가파르밧을 등정하고 내려오다 동생을 잃고 자신만 겨우 목숨을 부지해 하산한다. 그리고 16년 만인 1986년, 로체를 마지막으로 8,000m급 고봉 14좌를 최초로 완등한 산악인이 된다.

　다음 해 폴란드의 예지 쿠쿠츠카가 그 뒤를 잇는다. IOC는 1988년 캐나다 캘거리 동계올림픽에서 이들 두 명의 위대한 산악인의 업적을 기리기 위해 메달을 수여하기로 했다. 당시 쿠쿠츠카의 고국은 사회주의 국가였다. IOC로부터의 메달 수여는 쿠쿠츠카가 정부의 지원을 받을 수 있는 보증수표였다. 그가 산악 활동을 지속적으로 하기 위해서는 메달을 받아야만 했다. 그러나 민간 기업으로부터 자유롭게 후원을 받을 수 있었던 메스너는 등반은 "무상의 행위"라며 수상을 거절했다. 그만큼 등반은 심판도 관중도 없이 자신과의 고독한 싸움을 이겨내는 과정이라고 할 수 있다. 그러기에 우리에게 1,000m 산과 전문 산악인에게 히말라야 8,000m 고봉은 똑같이 다가올 수밖에 없는 것이 아닐까.

　종주 산행은 그 산의 깊이를 알려고 하는 인간의 자연스러운 몸짓이다. 가지산에서 시작해 천황산으로 이어지는 일곱 개 산(45km)을 종주하려면 2박3일은 잡아야 한다. 거리가 워낙 길어 만만치 않다. 영남 알프스 종주 산행은 상인들이 고개마다 차를 몰고 올라와 좌판을 벌이고 있어 식수와 식량 걱정할 필요가 없다. 또 취사와 야영도 규제로부터 자유롭다. 그리고 힘들면 산행 도중 쉽게 탈출할 수 있다는 것이 장점이자

단점이다.

석골사계곡을 지나 상운암 채마밭 너머 한반도 산등성이에 다다를 무렵 산이 제 살을 깎아 만든 거대한 너덜지대가 펼쳐진다. 가지산은 석남사가 세워지기 전부터 불리던 옛 이름이 '석남산'이다. 운문산~가지산 구간은 종주 산행 중 숨을 제법 가쁘게 만드는 코스다. 이를 통과하면 편안한 길이 이어진다.

가을이면 많은 사람들이 억새 산행을 즐기러 신불산을 찾는다. 그러나 간월산과 신불산 사이 간월재에서 산을 오르다 억새밭에서 종종 방향을 잃으므로 주의를 기울여야 한다. 간월재에서는 등억리로 하산할 수 있으며, 끝 지점에는 등억온천과 작천정계곡이 있다. 신불산 자락 언양에는 국내 최대 자수정 동굴이 있고, 자수정 동굴나라-리조트가 영업 중이다.

신불산 정상에는 동봉과 서봉이 있다. 서봉 소나무 앞에는 흰 벤치가 하나 놓여 있다. 진짜 정상인 동봉은 바다를 향해 능선을 따라 10분가량 더 걸어야 한다. 신불산 정상에 서면 영남 알프스의 기운을 하나로 모아 빚어낸 영축산의 모습을 가장 잘 감상할 수 있다. 바로 앞에는 신불평원의 억새바다가 펼쳐진다. 신불산 정상에서 등억리로 이어지는 능선은 설악산 공룡능선의 축소판처럼 아기자기해 세미 클라이밍을 즐길 수 있다.

종주 산행의 끝인 재약산 아래에는 사자평이 있다. 이곳에는 1966년 4월 개교해 졸업생 36명을 배출하고 1996년 3월 문을 닫은 산동초등학교 사자평 분교가 있었다. 이곳은 원래 화전민 마을이었다. 바위틈에 핀 여린 고사리를 닮았다고 해서 '고사리학교'란 푯말 하나 내걸고 공부를 시작한 하늘 아래 첫 교실이 바로 사자평 분교다. 재약산 정상에는 바위가 꽃처럼 아름답게 피어난 수미봉이 있고, 영남 알프스 산자락에는 통도사를 비롯해 운문사·표충사 등 유서 깊은 사찰이 있다.

## 운문산~가지산~신불산~재약산 종주

- **1일차** : 석골사~운문산~아랫재~가지산~석남터널~배내고개(약 16km)
  배내고개에서 1박 할 경우 지방도로 69호선이 지나는 도로 옆 주차장에서 야영이 가능하다. 배냇골로 내려가면 민박집이나 숙소도 많다.

- **2일차** : 배내고개~배내봉~간월산~신불산~청석좌골~배내골(약 16km)
  신불평원까지는 길이 훤하다. 신불평원에서 청석좌골로 하산할 경우 중간에 '포부대 사격장 진입금지' 표지판이 있다. 표지판 서쪽으로 억새밭을 가로질러 단조성터 돌무더기를 지나면 서남쪽으로 나뭇가지에 청석좌골로 하산하는 표지기가 걸려 있다. 이 길은 청수골 산장 뒷마당에서 한피기 고개로 가는 청석우골 등산로와 만난다.

- **3일차** : 죽전마을~사자평~수미봉~천황재~사자봉~표충사(약 13km)
  배내산장에서 배내골 상류를 따라 5분가량 걸어 올라가면 자연농원 입구 앞에서 산행이 시작된다. 사자평이 보이는 안부로 올라서 억새밭으로 내려서면 표충사 층층폭포에서 올라온 길과 만나는 고사리학교 터가 나온다.

천년의 종소리 들리는 화엄신앙의 모산
오대산

오대산(1,563m)은 삼신산(금강산·지리산·한라산)과 더불어 이 땅에서 가장 신령스러운 산이다. 국내 산 이름 중에는 불가와 관련된 곳이 많다. 그중 하나가 오대산이다. 자장율사가 당나라에서 불법을 닦고 와 화엄신앙을 펼친 곳이다. 『삼국유사』는 "자장이 중국 오대산에서 '그대 나라의 동북쪽 명주 땅에 오대산이 있는데, 그곳에 1만 명의 문수보살이 늘 머물고 있으니 뵙도록 하시오'라는 깨우침을 받고 돌아왔다"고 전한다. 문수보살은 『화엄경』에 뿌리를 두고 있으니 오대산은 '화엄신앙의 탯자리'인 셈이다.

문수보살과 관련해서는 세조와 관련된 재미있는 이야기가 전해 온다. 몸에 난 종기로 고생하던 세조가 오대산을 찾는다. 몸을 씻으려고 월정사 앞 계곡으로 들어간 세조는 가까운 숲에서 놀던 동자승을 불러 등을 씻어 달라고 부탁한다. 목욕을 마친 세조는 "어디 가서 임금의 등을 씻어 주었다는 말을 하지 말라"고 동자승에게 이른다. 그러자 동자승도 "대왕도 어디 가서 문수보살을 보았다는 말을 하지 마시라"는 한마디를 남기고 홀연히 사라진다. 그 후 세조의 종기는 씻은 듯 나았다고 한다. 세조는 상원사를 번듯한 절집으로 가꿨다.

국내에는 신라시대에 주조된 범종이 두 개 있다. 경주 성덕대왕신종(에밀레종)과 상원사동종이다. 에밀레종이 현존하는 '최대의 종'이라면, 성덕왕 24년에 만들어진 상원사동종은 에밀레종보다 46년이 빠른 현존 '최고最古의 종'이다. 안동에 있던 동종을 조선 예종 원년에 상원사로 옮겼다. 구름 위에서 천 자락을 날리며 공후와 생을 연주하는 비천상은 신라시대 불교 조각의 백미다.

오대산은 고려 때 『오대산월정사사적기』를 비롯해 조선시대 『동국여지승람』,『증보 문헌비고』에 소개되기를 "다섯 봉우리가 솟아 오대산"이라고 했으니 다섯 봉우리가 불가를 나타내는 연꽃으로 피어난 것이다. 다섯 봉우리는 만월봉(동)·장령봉(서)·기린봉(남)·상왕봉(북)·비로봉(중앙)이다. 그리고 월정사와 상원사를 중심으로 골짜기마다 암자가 터를 잡았는데, 관음암·수정암·지장암·미륵암·사자암이 그것이다. 세월이 흐르면서 봉우리와 암자의 이름도 만월봉 관음암은 동대산 동대사, 장령봉 수정암은 호령봉 서대사, 상왕봉 미륵암은 상왕봉 북대사, 비로봉 사자암은 비로봉 중대사로 바뀌었다. 중대사는 부처의 진신사리를 모신 적멸보궁이어서 법당에는 그 흔한 불상이 없다.

오대산에서 미륵암은 가장 높은 자리에 앉아 있다. 상원사에서도 이리저리 꺾어 돌며 산줄기를 타고 올라야 한다. 천년을 흘러도 썩지 않는다는 너와로 지붕을 얹어 놓아 강원 산골에서 드물게 만나는 너와집처럼 옛 멋을 물씬 풍긴다.

수정암에는 네모난 돌우물이 있다. 바로 옛사람들이 한강의 발원지라고 했던 우통수다. 지금이야 남한강의 발원지가 태백 금대봉 자락의 검룡소로 바뀌었지만 우통수라는 명성만큼은 아직도 회자되고 있다.

오대산 사찰 중 큰집인 월정사 들어가는 길은 아름드리 굵은 전나무가 숲을 이룬다. 이 숲은 오대산으로 들어가는 일주문이다. 여기서 계곡을 따라 한 시간가량 걸으면 상원사가 나온다. 오대산은 천년의 종소리를 느끼며 불가에 발을 적시러 가는 산행지다.

비로봉 코스는 두 가지. 상원사 길은 적멸보궁까지 계단이 잘 나 있어 왕복 7km에 4시간이면 여유롭게 다녀올 수 있다. 동대산·두루봉·상왕봉을 함께 오르고 싶다면 진고개에서 시작한다. 진고개에서 동대산을 거쳐 호령봉~비로봉~상왕봉으로 이어지는 코스는 17.5km로 길지만 진고개에서 오르기에 6시간 정도면 여유롭게 산행을 마치고 상원사 주차장까지 내려올 수 있다.

열차와 배 타고 오르는 낭만의 산

# 오봉산

경춘선은 '낭만의 열차'다. 오봉산(779m)은 그 열차를 타고 떠나는 산행지다. 청평사에서는 소양강댐 선착장까지 짧지만 배를 타야 하므로 색다른 맛을 즐길 수 있다.

청평사는 속세를 벗어나지 않으면서 평생 불도를 닦는 '거사불교'의 요람으로, 선불교의 중흥을 이끌었기에 한국 불교사에서 중요한 위치를 차지하는 곳이다. 고려 선종 6년 과거에 급제해 대악서승까지 올랐던 이자현은 청평산 문수원에 들어가 죽기까지 36년간 참선 수행에 전념했다. 스스로 '청평거사'라 칭하고 채소 음식과 누비옷으로 절제되고 검소한 생활을 하며 후진 양성에 힘썼다.

이처럼 거사불교의 태동은 '능엄선'의 개창자였던 이자현부터 시작된다. 이자현이 만든 영지는 국내에서 가장 오래된 고려시대 정원의 흔적이 남아 있는 곳으로 오봉산이 물 위에 그림자처럼 떠오른다고 해서 이름 붙여졌다. 문수원은 조선조에 들어와 청평사로 이름이 바뀌었다.

이자현 외에 생육신의 한 사람으로 최초의 소설 『금오신화』를 쓴 매월당 김시습이 청평사에 서향원을 짓고 은둔했다. 세조의 왕위 찬탈로 붓을 꺾고 전국을 돌며 은둔 생활을 했던 매월당은 한때 이곳 청평사에 들어와 지극정성으로 정진했다.

아침 해 돋으려 새벽빛이 갈라지니 / 숲 안개 개는 곳에 새들이 벗 부르네 /
먼 산 푸른빛 창을 열고 바라보니 / 이웃 절 종소리 산 너머 은은하네.

매월당이 보기에 산에 안겨 있는 자그마한 청평사의 모습이 아늑하고 평화롭기 그지없어 지은 시다.

　오봉산의 옛 이름은 경운산, 또는 청평산이었다. 청평사 뒤로는 제1봉인 나한봉으로 시작해 관음봉·문수봉·보현봉·비로봉까지 다섯 개의 봉우리가 있다. 옛 문헌인 『동국여지도』·『대동여지전도』·『세종실록지리지』·『산경표』에는 하나같이 청평산으로 기록되어 있다. 그러나 1970년대 들어 이 고장 산악인들이 다섯 봉우리가 줄지어 서 있다고 해 오봉산으로 부르게 됐다고 전해진다.

　오봉산에는 청평사와 아홉 가지 소리가 난다는 구송폭포, 중국 당나라 시대 공주의 전설이 깃들어 있는 공주골·공주탕·공주탑 등이 있어 하산 후 뱃시간에 맞춰 관광도 즐길 수 있다. 청평사~소양강댐 선착장까지의 배 여행은 오봉산행에서 맛볼 수 있는 또 하나의 즐거움이다. 그러나 갈수기에는 소양강댐의 수위가 낮아지므로 청평사에서 선착장까지의 거리가 긴 점을 감안해 산행지를 정하는 것이 좋다.

　산행 코스는 배후령~1봉~5봉을 거쳐 청평사로 내려온다. 3시간 정도 소요된다. 짧으면 큰고개~용화산~고탄령~사여령~배후령~오봉산~청평사 코스(14.7km, 6시간)도 있다.

대하·새조개가 손짓하는 억새 산행지

# 오서산

가을이면 전국 어디를 가건 제철음식이 등산객을 반긴다. 어느 산이건 이름에 따라 지명도를 달리하지만 오서산(791m)은 지역 특산물로 유명한 산행지다. 충남 홍성군 남당항은 전국 최대 대하 산지다. 겨울철에는 새조개로 유명하다. 홍성군 광천읍은 '젓갈의 메카'다. 소설小雪이 지나면 김장철이다. 이때가 되면 주부들은 덩달아 마음이 바빠진다.

광천읍은 구한말까지 새우젓과 조선김을 파는, 나라 안에서 제일 큰 시장이었다. 서해안 일대 고기잡이배가 새우를 잡아 광천 옹암 포구로 들어오면 새우젓 장터가 들어섰다. 1960년 윤명원씨가 토굴을 파서 새우젓 저장하는 방법을 개발하면서 전국적으로 유명해졌다. 숙성하는 도중 썩어 버리거나 맛이 달라지지 않도록 토굴 속에서 3개월간 14~15℃로 숙성시킨 것이 광천토굴 새우젓이다.

충청남도에서 두 번째로 높은 오서산은 광천읍에서 승용차로 20여분 거리에 있다. 능선에 올라서면 서해의 올망졸망한 섬을 빠져나온 바람이 삽상하다. 산행 시간은 넉넉잡고 4시간 정도면 충분하다. 광천장은 4·9일장이다. 이때에 맞춰 산행을 떠나면 등산도 하고 젓갈도 장만할 수 있다.

오서산에 대해 많은 사람들은 "예로부터 까마귀가 많이 살아 오서산이라 불렸다"고 말한다. 김장호 교수는 『명산행각』에서 "옛 문헌을 살펴볼 때 오서산은 신령스러우며 억새로 뒤덮인 산"이라고 풀이한다. 북쪽 암릉이 끝나는 표고 740m에서 정상까지 약 2km의 능선은 나무 한 그루 없이 억새로만 뒤덮여 있다.

주변이 300~400m의 낮은 구릉으로 둘러싸여 있어 정상에 오르면 서해안의 크고 작은 섬들이 일망무제로 눈앞에 펼쳐진다. 가을철 날씨 좋은 날 누렇게 변한 억새가 군락을 이루고 있는 정상에 오르면 남으로 성주산·성태산, 동으로 칠갑산, 북으로 일월산과 그 너머 덕산의 얕은 구릉까지 가물거린다. 발아래 펼쳐지는 천수만과 원산도·안면도·효자도. 그 너머로 낙조가 바다를 붉게 물들 때쯤 정상에 오르면 누구나 시인이 된다.

오서산 산행 들머리는 일반적으로 정암사나 성연저수지에서 시작한다. 정암사는 백제 성왕 3년(527)에 창건됐다가 임진왜란 때 소실됐으나 40여 년 전에 새로 지어졌다. 정암사로 이어지는 길가에는 낙엽송이 빽빽이 들어차 있어 숲 속의 운치를 더해 준다.

정암사에서는 산신각을 끼고 능선까지 이어지는 등산로와 일주문 건너편 방향으로 오르는 두 가지 코스가 있다. 두 코스 모두 능선까지 서너 차례 호흡을 가다듬으며 올라야 할 정도로 가파르다. 능선에 올라서면 남동쪽으로 보이는 산줄기가 정상으로 이어진다. 기암괴석을 오르내리며 천천히 걷다 보면 통신탑이 나타나고, 정암사 아래에서 정상으로 이어지는 임도를 만나게 된다. 헬기장을 거쳐 숲길을 헤치고 770봉을 넘으면 정상이다. 2km 능선에는 수천 평의 억새 군락이 눈앞에 펼쳐진다.

산행 코스는 자연휴양림~월정사~통신휴게소~정상~내원사사거리~자연휴양림으로 이어지는 6.4km, 3시간 30분 정도 소요된다.

대동계 조직한 정여립의 혁명사상 꿈 묻힌

운장산

사서삼경의 하나인 『시경』은 "잘못을 경계하여 나무라고 훗날 환난이 없도록 삼가고 조심하라"고 가르친다. 서애 류성룡이 임진왜란이 끝날 무렵 벼슬에서 물러나 고향인 안동에 칩거하면서 전란이 반복되지 않기 위해 반성한다는 의미에서 쓴 전쟁 기록이 『징비록』이다.

얼마 전 방영된 KBS 대하드라마 〈징비록〉에는 정여립 사건을 배후에서 움직이는 '서인의 책사'로 구봉 송익필이란 인물이 등장한다. 송익필은 대부분의 사람에게는 낯선 인물이다. 언론인 이한우는 『조선의 숨은 왕』이라는 책에서 송익필을 "선조 이후 조선 역사의 흐름에 가장 큰 영향을 끼친 사람"이라고 소개한다. 저자는 구봉에 대해 "조선에 예학의 씨를 뿌린 송시열에 버금가는 사상가, 정철을 능가하는 시인, 율곡 이이 이상의 정치가, 조정을 배후에서 움직이는 산림山林의 전통을 창시한 불세출의 전략가, 조선 중기의 통치원리 대부분을 만들어낸 사상계의 군주"라면서, "그를 모르면 당쟁은 물론이려니와 조선 중·후기를 장악한 서인과 노론을 제대로 알 수 없다"고 평한다.

경기도 파주에서 이이·성혼·정철·송익필은 교류를 이어갔고, 이들은 훗날 서인의 뿌리가 된다. 송강은 기축옥사 때 서인에서 동인으로 말을 갈아탄 정여립 모반사건을 추궁하는 위관으로 임명돼 역모자를 잡아들이며 잔당 척결이라는 미명 아래 동인의 씨를 말린다.

율곡의 알아주는 벗으로 그와 평생 깊이 사귀었던 구봉은 할머니가 노비 출신인 데다 부친의 역모 조작 사건으로 일가친척이 모두 노비로 환속된다. 그 역시 동인의 공격을 받아 초야로 물러난다. 그리고 키운 제자가 김장생·송시열 등이다. 이들은 인조반정 이후 노론의 우두머리로 조선 사회를 이끌어 간다. 지난일이지만 한편으론 가슴 아픈 역사다.

『신동국여지승람』에는 운장산(1,126m)의 옛 이름이 주줄산, 『진안군지』에는 구절산으로 나온다. 전북 진안에 자리한 운장산은 한때 송익필이 은거했던 곳으로, 산 이름도 그의 자인 '운장'에서 따온 것이라고 한다.

운장산은 조선 당쟁 역사상 가장 처절한 피를 부른 정여립 역모사건과도 관련 있다. 정여립은 이이와 성혼의 총애를 받아 홍문관 수찬의 벼슬까지 오른다. 그러나 스승이었던 율곡과 우계를 공개적으로 비판하며 동인으로 말을 갈아탄다. 당시 의리와 대의명분을 최고의 가치로 생각하던 유교 사회에서는 용납할 수 없는 행동이었다. 그는 동인의 중심 인물이 되지만 선조의 눈 밖에 나면서 운장산 자락 아래 죽도로 내려와 대동계를 조직하고 급진사상을 부르짖으며 모반을 꾀한다. 그러나 이곳에서 결국 관군에게 죽게 된다. 그 후 1,000여 명의 선비들이 목숨을 잃는 기축옥사가 시작된다. 아까운 인재의 손실로 조선은 임진왜란을 막을 수 없었다. 자신만 살겠다고 백성들을 버리고 의주까지 줄행랑친 조선 최대의 무능한 임금 선조는 명을 끌어들여 7년 전쟁을 종식시키지만 이미 모든 것이 파괴돼 버린 후였다. 송익필의 예학 사상이 이론적으로 뛰어났을지 몰라도 인조반정 이후 그의 제자들이 이끌었던 조선의 모든 정책이 이 땅에 살고 있는 백성의 행복을 위해 얼마나 기여했는지 궁금하기만 하다. 조선 8대 문장가로 손꼽히는 구봉은 「망월望月」이라는 시에서 이렇게 인생을 노래한다.

보름달이 되기 전에는 더디기만 하더니 未圓常恨就圓遲
보름달이 되고 나서는 어찌 그리 쉬 기우는가 圓後如何易就虧
서른 날 가운데 둥글기는 단 하루뿐 三十夜中圓一夜
우리네 인생 백년도 이와 같을 것이라. 百年心思總如斯

산행 코스는 피암목재~활목재~칠성대~정상~삼장대~내처사동으로 이어지는 5.6km, 4시간 30분 정도 소요된다.

'내륙의 바다' 품은 삼국시대 요충지

# 월악산

신라가 중원으로 세력을 넓히기 위해 뚫은 길이 계립령이다. 아달라이사금 3년에 계립령이 열렸고 2년 후 죽령이 뚫렸다. 지금의 문경과 충주를 잇는 계립령은 삼국시대 전략적 요충지로 수많은 전투가 벌어졌다. 56대 경순왕을 끝으로 천년사직이 무너지자 그의 아들이었던 마의태자는 많은 신하와 백성을 이끌고 계립령을 넘어 충주~양평~홍천~인제~한계령을 거쳐 개골산에서 삶을 마감한다. 충북 제천에 있는 월악산(1,097m)은 마의태자와 덕주공주의 애달픈 사연을 품고 있는 산이다.

무릇 전해 오는 왕자와 공주 이야기는 대부분 사랑과 관련 있다. 사랑이란 인간만이 느끼는 정신적 산물로, 동서고금을 막론하고 사랑이라는 주제로 쓴 노래나 글은 무수히 많다. 셰익스피어의 『로미오와 줄리엣』은 사랑을 주제로 쓴 문학작품 중 최고로 손꼽힌다. 국내에서는 '호동왕자와 낙랑공주', '선화공주와 서동'의 사랑이야기가 여기에 속할 것이다.

그러나 '마의태자와 덕주공주'의 이야기는 사랑이 아닌 나라를 잃은 오누이의 가슴 아픈 전설이다. 아버지인 경순왕이 고려에 투항하자 비통한 마음을 금치 못한 마의태자는 신라 재건의 꿈을 안고 서라벌을 떠난다. 이때 같이 동행한 사람이 덕주공주다. 금강산까지 가는 길은 멀고도 험해 충주에 도착했을 때 이미 덕주공주는 병을 얻은 상태였다. 마의태자는 자신과 뜻을 함께할 사람들을 규합하기 위해 한계령까지 올라갔고, 덕주공주는 월악사에 머물면서 오라버니의 꿈이 이뤄질 수 있도록 기도를 드리고 마애불을 조성했다는 전설이 내려온다. 월악사가 지금의 덕주사다.

금강산 가는 길에 들른 절 앞마당에 꽂은 지팡이가 은행나무가 됐다는 용문사 은행나무, 홍천에서 인제로 넘어가는 길목에 있는 지왕동(왕이 지나간 마을)과 왕터(왕이 넘어간 자리), 신라 부흥운동을 위해 군량미를 모아 저장했다는 군량터(인제군 군량리), 신라의 옥새를 숨겼다는 옥새바위(인제군 상남면) 등 마의태자와 관련된 전설은 아직도 곳곳에 남아 있다.

월악산은 '내륙의 바다'로 불리는 충주호를 품고 있다. 국립공원 내에는 월악산·도락산·금수산·황정산·주흘산·조령산·희양산·하설산·꾀꼬리봉·구담 옥순봉·저승봉 등 이름만 들어도 알 만한 산이 20여 개 널려 있다. 그래서 등반 가능한 산이 전국 20개 국립공원 중에서 가장 많다.

월악산 정상에서는 산 그림자를 담은 충주호가 한눈에 들어온다. 동서로 8km의 송계계곡과 16km의 용하계곡은 월악산에서도 아름다움으로 쌍벽을 이루며 폭포와 넓은 암반 사이로 흐르는 물, 그리고 소나무가 어우러져 그려내는 수묵화에 사시사철 많은 사람들이 찾는다.

산행은 덕주사~마애불~송계삼거리~신륵사삼거리~영봉(6.3km), 자광사~송계삼거리~신륵사삼거리~영봉(4.3km), 신륵사~신륵사삼거리~영봉(3.6km), 보덕암~하봉~중봉~영봉(5.2km) 등 네 코스가 있다.

1,600년 전 왕인 박사 떠나보낸 '호남의 금강'

월출산

▲▲▲

"귀국의 문화는 우리나라(일본)에 큰 영향을 미쳐 왔습니다. 8세기에 편찬된 『일본서기』에는 경제에 밝은 백제의 왕인 박사가 일본에 건너와 오우진應神 천황의 태자를 가르쳐 태자가 여러 전적典籍에 통달하게 됐다고 기록돼 있습니다."

1998년 10월 고 김대중 대통령의 일본 국빈 방문 중 열린 공식 만찬에서 일본의 아키히토明仁 일왕이 읽은 만찬사의 일부다. 아키히토 일왕은 2001년 자신의 68회 생일 때 기자회견을 통해 "나 자신과 관련해 간무 천황의 생모가 백제 무령왕의 후손이라고 『속일본기』에 적혀 있어 한국과의 연을 느낀다"고 고백하기도 했다.

일본인들에게 백제가 낳은 박사 왕인은 아스카 문화의 비조鼻祖로, 일본 문화를 꽃피운 '역사적 거인'이자 '학문의 스승'이다.

1,600여 년 전 백제 아신왕 14년 음력 춘3월. 꽃비가 내리는 화사한 봄날이었다. 돌정고개를 지나 백제의 무역항이었던 상대포구(지금의 성기동)로 향하는 왕인 박사의 발길은 차마 떨어지지 않았다. 33년간 생활했던 성기골, 월출산의 문필봉·죽순봉, 부모님을 합장한 무덤을 떠올리며 3~4년 후 다시 돌아온다는 기약은 했지만 그의 눈가에는 눈물이 고였다. 주민들이 배웅하는 가운데 가족과 단야공(대장장이), 오복사, 양주인, 도기공 등 200여 명의 백제인은 대여섯 척의 배에 나눠 타고 상대포구를 떠났다. 그리고 다시는 이 땅을 밟지 못했다.

그 후 일본으로 건너간 왕인은 『천자문』과 『논어』를 전수함으로써 글과 문장의 스승이 되었으며, 일본 문화에 지대한 영향을 끼친 한국인으로 이름을 길이 빛내고 있다. 『속일본기』에는 서문西文·무생武生·장藏·선船·진津·갈정葛井 등 6개 씨족의 성씨가 왕인의 후예이며, 이들이 일본

사회의 지도계층으로 활동했다는 기록이 남아 있다.

'호남의 금강'으로 불리는 월출산(809m)을 품고 있는 전라남도 영암 땅이 박사 왕인의 고향이다. 매년 4월이면 영암군은 왕인 유적지 일원에서 왕인문화축제를 연다. 한·일 역사왜곡의 중심에 서 있는 일본인들도 한국을 찾아 유일하게 참배하는 곳이 왕인 유적지다. 매년 왕인문화축제 기간에는 많은 일본 관광객이 왕인 유적지를 참배하러 온다.

도갑사 인근에 있는 구림마을은 청동기시대 옹관묘가 발견된 2,200년 역사의 전통 마을로 백제 토기의 메카다. 이는 인근 강진에 고려청자 도요지가 만들어지는 계기가 된 것으로 보인다. 구림마을은 조선 4대 명필 중 하나였던 한석봉과 그의 어머니가 글쓰기와 떡 썰기 시합을 한 곳으로도 유명하다.

영암이 배출한 인물로는 왕인 박사를 비롯해 풍수지리의 시조인 도선국사, 왕건의 책사였던 최지몽, 가야금산조 창시자인 김창조, 〈영암 아리랑〉를 부른 가수 하춘화를 꼽는다.

월출산에는 양자암·공알바위·쌀바위 등 저마다 전설과 사연을 지닌 바위가 무수히 많다. 이들 바위는 이곳 주민들의 신앙의 대상이 되고 있다. 지금의 영암도 『동국여지승람』에 있는 "운무봉과 도갑사, 용암 아래에 있던 세 개의 신령스런 바위"와 관련된 전설 때문에 붙여진 이름이다. 월출산의 한 굽이를 돌아 넘으면 〈영암아리랑〉의 노랫가락이 어디선가 들려올 것만 같다.

산행 코스는 천황사~구름다리~천황봉~구정봉~미왕재~도갑사로 이어지는 10km, 6시간 정도 소요된다.

본명보다 여성 산악인의 이름으로 더 알려진

유명산

산림청 자료에 따르면 국내에는 4,450개의 산이 있다고 한다. 그중 산 전문 포털 사이트인 '한국의 산하'에 올라온, 이름이 붙여지지 않은 무명봉이 100여 개나 되므로 전국적으로 상당히 많은 것으로 보인다.

 봉우리는 그렇다 치더라도 봉우리를 감싸고 있는 산에 이름이 없다는 것은 들어 보지 못했다. 알려져 있지 않아 이름이 없다는 이유로 개인의 이름을 붙여 이제는 그 이름으로 굳어진 산이 있다. 이름하여 유명산(862m)이다.

 유명산의 옛 이름은 정상 부근 초원에서 말을 길렀다 하여 '마유산馬遊山'이었다. 『동국여지승람』과 『대동여지도』에도 그렇게 적혀 있다. 유명산으로 바뀌게 된 것은 42년 전이니 그리 오래된 일은 아니다.

 지구상의 한 점과 지구의 양극을 연결한 큰 원을 우리는 '자오선'이라 부른다. 어느 국가건 그 나라의 영토를 지나는 자오선이 있으며 여기에 표준시를 맞춘다. 우리의 표준시는 일본의 표준자오선인 동경 135도를 기준으로 하고 있다. 그러나 우리 영토의 최동단인 독도에서도 약 278km나 떨어져 있어 우리의 표준시는 평균 태양시보다 30분 빨랐다. 1908년 대한제국은 127도30분을 표준자오선으로 정했는데, 이는 일제강점기인 1921년 일제가 강제로 변경한 것이다. 우리의 국토자오선인 동경 127도30분은 평안북도 중강진에서 전남 여수까지 이어진다.

 1972년 국토중앙자오선 종주에 나선 엠포르산악회는 대전~순천까지 1차 종주를 마쳤고, 이듬해 가평~세천을 탐사했다. 당시 2차 종주에는 여성대원이 한 명 있었는데, 이때 이름을 알 수 없었던 이 산을 홍일점 대원의 이름을 따 '유명산'이라 한 것이 굳어져 지금까지 유명산으로 불리고 있다. 당시 이들의 종주기는 《일간스포츠》에 매주 연재되었다.

유명산

서울에서 멀지 않은 곳에 울창한 숲과 깊은 계곡, 수려한 조망을 갖추고 있는 유명산은 그리 높지 않은 평범한 산이지만 계곡만 놓고 보면 설악산의 여느 계곡과 견주어도 결코 뒤지지 않는다. 바로 유명계곡 또는 입구지계곡은 유명산을 더 '유명'하게 만든 효자다. 여름이면 박쥐소·용소·마당소 등 이어지는 소마다 검푸른 물빛이 일렁이며 더위를 식혀 주고, 가을이면 계곡 내에 빽빽이 들어선 물푸레·당단풍·쪽동백·굴참·층층·까치박달나무 등 활엽수가 울긋불긋 아름답게 치장한다.

산행은 가일리주차장~북능~정상(2.3km, 1시간 30분), 가일리주차장~유명산계곡~정상(4.3km, 2시간 50분), 선어치고개~소구니산~정상(2.9km, 2시간) 등 세 가지 코스가 있다.

보부상 넘나들던 금강소나무 집산지

응봉산

곧게 자란다고 해서 '강송', 붉은빛이 돌아 '적송'으로 불리는 춘양목은 조선 소나무의 원형이다. 터지거나 비틀림이 없고 가벼우며 벌레도 안 먹는다. 특히 잘 썩지 않기 때문에 한옥을 짓는 데 으뜸으로 쳤다. 흔히 ㅁ자 꼴로 이루어진 안동의 세도가나 서울의 반듯한 집은 한결같이 춘양목을 사용해 지은 것이다.

경상북도 울진·봉화·영양군은 춘양목의 산지로 꼽힌다. 특히 봉화군은 춘양목의 집산지로 나무 이름도 이곳 지명(춘양)에서 따왔다. 지금이야 울진군 소광리에 금강소나무숲이 명맥을 유지하고 있지만 1,000m가 넘는 이 지역의 산에는 1930년대까지도 춘양목이 빽빽하게 들어차 있었다. 그러나 1940~1950년대에 걸쳐 100자가 넘는 나무들이 숱하게 베어졌다.

춘양목은 심산유곡 추운 곳에서 잘 자라는 육송의 한 종류로 경사가 급하면서 물이 잘 빠지는 토양에서 잘 자란다. 이런 곳은 사람의 발길이 잘 닿는다. 그래서 양질의 소나무는 마구잡이로 잘려 땔감으로 사용되어 마침내 자취를 찾아볼 수 없게 됐다. 그러다 보니 손길이 닿지 않는 절벽이나 바위 등 척박한 땅에서만 자라는 퇴화된 유전 형질의 구불구불한 소나무만 보게 되는 것이다.

태백산·일월산·소백산 등은 춘양목의 주요 생산지였다. 길이 험해 나무를 육로로 수송할 수 없었던 옛날에는 낙동강에 뗏목을 띄워 안동으로 보냈다. 그러나 사는 사람이나 파는 사람들이 춘양으로 몰려들어 매매 계약을 맺었기에 춘양에 자연스럽게 상권이 형성됐다. 바닷가에서 8km 들어간 응봉산도 이에 비할 수는 없지만 적송의 산지였다.

봉화에서 울진으로 이어지는 국도 36호선이 개통되기 훨씬 전, 울진

사람들은 미역·소금·어물 등을 꾸린 봇짐을 메고 봉화에 들어가 대마·담배·콩 등을 바꿔 돌아왔다. 보부상들이 백두대간을 넘어 내륙으로 오가던 유일한 통로가 보부상길이었다. 소설가 김주영은 이들의 고달픈 애환을 『객주』로 소개했다. 보부상길은 두촌2리에서 응봉산(998m) 남쪽 자락을 넘어 소광리로 이어지는 길이다.

하늘 높이 아름드리 금강소나무가 죽죽 뻗은 소광리 금강소나무숲. 넓은 숲엔 그저 고만고만한 나무들이 산을 뒤덮고 있다. 멀리서 보면 전봇대 굵기밖에 안 돼 보이는 소나무지만 천연보호림에 들어서 보면 아름드리 거목이 하늘을 떠받치듯 곧게 뻗어 있어 그 위용에 그저 놀랄 뿐이다.

조선 숙종 6년, 황장봉산으로 지정된 소광리 금강소나무 천연보호림에는 '황장봉계금표'라는 표지가 산중턱 바위 위에 남아 있다. 『속대전』에 따르면 황장봉산으로 경상도 7개소, 전라도 3개소, 강원도 22개소 등이 지정됐다고 하는데, 국내에서 황장봉계금표가 발견된 곳은 설악산 한계사·치악산·영월 황장골 등 다섯 곳이다.

중국에서는 황제의 관을 가래나무로 만들었는데, 이를 '황장목'이라 불렀다. 우리나라에서 가래나무를 대신한 금강소나무가 황장목으로 불리게 된 것도 여기서 유래한 것이다. 그래서 조선조에는 금강소나무가 자라는 곳을 황장산으로 봉하고 일반인의 출입을 금했다.

산행 코스는 덕구계곡~용소폭포~원탕~정상~옛재~덕구온천으로 이어지는 12.6km, 5시간 정도 소요된다.

'논개의 얼' 되새기는 호남의 종산

장안산

▲▲▲

낮과 밤으로 흐르고 흐르는 남강은 가지 않습니다.
바람과 비에 우두커니 서 있는 촉석루는 살 같은 광음을 따라서 달음질합니다.
(…중략…)
나는 시인으로서 그대의 애인이 되었노라.
그대는 어데 있느뇨. 죽지 않은 그대가 이 세상에는 없고나.

만해 한용운은 「논개의 애인이 되어서 그의 묘에」라는 시에서 논개를 그리워했다. 논개는 만해를 비롯해 멀리로는 다산과 가까이로는 고은·변영로·모윤숙 등 수많은 사람들의 마음을 사로잡은, 기생이 아닌 '조선의 의녀'였다. 1983년 가수 이동기는 가요 〈논개〉에서 "꽃입술 입에 물고 바람으로 달려가 작은 손 고이 접어 기도하며 울었네. … 몸 바쳐서 몸 바쳐서 떠내려간 그 푸른 물결 위에로…"라고 그의 넋을 위로했다.

주논개는 전라북도 장수군 계내면에서 태어난다. 일찍 아버지를 잃은 논개는 숙부가 민며느리로 보낸다고 약속한 후 금품을 갖고 도망치는 바람에 어머니와 함께 장수관아에 수감된다. 그러나 당시 장수현감이었던 최경회의 선처로 무죄로 풀려난다. 갈 곳 없는 두 모녀는 침방 관비를 자청한 후 관아에 머문다. 그 후 최경회의 부인이 죽자 논개는 17세 나이에 최경회의 둘째 부인이 된다. 이듬해 임진왜란이 발발하자 최경회는 전라우도 의병장으로 전투에 나선다. 논개 또한 지아비를 뒷바라지한다. 1593년 경상우도 병마절도사로 제수된 최경회가 제2차 진주성 전투에서 패해 진주성이 함락되자 남강에 투신, 순국한다. 이에 논개도 관기로 변장해 촉석루에서 벌어진 왜장들의 축하연에서 게야무라 로꾸스케를 껴안고 19세 꽃다운 나이에 남강에 몸을 던진다.

논개를 기리는 의암사는 장수군 계내면에 있다. 이곳에는 논개의 비석이 있는데, 일제강점기 일본인들에게 파괴될 뻔했던 것을 주민들이 비석을 땅에 몰래 묻어두고 다른 돌을 대신 부수어 위기를 모면했다고 한다. 그런가 하면 논개의 무덤은 계내면에서 산 하나 너머 함양군 서상면에 있다. 임진란 당시 최경회와 논개의 시신을 수습한 의병들이 왜군의 눈을 피해 밤을 도와 장수로 가는 길목인 서상에 가묘한 것이 오늘에 이르렀다고 전해진다.

장안산을 품고 있는 장수군은 논개가 태어난 '충절의 고향'으로 그를 기리는 추모제가 매년 음력 9월 3일 의암공원에서 열린다.

멀리 백두산에서 시작해 금강산~설악산~태백산을 거쳐 이곳까지 달려온 백두대간은 덕유산의 최고봉인 향적봉을 넘으며 한 차례 숨을 고르고 덕유평전을 가로질러 실개천처럼 남덕유산까지 힘차게 내닫는다. 백두대간의 백운산에서 시작되는 금남호남정맥은 장안산~마이산을 거쳐 주화산에서 금남정맥과 호남정맥으로 갈라진다.

장수군은 이웃한 무주·진안군과 더불어 전북의 3대 오지 중 하나다. 가을철 억새와 단풍 산행지로 손꼽히는 장안산(1,237m)은 호남의 종산宗山이다. 특히 이곳에서 발원해 40여 리를 굽이쳐 용림천으로 흘러드는 덕산계곡은 장안산의 절경으로 손꼽힌다. 영화 〈남부군〉에서 지리산과 회문산에서 활동하던 이현상 휘하의 빨치산 부대가 옷을 벗고 목욕하던 장면을 찍었던 곳이 바로 덕산계곡의 용소다.

산행은 백운산과 장안산을 갈라놓은 무령고개에서 시작한다. 왕복 6km로 3시간이 소요된다. 무령고개에서 장계로 이어지는 길에는 논개의 생가가 있다.

10년간 출입금지된 '생태기행의 메카'

# 점봉산

소나무·참나무·이깔나무·층층나무·굴참나무의 향연이 숲 속 가득 펼쳐진다. 봄이 되면 노란색의 돼지똥풀·미나리냉이·미나리아재비·졸방제비·양지꽃·매발톱, 붉은색의 얼레지·금강초롱·금낭화·현호색·제비꽃·붓꽃·노루오줌, 흰색의 참꽃말이·꽃말이·함박꽃, 파란색의 벌깨덩굴 등 수많은 야생화가 봄부터 가을까지 철따라 자태를 뽐낸다.

강천계곡~진동계곡을 흘러내리는 맑은 개울물은 방동계곡을 거쳐 소양호로 흘러든다. 그 개울물에 떼 지어 노니는 열목어와 새들의 청아한 울음소리는 이곳이 '청정지역 1번지'임을 실감케 한다.

점봉산(1,424m)을 오르는 진동계곡과 곰배령은 '생태기행의 메카'다. 국내에서도 생태계가 가장 잘 보전된 지역으로 국내 4천여 종의 식물 중 20%인 800여 종이 서식하고 있다. 봄꽃이 피는 5월이면 사진동호회원과 답사단체 등의 발길이 끊이지 않는다.

점봉산을 에워싸고 있는 고개로는 국내에서 생태보전이 가장 잘 되어 있는 곰배령을 비롯해 박달나무가 많은 단목령, 날아가던 새도 힘들어 쉬어 간다는 조침령과 북암령 등 많은 고갯길이 있다. 그중 귀둔리 사람들이 진동리로 가기 위해 넘던 곰배령, 진동리에서 오색 가는 단목령, 진동리에서 양양으로 넘어가는 조침령은 이 지역 주민들이 이용했던 대표적인 고개다.

곰배령은 점봉산과 가칠봉 사이에 있는 광활한 초원지대로 융단을 깔아놓은 듯 철마다 작은 꽃들이 앞다투어 피는 '천상의 화원'이다. 곰배령 정상에서는 작은 점봉산과 가칠봉, 멀리는 설악산 대청봉이 손짓한다.

점봉산과 곰배령은 설악산국립공원에 속하지만 1987년 산림유전자

원보호구역으로 지정됨에 따라 산림청에서 관할하고 있다. 점봉산은 2026년까지 자연휴식년제로 출입이 완전 통제되어 있어 입산금지다. 강천리에서 곰배령까지만 트래킹이 가능하다. 이 또한 훼손을 최소화하기 위해 매일 300명으로 탐방인원을 제한하고 있으며, 산림청 홈페이지를 통해 예약을 받는다. 예약은 매주 수요일 오전 9시부터 주 단위로 4주차 일요일까지 할 수 있다.

 탐방은 오전 11시 전까지 입산 허가증을 받고 출발해야 한다. 중간지점에서는 12시까지 통과하는 탐방객만 출입이 가능하며 오후 4시까지 하산해야 한다. 왕복 10km로 4시간 정도 소요된다. 곰배령의 매력은 원시림과 야생화를 감상할 수 있다는 것이다. 제대로 느끼고 싶다면 사전에 꽃과 나무에 대해 공부하고 가는 것이 좋다.

'눈물이 나면 우리는 선암사로 간다'

조계산

한국 불교는 현재 27개 종단이 있다. 그중 교세 규모로 따져 조계종·태고종·천태종을 꼽는다. 조계산(884m)을 중심으로 동쪽 기슭에 태고종의 총본산인 선암사, 서쪽 기슭에 조계종의 삼보사찰 중 승보사찰인 송광사가 자리하고 있다.

1920년대 일제는 사회·문화 전반에 걸쳐 왜색을 도입하면서 대처승을 인정하는 정책을 폈다. 일제강점기 하에서 한국 불교는 정책적으로 일본 불교화되었고, 그 결과 일본 전통에 따라 승려도 결혼할 수 있게 됐다. 그런 이유로 『태백산맥』의 작가 조정래도 1943년 선암사에서 태어났던 것이다.

해방 이후 한동안 한국 불교 조계종은 비구승과 대처승이 종단의 같은 구성원으로 동거했다. 그런데 1954년 이승만 대통령이 사찰에서 대처승을 추방하라는 유시를 내리면서 불교정화운동이 시작됐다. 그 후 비구승과 대처승 간의 목숨을 건 투쟁의 악순환이 계속됐다. 양 종단의 정통성 주장은 법원이 비구승의 손을 들어주면서 일단락됐다. 1970년 들어 대처승은 고려 말 태고 보우국사의 법호를 따서 태고종이라는 이름으로 새롭게 출범하여 오늘에 이르고 있다. 조계종과 태고종의 차이는 승려의 결혼 유무로 보면 된다.

그러나 조계종-태고종의 대립은 아직 끝나지 않았다. 대표적인 예가 선암사 문제다. 조계종과 태고종은 선암사 소유권을 놓고 수십 년간 갈등을 빚어 왔다. 1970년 정부는 양 종단의 분쟁을 끝내기 위해 「전통사찰의 보존 및 지원에 관한 법률」에 따라 선암사 재산관리권을 순천시에 위탁했다. 그리고 소유권은 조계종, 점유권은 태고종이 행사하는 형태로 유지시켰다. 그러다 2011년 양 종단은 대화와 합의를 통해 분규를 끝내기로 합의하고 순천시로부터 재산관리권을 공동으로 인수했다. 그러나 최근 태고종 선암사 측이 조계종 종정을 상대로 등기명의를 말소시켜 달라는 소송을 법원에 제기하면서 논란이 다시 불거지고 있다. 양 종단의 대립은 현재진행형이다.

이처럼 어느 쪽에서도 관리권을 행사하지 못하는 이유 때문인지 전각에 있는 단청 대부분은 옛 모습 그대로다. 벗겨진 단청과 오래된 건물의 모습이 잘 유지되어 천년 고찰의 예스러움을 간직하고 있다. 그래서 사계 중 선암사의 가을을 최고로 친다.

선암사의 주인이 누구건 중요치 않다. 그곳을 찾아가는 사람이 바로 주인이다. 깊어 가는 가을 선암사를 찾으면 누구나 시인이 된다. 선녀가 목욕하고 하늘로 올랐다는 승선교. 그 아래로 맑은 계류가 흐른다. 상수리·동백·단풍·밤나무는 떠나는 계절을 아쉬워하듯 마지막 숨을 토하며 온몸을 불사른다. 선암사에서 송광사로 이어지는 굴목재 숲길을 넘다 보면 주절주절 흘러나오는 가을의 전설을 가슴 한 가득 담을 수 있다. 가을 조계산을 찾는다면 선암사는 꼭 한 번 들러 봐야 한다. 그리고 산을 넘다 시장기가 동하면 굴목재에서 보리밥 한 사발을 먹어 볼 일이다.

눈물이 나면 기차를 타고 선암사로 가라. 선암사 해우소로 가서 실컷 울어라 / 해우소에 쭈그리고 앉아 울고 있으면 죽은 소나무 뿌리가 기어다니고 목어가 푸른 하늘을 날아다닌다 / 풀잎들이 손수건을 꺼내 눈물을 닦아주고 새들이 가슴속으로 날아와 종소리를 울린다 / 눈물이 나면 걸어서라도 선암사로 가라. 선암사 해우소 앞 등 굽은 소나무에 기대어 통곡하라.  _ 정호승의 「선암사」

산행 코스는 선암사~장군봉~배바위~송광사로 이어지는 12km, 5시간 30분 정도 소요된다.

바위 많고 산세 험한 고 지현옥의 모산

# 조령산

1993년 5월 10일 오전 10시 45분. 한국 여성 에베레스트 원정대를 이끌었던 지현옥은 후배 두 명(최오순·김순주)과 함께 한국 여성 최초로 에베레스트를 등정했다. 당시 서른두 살의 적지 않은 나이로 13명의 대원을 이끌었던 지현옥은 세계 여성으로는 열여섯 번째로 에베레스트 정상을 밟는 영광을 안았다.

충남 논산이 고향인 지현옥은 충북 서원대 미술교육과에 입학하며 본격적인 산악 활동을 시작한다. 산악부원으로 한 달에 두세 번 조령산(1,017m) 암장을 찾아 여성으로서 어려운 훈련도 마다하지 않았고, 3학년 때는 산악부장을 맡아 후배들의 기량 연마에 앞장섰다. 1991년 서원대 산악부를 이끌고 중국 곤륜산맥 무즈타그아타를 등정했던 그녀는 드디어 에베레스트 원정대장으로 길을 나서 쾌거를 이루었다.

그러나 큰 꿈을 실현하고 돌아온 그녀 앞에는 영광과 찬사가 아닌, 갖가지 험담과 시기만이 기다리고 있었다. 그녀는 한동안 산악 활동을 접는다. 후에 모든 것이 잘못으로 판명나긴 했지만 지현옥에게는 치욕이자 좌절의 세월이었다.

프랑스를 대표하는 산악인 가스통 레뷔파는 국내 50·60대 산악인들의 우상이다. 그는 "산은 하나의 다른 세계다. 그것은 지구의 일부라기보다는 동떨어져 독립된 신비의 왕국이다. 이 왕국에 들어서기 위한 유일한 무기는 의지와 애정뿐"이라고 말했다.

지현옥은 '산에 대한 의지와 애정'을 버리지 못하고 다시 산악계로 돌아가 가셔브럼 I 봉과 가셔브럼 II 봉 등정에 성공한다. 특히 가셔브럼 II 봉 등정은 여성 산악인으로는 세계 최초 무산소 단독 등정이라는 기록도 남겼다. 그리고 1999년 4월 29일 오후 2시 안나푸르나를 오른다.

그러나 38세의 산처녀 지현옥은 안나푸르나의 품에 영원히 안기며 산이 되었다.

그녀가 평소 뛰어다녔던 활동무대가 바로 조령산이다. 새들도 쉬면서 넘어야 하는 고개라는 말처럼 산세가 험난하기로 유명하다. 능선을 따라 다양한 코스로의 연결이 가능하며 거대한 바위가 봉우리를 이루고 있어 암벽등반을 즐기기에 제격이라 충북 산꾼들의 아지트였다. 정상 한쪽에는 "들꽃처럼 산들산들 아무것도 없었던 것처럼 영원한 자연의 품으로 떠난 지현옥 선배를 기리며"라는 문구가 적혀 있는 나무비가 세워져 있다.

이화령에서 조령으로 이어지는 능선이 조령산이다. 등산 시작은 교통이 편한 이화령이나 절골레에서 시작한다. 그리고 조곡관으로 하산하는 경우가 많다. 절골에서 오르는 조령산은 크게 세 가지 코스가 있다. 백두대간 능선과 만나는 촛대바위 코스가 대표적인 등산로다. 그리고 마당바위폭포를 지나 암벽훈련장으로 바로 가는 코스와 청암사를 지나 신선암봉으로 이어지는 코스가 있다.

그러나 조령산은 어느 한 군데 만만하게 볼 코스가 없다. 조령산 정상에서 신선암봉으로 이어지는 능선 산마루는 바위가 많고 산세가 험해 초보자들은 철저한 준비가 필요하다.

"실천하는 속에는 어려운 산을 기어오르려는 단순한 야심과는 다른 것이 있다. 어떤 정신이 있다"며 "나는 가장 아름다운 정열을 산에 바쳤고 이 세상에서 받지 못한 대가를 산에서 받았다"는 산악인 기도 레이의 말처럼 조령산에 오를 때는 가장 아름다운 정열을 바친 고 지현옥을 생각해 볼 일이다.

산행 코스는 이화령~조령샘~조령산~신선암봉~사방댐~절골로 이어지는 7km, 5시간 정도 소요된다.

물안개 사이로 피어오르는 '주왕의 전설'

## 주왕산

주왕산(721m)에 가면 새벽녘 주산지는 꼭 찾을 일이다. 특히 물안개 피어 오르는 늦가을, 새벽을 알리는 새들의 청아한 울음소리가 숲 속의 어둠을 저만치 밀어내면 그 사이를 비집고 하얀 물안개가 아지랑이 피어오르듯 저수지를 하얗게 수놓는다. 색동옷으로 갈아입은 나뭇잎들은 울긋불긋한 자태를 한껏 뽐내며 수면 위에 '천상天上의 그림'을 그린다. 1만여 평 자그마한 못 속에는 30여 그루의 왕버드나무가 '주왕의 전설'을 머금은 채 주산지를 지키고 있다.

이른 새벽에 이곳을 찾으면 피어오르는 물안개가 버드나무 밑동을 휘감는 모습이 신비스럽다. 카메라를 들이밀면 누구나 사진작가가 된다. 어느 곳에 렌즈를 맞추건 셔터를 누르기만 하면 한 폭의 수채화가 담긴다. 애오라지 새들의 지저귐을 들으며 앵글 속으로 또 다른 세상을 엿볼 수 있는 주산지는 가을이 주는 또 하나의 선물이다. 특히 주산지는 김기덕 감독의 영화〈봄 여름 가을 겨울, 그리고 봄〉의 무대가 되면서 많은 사진 동호인들의 출사지로 각광받고 있다.

주왕산을 품고 있는 청송은 이웃한 영양과 함께 경상북도의 오지였다. 청송은 세종대왕의 아내였던 소헌왕후의 고향이어서, 조선시대에 주왕산은 청송 심씨의 선산으로 지정되었다.

오지 속에 있는 주왕산은 '전설의 산'이다. 발길 닿는 곳마다 전설이 깃들어 있다. 주왕산의 본래 이름은 '바위가 병풍을 두른 듯하다' 해서 석병산이었다.

중국 당나라 덕종 12년, 왕손인 주도는 진의 회복을 꿈꾸며 군사 1만 명을 이끌고 후주천왕을 자칭하며 반기를 들었다. 그러나 수도 장안을 공격하던 중 곽의자에게 패하자 요동을 거쳐 신라로 도망왔다고 전해진다.

강원도를 거쳐 진성 땅에 다다른 주왕은 주왕산으로 숨어들어 주민들의 식량을 약탈하는 등 노략질을 일삼았다. 이에 신라 원성왕은 마일성 장군과 그의 형제들에게 토벌을 명했다. 주왕은 마씨 형제와 싸웠으나 크게 패하자 주왕굴에 숨어 최후를 마쳤다.

주왕에게는 아들 대전과 딸 백련이 있었는데, 현재 주왕산의 대전사와 백련암의 이름도 여기서 유래되었다. 대전사는 고려 태조 2년에 보조국사가 주왕의 아들 대전도군의 명복을 빌기 위해 지은 절이라고 한다. 주왕의 군사들이 훈련을 했다는 무장굴, 딸 백련공주가 성불했다는 연화굴, 주왕이 관군과 싸움을 시작할 때 봉우리에 깃발을 꽂아 놓고 신호를 보냈다고 해서 불리는 기암, 바위 위에 돌을 얹으면 아들을 낳는다는 아들바위, 용이 승천하지 못하고 바위가 됐다는 와룡암, 선녀가 목욕했다는 선녀탕, 신라 왕손 김주원이 두레박으로 물을 퍼올렸다는 급수대 등 헤아릴 수 없는 기암괴석이 사람들의 눈길을 끈다.

국내 어느 산에서건 만나는 진달래는 우리의 대표적인 봄꽃이다. 주왕산의 진달래는 주왕이 운명을 다할 때 흩뿌린 피가 냇물을 따라 흐른 자리에 피었다는 전설을 지니고 있기 때문인지 색감이 다른 곳보다 짙다.

산행 코스는 대전사~주왕산~칼등고개~후리메기~절구폭포~학소대~급수대~망월대~대전사로 이어지며 11km, 4시간 30분 정도 소요된다.

'길의 역사'로 점철된 교통의 요충지

이 땅의 수많은 길들은 무수한 세월 속에 어제와 오늘을 이어주는 징검다리 역할을 하며 새로운 세상을 열었다. 마을과 마을을 잇는 길을 따라 가노라면 삶의 숨결이 배어 있는 역사와 문화를 만난다. 그리고 그 길의 끝에서 우리는 미래를 발견한다.

영남과 한양을 연결하는 경상북도 문경은 신라가 2세기에 이미 하늘재(계립령)를 뚫었고, 조선시대에는 문경새재가 열려 한양과 부산과 고성으로 가는 갈림길 역할을 톡톡히 해왔다.

한강과 낙동강을 잇는 길이 처음 만들어진 것은 156년. 신라는 백제를 빼앗기 위해 하늘재(충북 충주시 상모면~경북 문경시 관음리)를 개척했다. 그리고 2년 뒤 죽령(충북 단양군~경북 영주시 풍기읍)이 생겨났다. 하늘재는 고려시대까지 이용됐다. 태종 때 낙동강과 남한강을 잇는 가장 짧은 고갯길(조령)이 뚫리면서 하늘재는 역사의 뒤안길로 사라졌다.

조선조에 들어와 낙동강과 남한강의 수운은 영남 지방의 조세를 거둬들이는 데 큰 역할을 했다. 특히 충주에는 조세를 모으는 가흥창(충주시 살미면)이 있었다. 조선 건국 초기 영남에서 거둬들인 세곡은 해운을 이용, 남해안과 서해안을 거쳐 한양으로 날랐다. 그러나 왜구의 노략질과 태풍으로 인한 피해가 늘자, 태조 5년 낙동강 수운을 이용하기 시작했다. 낙동강을 거슬러 올라온 세곡은 상주에서 육로로 가흥창까지 옮긴 후 여기서 남한강 수운을 이용해 용산까지 날랐다.

조령을 넘어 문경으로 들어오다 보면 유곡역이 있었다. 영남 지방 72개 읍의 교통이 집중됐던 곳이다. 조선시대 9개의 간선도로 중 상주~밀양~부산진과 상주~성주~고성으로 이어지는 2개 간선도로가 유곡역을 지났다. 그만큼 '문경의 역사'는 마을과 마을을 이어 주는 '길의 역사'로 점철돼 있다.

특히 백두대간이 지나가는 문경은 주흘산(1,106m)·운달산·조령산·백화산 등 1,000미터가 넘는 산이 둘러싸고 있는 천연의 요새로 한국 전쟁사에 빼놓을 수 없는 곳이다. 임진왜란 때 고니시 유키나가가 이 길을 따라 한양까지 올라갔으며, 한국전쟁 때는 남진하는 북한군을 문경 전투에서 저지함으로써 낙동강 교두보를 확보할 수 있는 시간을 벌었다.

이러한 옛길의 흔적은 고모산성 부근에 희미하게 남아 있다. 유곡에서 고모산성에 이르는 5km의 길은 협곡 지대로 관갑천이 흐른다. 동쪽 바위 벼랑을 따라 ㄴ자로 파서 길을 냈는데 오랜 기간 많은 사람들이 지나다녀 바위가 반들반들하다.

고모산성에 오르면 문경 들판이 펼쳐지고 그 뒤로 주흘산이 병풍처럼 펼쳐져 있다. 문경읍에서 동쪽 계곡을 따라 오르면 하늘재가 나타나고 서쪽 계곡으로 오르면 조령과 이화령의 들머리가 나온다.

조령은 1925년 이화령에 도로가 개통되면서 그 역할을 넘겨주었다.

이화령은 이화령터널이 뚫리면서 조령처럼 역사의 저편으로 사라졌다. 주흘산은 이처럼 지난 2,000여 년 우리의 역사를 묵묵히 지켜본 산이다.

주봉은 영봉보다 30m 낮다. 주봉에서 30분 정도면 영봉까지 갈 수 있는데, 영봉은 장소도 좁은 데다 북으로 이어지는 백두대간의 흐름을 볼 수 없을 정도로 사방이 온통 나무로 가려져 있기 때문에 많은 등산객들이 주봉에서 발을 돌린다. 영봉에서 능선을 따라 가면 백두대간에 솟은 부봉으로 이어지는데, 이 코스는 조령관으로 하산하게 돼 산행 시간만 6시간 이상 걸린다. 영봉에서는 주봉 방향으로 다시 발을 돌려 중간에 조곡관으로 내려오는 길을 잡으면 된다. 하산 길은 개울을 여러 번 넘어야 하는 번거로움이 있다.

산행 코스는 문경새재 주차장~주흘관~여궁폭포~혜국사~대궐터~주봉~영봉~꽃밭서들~조곡관~주흘관~주차장으로 이어지는 12km, 5시간 정도 소요된다.

넉넉함 속에 3도를 품고 있는 '어머니의 산'

지리산

▲▲▲

지리산은 둘레만 800리가 넘어 어머니의 품만큼 넉넉하다. 1,000m급 봉우리만도 20여 개나 되고 뱀사골·피아골·칠선골·한신계곡·대원사계곡 등 숱한 계곡이 부채살 주름을 잡은 채 품에 안겨 있다.

해방 이후 분단문학의 현장으로 이병주의 『지리산』, 서정인의 『철쭉제』, 이태의 『남부군』, 조정래의 『태백산맥』 등의 작품 무대로 등장했다. 우리 현대사에서 빨치산을 빼고 지리산을 이야기할 수는 없다. 그만큼 가슴 아픈 역사의 현장이 지리산이다.

속칭 남부군으로 불리는 빨치산 독립 제4지대장 이현상. 그는 1951년 7월 덕유산 송치골에서 열린 6개 도당 지도자회의에서 우여곡절 끝에 남부군 총대장을 맡으며 거점을 지리산 조개골로 옮긴다. 그 후 지리산은 남북이 대치하고 있던 전선만큼이나 치열한 격전장으로 변한다. '낮에는 대한민국, 밤에는 인민공화국의 세상'이었을 정도였으니 이곳에서 대대로 살아오던 양민들의 고초는 이루 말할 수 없었을 것이다.

한국전쟁이 소강 상태에 접어들자, 후방을 교란하는 빨치산을 본격적으로 토벌하기 위한 '쥐잡기 작전'이 드디어 시작된다. 1951년 11월 29일에 시작해 이듬해 3월 14일까지 벌어진 100여 일간의 작전에서 국군 3개 사단과 4개 전투경찰 연대로 구성된 토벌군에 맞서 싸웠던 남부군은 피살 7,000여 명, 포로 6,000여 명의 피해를 보며 재기불능 상태에 빠진다. 그리고 1953년 9월 18일, 빨치산의 상징이었던 '최후의 남부군' 이현상은 서남지구전투경찰사령부 제2연대 수색대에 의해 빗점골에서 사살된다. 특히 남부군은 휴전협정 당사자였던 북한이 끝내 송환을 거부함으로써 조국(?)으로부터도 버림당했다.

빨치산을 토벌하기 위해 만들어진 작전도로가 벽소령까지 연결되고 이곳을 중심으로 동부와 서부로 나뉜다. 등산로는 이름난 것만 꼽아도 20개 정도에 이른다. 그중 노고단에서 천왕봉에 이르는 100여 리 종주 산행은 3일을 꼬박 걸어야 할 정도로 길지만 가장 인기를 끄는 여름 산행 코스다. 그러나 지금은 성삼재까지 차로 오른 후 산행에 들어가기 때문에 약 7km가 줄어들어 2박3일이면 충분하다.

보이테크 쿠르티카는 1984년 세계 최초로 브로드피크 횡단 등반에 성공한 폴란드 산악인이다. 그는 "등산은 인내의 예술"이라고 말했다. 여름철 지리산 종주는 뙤약볕 아래서 2박3일 동안 계속 걸어야 한다. 웬만큼 산을 다닌 산악인이라도 인내심을 갖고 산행해야 할 만큼 자신과의 싸움이 필요한 코스다. 그런 만큼 지리산 종주는 평소엔 하기 어렵다.

산행 들머리를 노고단으로 잡으면 해발 1,200m대에서 산행이 시작돼 힘이 덜 든다. 대원사로 하산한 후에는 진주나 남해 방향으로 교통편이 잘 연결돼 피서도 즐길 수 있다. 시간이나 체력에 자신이 없을 경우 천왕봉에서 중산리로 하산할 수도 있다. 역코스를 이용할 경우 힘은 들지만 혼잡하지 않다는 것이 큰 매력이다.

주능선 길은 1,000m가 넘는 봉우리마다 막힘없이 지리산의 풍광을 조망할 수 있는 데다 능선에는 노고단·연하천·벽소령·세석·장터목·치밭목 등 여섯 개의 산장과 샘이 있어 산행하는 데 큰 어려움이 없다. 치밭목산장은 현장에서 접수를 받으며, 나머지 다섯 곳은 인터넷 예약제로 운영된다. 이 밖에 피아골과 로터리 산장이 있다. 2박3일 일정으로 산행을 하려면 벽소령과 장터목에서 각각 1박 하는 것이 무리가 없다. 중산리로 하산할 경우는 장터목 대신 세석에서 1박 해도 된다.

성삼재에서 한 시간 정도 걸어 노고단에 올라서면 멀리 천왕봉(1,915m)이 보이고 좌우로 만복대와 왕시루봉이 펼쳐져 비로소 능선에 올라섰다는 느낌을 받는다. 노고단에서 반야봉까지는 세 시간 정도 걸린다. 경남·전남·전북 등 3개 도가 만나는 삼도봉에서는 반야봉이 지척에서 손짓하며 세석평전이 아스라이 보인다.

반야봉은 칠불사를 품고 있다. 가야국 수로왕은 인도의 아유타국 공주 허황옥과 결혼해 10명의 왕자를 두었다. 큰아들 거등은 왕위를 계승하고 둘째·셋째는 어머니의 성을 따서 허씨의 시조가 되었으나, 나머지 일곱 왕자는 가야산에 들어가 3년간 수도한다. 이들의 스승은 불법을 가르쳐 준 허황후의 오빠 장유화상이다.

황후는 일곱 아들이 보고 싶어 자주 가야산을 찾았으나 장유화상은 공부에 방해된다며 왕자들을 데리고 지리산으로 들어갔다. 황후가 다시 지리산으로 찾아가 아들 보기를 간청하니 장유화상은 "아들들이 성불했으니 어서 만나 보라"고 말한다. 이때 달빛이 고요하게 잦아든 연못 속에서 황금빛 가사를 걸친 일곱 아들이 공중으로 올라가는 모습이 나타난다. 이것이 허황후와 아들들의 마지막 만남이었다. 그 후 김수로왕은 아들들이 공부하던 곳에 대가람을 세우니 이곳이 바로 경남 하동군 화개면 반야봉 자락에 위치한 칠불사다.

연하천산장에서 벽소령까지는 두 시간 거리고, 벽소령에서 선비샘을 거쳐 영신봉까지는 여러 차례 힘든 오르막길이 펼쳐진다. 영신봉 너머가 철쭉으로 유명한 세석평전이다. 세석에서 장터목까지는 촛대봉을 넘어야 하는데, 이 구간이 지리산 종주 코스 중에서도 가장 힘든 구간이므로 각오를 단단히 해야 한다.

천왕봉에서 일출을 감상하려면 장터목에서 숙박하는 것이 좋다. 장터목~천왕봉까지 한 시간가량 거리임을 감안해 산행을 일찍 시작하는 것이 좋다. 천왕봉~써레봉~치밭목산장 능선은 독특한 암릉과 전나무·구상나무·주목 등의 원시림이 등산로 주변을 멋스럽게 장식하고 있다. 무재치기 폭포를 지나 세 시간 정도 하산하면 등산로 입구인 밤밭골. 여기서 한 시간가량 걸으면 대원사다.

칠선계곡은 설악산 천불동계곡, 제주도 탐라계곡과 함께 국내를 대표하는 3대 계곡이다. 계곡 길이만 9.7km로 추성리에서 천왕봉까지 이어진다. 1997년 태풍 '사라' 때 엄청난 폭우로 심하게 훼손돼 생태계 회복을 위해 출입이 통제됐다. 지리산 반달가슴곰들의 주요 서식지이기도 하다. 지금은 어느 정도 생태계가 회복돼 추성리~비선담(4.3km)은 언제나 개방하고, 비선담~천왕봉(5.4km)은 생태계에 영향을 미치지 않도록 하루 60명씩만 공단 직원 4명이 안내하는 탐방가이드제를 5~6월과 9~10월에만 운영하고 있다. 칠선계곡 탐방로는 계곡을 넘나들면서 이어지기 때문에 자칫 길을 잃기 쉽고, 10km에 가까운 탐방로를 걸을 수 있는 체력이 요구돼 초보자들로서는 탐방이 쉽지 않다.

지리산에서는 무수히 많은 사람들이 골짜기만큼이나 많은 사연을 안고 쓰러져 갔다. 그들 중에는 신념을 가지고 입산한 사람도 있겠지만, 이념이 뭔지도 모르고 휩쓸렸던 사람도 많았을 것이다. 피맺힌 절규, 원혼들이 많은 그곳 지리산.

'어머니의 산' 지리산은 슬픔이 잠들어 있는 산이다. 어찌 보면 지리산 종주는 50여 년 전, 이 땅에서 벌어진 이데올로기의 대립 속에 살기 위해 몸부림쳤던 남부군을 찾아가는 길인지도 모른다.

▶ 구간별 거리
성삼재~노고단(3km), 노고단~화개재(11km), 화개재~연하천(8km), 연하천~벽소령(6km), 벽소령~세석(10km), 세석~장터목(6km), 장터목~천왕봉(3km), 천왕봉~치밭목(8km), 치밭목~대원사(10km), 천왕봉~중산리(9km)

## 지리산 둘레길

지리산 둘레길은 지리산을 품고 있는 3개 도(전북·전남·경남), 5개 시·군(남원·구례·하동·산청·함양), 21개 읍·면 120여 개 마을을 잇는 285km의 장거리 도보 길이다. 16개 구간으로 나뉜다.

### 주천~운봉(15.7km, 6시간)

지리산 서북 능선을 조망하면서, 해발 500m 운봉고원의 너른 들과 여섯 개의 마을을 잇는 옛길과 제방길로 이루어져 있다. 운봉현과 남원부를 잇던 옛길이 지금도 잘 남아 있다. 특히 구룡치~솔정지를 잇는 길(4.2km)은 길 폭도 넉넉하고 경사도도 완만하여 아이를 동반한 가족들이 솔숲을 즐기기에 더할 나위 없이 좋다.

### 운봉~인월(10.3km, 4시간)

오른쪽으로 바래봉·고리봉을 잇는 지리산 서북 능선, 왼쪽으로 고남산·수정봉으로 이어지는 백두대간을 바라보며 운봉고원을 걷는 길로 전 구간이 제방길과 임도로 되어 있다. 황산대첩비, 국악의 성지, 송흥록 생가 등 문화적이고 역사적인 요소들을 골고루 즐기면서 걷기 좋다.

### 인월~금계(22.4km, 8시간)

둘레길 시범구간 개통지인 남원시 산내면 상황마을과 함양군 마천면 창원마을을 잇는 옛 고갯길 등구재를 중심으로 지리산 주능선을 조망하고, 넓게 펼쳐진 다랑논과 여섯 개의 산촌 마을을 지나 엄천강으로 이어지는 길이다. 제방길·농로·차도·임도·숲길 등이 전 구간에 골고루 섞여 있고, 제방·마을 그리고 산과 계곡을 고루 느낄 수 있다.

### 금계~동강(11.5km, 4시간)

지리산 자락 깊숙이 들어온 여섯 개의 산중 마을과 사찰을 지나 엄천강을 만나는 길이다. 사찰로 가는 고즈넉한 숲길과 등구재, 법화산 자락을 조망하며 엄천강을 따라 걷는 옛길과 임도 등으로 구성된다.

### 동강~수철(12.3km, 5시간)

아름다운 계곡을 따라 산행의 즐거움을 누리며 걷는 길로 4개 마을을 지나 산청에 다다른다. 한국 현대사의 아픔과 역사의 상처를 치유하기 위해 추모공원이 조성되어 있다. 이루지 못한 사랑 이야기가 전해지고 지리산 자락 장꾼들이 함양·산청·덕산을 오가며 생을 이었던 길이다.

⋯› **수철~성심원(12.5km, 4시간)**
지리산 동쪽 기슭의 지막·평촌·대장 마을을 지나 산청읍을 휘돌아 흐르는 경호강을 따라 걷는 길이다. 쉼 없이 흐르는 강의 흐름을 느끼며 누구나 쉽게 걸을 수 있는 순한 길이다.

⋯› **성심원~어천~운리(13km, 4시간)**
웅석봉 턱밑인 800고지까지 올라야 하는 다소 힘든 오르막과 탑동마을까지 긴 내리막 임도를 품고 있다. 풍현마을과 어천마을을 이어주는 아침재, 웅석봉에서 흘러 경호강에 오르는 어천계곡, 길에서 내려다보이는 청계저수지가 아름답다. 단속사터였던 탑동마을에서 동서삼층석탑과 당간지주 그리고 산청 삼매 중 하나인 정당매를 만나니 역사와 걷는 길이다.

⋯› **운리~덕산(13.1km, 4시간 30분)**
운리를 지나 만나는 임도는 울창한 참나무숲을 통과한다. 숲을 걷다 보면 너들도 만나고 작은 개울도 지난다. 좁아진 길을 지나 만나는 백운계곡에서 마근담 가는 길은 솔숲과 참나무숲이 반긴다. 남명 조식이 머물렀던 산천재가 있는 곳에서 바라보는 덕천강과 천왕봉이 아름답다.

⋯› **덕산~위태(10.3km, 4시간)**
낙동강 수계인 덕천강도 만나고 두방산 경치도 감상할 수 있다. 이 구간에서는 중태마을 안내소가 주민들의 소중한 농작물 피해를 방지하기 위해 실명제 부스를 운영하고 있다.

⋯› **위태~하동호(11.8km, 5시간)**
낙동강 수계권에서 식생이 다양한 섬진강 수계인 지리산 남쪽을 걷는다. 지리산을 사이에 두고 흐르는 물이 북쪽은 낙동강이 되고 남쪽은 섬진강이 된다. 걷다가 만나는 숲의 모습도 다르다. 남명 조식과 지리산을 유람하는 선비들이 자주 찾았던 오대사터가 있는 백궁선원도 스친다. 지리산 자락의 큰 댐인 하동호도 만난다.

⋯› **하동호~삼화실(9.3km, 4시간)**
시냇물에 있는 돌다리를 건너는 모험도 해보고 산골 마을 아이들이 학교를 다녔던 존티재도 넘는다. 익살스러운 장승도 만난다. 옛 삼화초교였던 삼화에코하우스에 자리 잡은 삼화실안내소에서 다리쉼도 하고 안내도 받을 수 있다.

### 삼화실~대축(16.9km, 7시간)
많은 마을과 논, 밭, 임도, 숲길 등 다양한 길들이 계절별로 다른 모습을 한다. 봄에는 꽃동산, 가을이면 황금으로 물든 풍요로운 지리산 자락을 펼쳐 놓는다. 먹점재에서 미동 가는 길에 만나는 굽이쳐 흘러가는 섬진강과 화개 쪽의 형제봉 능선, 그리고 섬진강 건너 백운산 자락이 계절별로 색을 바꾼다. 길만큼 마을 숲도 다양하다. 악양면 대축의 문암송은 천연기념물이다. 지리산 북쪽에 다랭이논이 있다면 이곳에는 갓논이 있다.

### 하동읍~서당(7.1km, 2시간 30분)
하동읍에서 차밭을 통해 서당마을에 이르는 구간은 아기자기하다. 하동읍의 시원한 너뱅이들과 적량 들판이 넉넉한 모습으로 다가온다. 봄이면 산속 오솔길에는 매화향이 진동한다. 비교적 짧은 구간이라 부담 없이 산책하듯 걸으면 좋다. 서당마을에서 대축~삼화실 구간과 이어지며 어느 방향으로 가도 무방하다.

### 대축~원부춘(8.6km, 4시간 30분)
길은 악양천 강둑으로 이어진다. 중간에 만나는 서어나무숲과 섬진강이 아름답다. 악양의 평사리 들판과 마을길에 보이는 과실수가 고향에 온 듯 편안하다. 축지교에서 입석마을로 가는 길은 두 갈래다. 평사리 들판을 거쳐 가는 길과 강둑길을 걷는 길로 나뉜다. 어느 길을 선택해도 악양 들녘의 넉넉함을 품고 간다. 형제봉 능선을 지나 숲 속 길을 걷다가 고개를 들면 구례읍이 아득하고 섬진강과 백운산 자락을 벗 삼아 걷는 길이 마냥 즐겁다.

### 원부춘~가탄(13.6km, 7시간 30분)
지리산 고산 지역의 길을 걷는 구간으로 화개골 차밭의 정취가 느껴진다. 화개천을 만나는 곳에서는 봄이면 하동 십리 길 벚꽃도 조망할 수 있다. 임도·숲길·마을길이 고루 섞여 있어 지루하지 않다. 가탄에서 출발한다면 계속 가파른 오르막길을 올라야 한다. 쉬엄쉬엄 오르면 부담 없다. 형제봉 임도삼거리와 헬기장에서는 지리산 주능선들이 굽이굽이 치마폭처럼 펼쳐진다.

### 가탄~송정(11.3km, 6시간)
하동에서 구례를 넘나들었던 작은 재가 이어진 길이다. 대부분 숲길이라 기분 좋다. 섬진강과 나란히 뻗어 있어 시야가 트이는 곳이면 어김없이 섬진강이 반갑게 인사한다. 깊은 산골이어서 걷다가 자주 오랜 밭을 만나게 된다. 목아재에서 당재로 넘어가는 길은 옛날 화개로 이어지는 길이기도 하고 연곡사와 피아골을 살필 수도 있다.

- **목아재~당재(8.1km, 4시간)**
  지리산 주능선인 형제봉과 피아골의 단풍, 계곡 등 지리산의 여러 모습을 만날 수 있다. 목아재에서 당재 방향은 구례 연곡사로 갈 수 있다. 토지면 당치마을 입구 삼거리에서 연곡사 방향으로 걸으면 연곡사 탐방지원센터를 만나며 피아골을 둘러볼 수 있다. 당재에서는 둘레길 연결 구간이 없어 되돌아와야 하므로 계획을 세울 때 참조해야 한다.

- **송정~오미(9.2km, 5~6시간)**
  토지면 전경과 섬진강을 보면서 걷는다. 조림 현상과 산불로 깊게 데이고 다친 지리산의 상처를 만난다. 남한의 3대 길지 중 한 곳으로 알려진 운조루를 향해 가는 길은 아늑하고 정겹다. 섬진강 너머 오미리를 향해 엎드려 절하는 오봉산이 만드는 풍광도 발걸음을 가볍게 한다.

- **오미~난동(18.6km, 7시간)**
  서시천과 섬진강을 따라 걷는 길로 여름이면 원추리꽃이 장관을 이룬다. 백두대간이 시작되는 곳 중 하나인 용두마을에는 일제강점기 울분과 저항의 흔적인 용호정이 있다. 섬진강 일대는 생태계가 잘 보존되어 있어 수달이 서식하고 있다. 구례 5일장(3·8일)과 둘레길 구례센터도 만날 수 있다.

- **오미~방광(12km, 6시간)**
  오미~방광 구간은 전통 마을의 흔적이 가장 많이 남아 있는 구간 중 하나다. 오미·상사·하사마을에서는 운조루·쌍산재·곡전재 등 고택의 정취를 느낄 수 있다. 지리산 종 복원센터에서는 반달곰도 만날 수 있다. 구례분지를 조망하며 농로와 숲길을 주로 걷는 아기자기함이 재미있다.

- **방광~산동(13.1km, 6시간)**
  방광리 일주도로 입구에 천은사가 있다. 난동마을을 지나 당동 화가마을을 돌아가다 보면 조선시대 남악사터와 대전리 석불입상을 볼 수 있다. 지초봉 일대는 구례수목원과 국내 최대의 생태숲이 조성 중이다. 진시황의 명을 받은 서불이 이곳에 와서 불로장생 약을 찾았다는 지초봉 옆 구리재에 올라서면 구례분지의 넓은 풍광이 한눈에 들어온다.

- **산동~주천(15.9km, 7시간)**
  노고단을 바라보며 걸을 수 있고, 산동면 소재지인 원촌마을에 들어서면 오전에만 열리는 산동장(2·7일)을 만나게 된다. 봄철이면 현천마을~계척마을의 산수유 군락이 장관을 이룬다. 계척마을에서는 국내에서 가장 오래되었다는 할머니 산수유나무와 정겨운 돌담길을 만난다. 편백나무숲을 지나면 밤재로 이어진다.

억새꽃 바다에 퍼지는 '문학의 향기'
## 천관산

개나리나 진달래가 피기 전 3월에 봄내음을 만끽하기 위한 산행지로는 한려수도나 다도해의 섬을 조망하며 가볍게 산행을 즐길 수 있는 팔영산·가라산·달마산·지리망산·두륜산·와룡산 등을 꼽을 수 있다.

전국 어느 지자체건 그 고장을 대표하는 산들은 있게 마련이다. 한반도의 남쪽 끄트머리 전남 장흥군은 제암산(807m, 철쭉)과 천관산(723m, 억새)으로 유명하다. 중견작가 이청준·한승원을 배출한 '문학의 고장'이기도 하다. 한승원과 고 이청준은 회진포구를 사이에 두고 같은 해 태어났다.

회진포구는 장흥에서도 남쪽 끝에 자리 잡고 있다. 갯벌의 김발이나 자그마한 어선 몇 척이 떠 있는 한가로운 모습이 여느 포구와 다를 게 없다. 한때는 부산에서 여수를 거쳐 완도까지 다니던 연락선이 거쳐 갈 정도로 규모가 컸다. 1930년대에는 장흥군 내에서 생산되는 미곡을 일본으로 실어 날랐고, 1970년대까지도 대덕읍 장날이면 금당도·금일도·완도 등 인근 섬에서 장을 보러 들어왔다.

한승원의 『불의 딸』은 나룻배를 몰던 사공과 나룻배에 얽힌 이야기를 그린 소설이고, 「포구」와 「안개바다」는 회진포구를 무대로 우리 민족사의 가슴 아픈 이야기를 쓴 작품이다. 1997년 고향으로 내려온 작가는 득량만이 보이는 율산마을 언덕에 자리 잡은 작업실 '해산토굴海山土窟'에서 『아리랑별곡』 외 다수의 작품을 탈고했다. 이런 연유로 장흥군은 천관산에 문학공원을 조성하고 국내 문단에서 내로라하는 유명 시인과 소설가 49명의 사진과 약력을 동판과 바위에 새겨 놓았다. 아버지 한승원의 뒤를 이어 소설가로 활동하고 있는 한강은 최근 장편소설 『채식주의자』로 국내는 물론 아시아인 최초로 세계 3대 문학상 중 하나인 영국의 맨부커 인터내셔날상을 수상했다.

천관산에 오르면 다도해에 떠 있는 노력도·금당도·평일도 등 크고 작은 섬들이 한 폭의 그림처럼 와 닿는다. 산 위에는 신이 조각한 바위들의 '천상공원'이 펼쳐진다. 풍광의 아름다움에 흠뻑 젖다 보면 노래 한 구절쯤 절로 나오게 마련이다. 관산벌에서 올려다본 천관산에는 그저 고만고만한 바위 몇 개만이 서 있다. 그러나 높이를 올릴수록 바위들은 마치 신들이 펼치는 경연처럼 거대한 조각품으로 다가온다.

다도해를 끼고 있는 산치고 아름답지 않은 곳이 없다. 달마봉·두륜산·와룡산 등에 오르면 쪽빛 바닷물이 발길을 끈다. 그러나 천관산에서는 유독 다도해의 풍광보다 바위가 펼치는 모습이 눈물겹도록 아름답다. 정상에서 감상하는 다도해의 월출도 천관산이 주는 또 하나의 선물이다.

호남정맥에서 가지 친 탐진지맥이 남해로 빠져나가기 전 크게 용틀임한 곳이 천관산이다. 지리산·월출산·내장산·내변산과 함께 호남의 5대 명산 중 하나다. 천관산 정상인 연대봉에서 구룡봉으로 이어지는 10리 능선에 올라서면 모든 것이 한눈에 들어온다. 감출 곳이 없다.

천관산 등산로는 10여 개 코스가 있다. 모든 길은 연대봉으로 이어진다. 장천재에서 오르는 길이 가장 많이 이용되며 탑산사 코스도 각광받는다. 문학공원 주차장에서 닭봉을 거쳐 연대봉까지는 쉬엄쉬엄 올라도 한 시간이면 충분하다. 연대봉에서 환희봉을 거쳐 구룡봉까지 이어지는 능선에는 불영봉·구정봉·천주봉·진죽봉 등이 저마다 자태를 한껏 뽐낸다. 구룡봉에서 탑산암을 거쳐 문학공원까지 내려올 수 있다. 산행 시간은 2시간 30분이면 족하다.

'도룡뇽 소송'으로 널리 알려진 생태 산행지

천성산

인간이 사는 지구를 잘 보존하는 것은 오늘을 사는 우리의 당연한 의무다. 이 땅은 후손에게 물려주는 것이 아니라 빌려온 것이다. 물려준다는 개념은 사용하고 남은 것을 주면 되겠지만, 빌려온다는 것은 이자는 못 주더라도 원금만은 돌려줘야 한다. 그래야 우리의 후손도 먹고살 수 있다. 자연환경 보전은 그만큼 지켜야 할 후손과의 약속이다.

개발과 환경 보전은 동전의 양면과 같다. 오늘날 인간의 수명 연장으로 인구가 늘어나면서 어느 것이 옳고 그름을 가늠하기는 쉽지 않다. 개발의 논리 속에 환경이 바뀌는 현실을 몸으로 저항했던 대표적인 사례가 천성산 터널과 사패산 터널 반대 운동이다. 두 사례 모두 사회적 반항을 일으키면서 최소한 3~4년간 개통이 늦어졌다.

1999년 9월 천성산(922m)에서 습지가 발견되자, 환경부는 2002년 2월 이곳을 습지보호지역으로 지정한다. 그럼에도 경부고속철도 대구~부산 구간 공사가 착공되자 지율스님의 단식농성이 시작된다. 다섯 차례에 걸친 단식으로 공사는 중단과 재개를 반복하다 3년 만인 2005년 11월 공사가 재개되어 2010년 11월 완전 개통됐다.

지율의 단식과 '도롱뇽 소송'의 계기가 된 경남 천성산 습지는 청정 환경의 지표종이라는 1급수 맑은 계곡 물에서만 산다는 꼬리치레도롱뇽의 서식지다. 화엄늪은 천성산 정상에서 1km, 경부고속철도 터널과는 수평 거리로 2km 정도 떨어진 곳에 위치해 있다. 지난 2014년 국립환경과학원 국립습지센터는 1년간 계절별로 정밀 조사했지만 꼬리치레도롱뇽을 발견하지 못했다고 발표했다. 그런가 하면 양산시를 가로지르는 주남천에서는 물을 찾아볼 수 없다고 한다. 터널을 뚫음으로써 발생된 지하수의 고갈 때문이라는 주장이다. 그리고 언론에서는 천성산 주변의 육지화·사막화는 진행형이라고 말한다.

  법원은 도룡뇽이 사라지고 물이 마르는 원인을 천성산 터널 때문만은 아니라고 한국고속철도 도시시설공단의 손을 들어주었지만, 많은 사람들은 그 원인이 천성산 터널이라는 심증을 갖고 있다.

  아직도 일부 단체나 언론은 "환경운동가와 단체의 무분별한 반대로 지연된 국책사업 때문에 우리는 천문학적인 사회적 갈등 비용을 지불하고 있다"고 주장한다. 그들의 이야기대로라면 '나만 편하면 된다'고 생각하는 도시인들에게 '도룡뇽의 있고 없고'는 큰 문제가 되지 않을 것이다.

  미국의 유명한 해양학자이자 생태주의자인 레이첼 카슨은 『침묵의 봄』에서 "생태계가 파괴된다면 우리 주위에 봄은 돌아오지 않는다. 그리고 우리는 아름다운 새들의 소리를 영원히 듣지 못할 것"이라고 생태계 파괴가 가져올 이 땅의 재앙에 대해 경고했다. 이런 점에서 천성산이 오늘을 사는 우리에게 던지는 메시지는 강렬하다.

  천성산은 드넓은 화엄벌 초원과 스릴 넘치는 암릉으로 유명한 천성공룡능선이 있어 천상의 정원으로 불려도 부족함이 없는 양산의 진산이다. 겉으로 보기에 아름다운 천성산을 오르면서 우리가 안고 있는 사회적 갈등을 생각해 본다. 씁쓸함이 앞선다.

  산행 코스는 흑룡사~786봉~천성산~천성산 2봉~천성공룡능선~내원사로 이어지며 13km, 9시간 정도 소요된다.

야경 즐기는 연예인들 '다이어트 코스'
청계산

1980년대까지 성황을 이뤘던 캠핑 문화가 최근 다시 불붙으면서 몇몇 산은 백패커들에게 비박, 또는 텐트 야영지로 인기를 끌고 있다. 이들 산은 조망이 뛰어난 것이 장점으로 족두리봉~북한산~오봉~사패산의 파노라마가 한눈에 들어오는 노고산이나 아름다운 서울의 야경을 감상할 수 있는 청계산이 대표적이다.

한남정맥으로 이어지는 청계산(618m)과 관악산은 서울의 남쪽 경계를 이룬다. 서울과 성남, 의왕, 과천 경계에 솟아 있는 청계산은 전형적인 흙산으로 산세가 험하지 않아 초보 등산객도 무난히 오를 수 있다. 그런가 하면 산짐승이 없고, 낮과 밤을 가리지 않고 등산을 즐기는 사람이 많아 다른 산에 비해 비교적 안전하다. 특히 연예인들이 '다이어트 코스'로 즐겨 찾는다고 해서 젊은 등산객의 발길이 이어지는 곳이다.

최고봉인 망경대를 중심으로 북쪽에 옥녀봉과 매봉, 남쪽에 이수봉과 국사봉, 서쪽에 응봉, 동쪽에 봉수대가 있는 천림산 등 많은 봉우리를 거느리고 있다. 숲은 울창하고 계곡 또한 깊고 아늑하다. 이수봉은 무오사화에 연루된 정여창이 이곳에 숨어 위기를 두 번이나 모면했다고 지어진 이름으로, 높지 않지만 남북으로 흐르는 능선을 중심으로 산세가 수려하다.

정상에 서면 북서쪽 계곡 아래에는 과천시와 서울대공원, 서울랜드, 국립현대미술관, 과천 경마장이 한눈에 내려다보인다. 관악산과 청계산에서 발원한 양재천은 과천시를 거쳐 서울 강남까지 흐르다 탄천과 합해지는 한강의 지류다. 양재천의 옛 이름은 '공수천'으로 백로가 빈번히 날아든다고 해서 '학여울'이라고도 불렸다.

청계산은 4개 시에 걸쳐 있는 만큼 산행 코스도 다양하다. 서울 방면은 서초구 원터골~원터쉼터~헬기장~매봉(2시간 15분), 개나리골 약수터~ 돌탑~옥녀봉~매봉(2시간 15분), 청계골~청계골 쉼터~길마재~매봉(1시간 25분) 코스가 대표적이다. 성남시 방면은 옛골~이수봉(1시간 10분) 코스, 과천시 방면은 문원동 사기막골~응봉~이수봉 코스가 주로 이용되며, 의왕시 방면은 청계사에서 출발해 망경대로 오르는 코스가 인기 있다.

그중 서울 원지동 원터골과 성남 옛골에서 오르는 코스가 가장 인기 있다. 원터골에서 출발하는 원점회귀 코스는 가볍게 산행할 수 있는 당일 코스로 많은 사람들이 찾는다. 원터골 계곡길이나 진달래능선을 타고 매봉을 거쳐 정상인 망경대에 올랐다 다시 원터고개를 지나 원터골로 원점회귀하는 코스가 가장 인기 있다. 들머리에는 대형 주차장과 식당, 아웃도어 장비 매장 등이 즐비하다. 망경대에서 이수봉을 지나 철쭉능선을 타고 옛골 방면으로 내려서는 코스도 인기가 좋다.

한편 서초구는 한강~청계산(24km)으로 연결되는 산책로를 소개한 걷기 지도를 제작해 배부하고 있다. 지도에는 산책로 2개 코스와 우면산 둘레길, 양재천길 등 생활 주변에서 바로 이용할 수 있는 세부 걷기 코스 6개 구간이 소개됐다. 지도는 구청, 보건소 민원실, 동 주민센터 등에 비치돼 있다.

흐르는 '인문의 강'에서 퇴계와 단원을 생각한다

청량산

강원도와 경계를 이루고 있는 경북 봉화군은 청송·영양과 함께 '영남의 오지'다. 청송 주왕산, 영양 백암산처럼 청량산(870m)은 봉화를 대표하는 산이다. 조선시대 문인들이 찾아 유산기를 가장 많이 남긴 곳 중 하나인 청량산은 퇴계라는 위대한 인물로 인해 널리 알려졌다. 그래서 퇴계학파의 본산인 청량산에는 '인문의 강'이 흐른다.

한양에서 짧은 벼슬 생활 한 것을 제외하고 대부분의 인생을 청량산 자락에서 보낸 퇴계는 '청량산인'이라 불릴 정도로 청량산을 사랑했다. 젊은 퇴계에게 청량산은 학문과 수양의 공간이었고, 장년 시절 강학하던 영지정사나 노년에 새로이 정한 도산서당은 청량산까지 20여 리의 짧은 거리였다. 퇴계는 늘 청량산을 보면서 살았던 것이다.

퇴계는 청량산에 대한 시 51편을 남겼으며, 청량산을 자신의 집이라는 의미에서 '오가산'이라 불렀다. 산세가 수려하고 낙동강 물길 구곡을 거슬러 올라가 닿는 청량산은 주자를 이은 퇴계의 학문적 시원이 됐다. 퇴계 사후 선비들은 청량산을 찾아 퇴계의 자취를 더듬고 글을 남기는 게 유행이었다. 그런 글만 100여 편이 전한다.

청량산은 높이가 1,000m도 채 안 되고 둘레도 100리에 지나지 않지만 산세가 험하다. 최고봉인 장인봉을 비롯해 선학·축융·경일봉 등 열두 개의 고봉이 치솟아 절경을 이룬다. 조선시대 풍기군수였던 주세붕도 청량산을 본 후 "아! 이 산이 중국에 있었다면 반드시 이백과 두보가 시를 지어 읊었을 것"이라고 찬사를 아끼지 않았을 정도로 풍광이 빼어나다.

이종묵 교수는 "청량산을 보고 선비의 매운 절조를 체득한 퇴계. 후대에 이를 배우려 청량산을 오른 이들은 바로 청량산을 퇴계의 정신과 연결했다. 높으면서도 위태하지 않고 장대하면서도 거만하지 않은 청량산은 곧 퇴계의 덕"이라고 청량산을 설명한다. 오늘을 사는 우리는 청량산 길을 오르며 발자국 하나하나에 450년 전 조선의 정신세계를 아름답게 수놓은 퇴계 사상을 담아 볼 일이다.

산행 들머리인 관창리 마을 앞의 깎아지른 절벽과 낙동강 물, 그리고 청량산의 여러 암봉들이 도열하듯 서 있는 경관은 한 폭의 산수화다. 풍속화가로 당대 이름을 떨쳤던 단원 김홍도는 마흔 살 되던 1784년, 지금의 안동 시내에 있던 안기역의 찰방(철도역장과 우체국장을 합한 것 같은 지방관)으로 근무했다.

이해 관찰사 이병모는 휘하의 현감을 청량산으로 불러 시와 풍류를 즐겼는데, 단원도 초청받았다. 화답시가 오가던 중 단원은 청량산 육육봉의 아름다움을 조물주가 그린 열두 폭 병풍으로 비유하며, 걷혀 가는 구름과 안개를 회화적 이미지로 읊었다. 그리고 퉁소를 불며 모임의 분위기를 끌어갔다. 단원은 당시의 분위기를 〈청량취소도 淸凉吹簫圖〉라는

그림으로 남겼는데 아쉽게도 남아 있지 않다. 지금은 단원의 퉁소 소리가 '청량사 산사음악회'라는 이름으로 매년 10월 초 청량사 앞뜰에서 열린다.

구름 병풍, 안개 휘장이 한 폭 한 폭 드러나니 雲屛霧障面面開
누구의 솜씨인가 아득히 망망한 열두 폭 그림 意匠蒼茫一二幅

산행 코스는 청량사를 중심으로 한 바퀴 도는 종주 코스(12.7km, 9시간), 응진전~김생굴~자소봉~하늘다리~장인봉~금강대(6.4km, 5시간), 청량사~하늘다리~장인봉~청량폭포(5.1km, 3시간) 등 세 가지가 있다.

'동양의 유토피아' 우복동 품은 십승지지

청화산

▲▲▲

무병장수하고 전쟁이나 굶주림을 피하고 싶어 하는 것은 인간의 자연스런 욕망이다. 그러기에 진시황은 불로초를 구하려 했고 도참사상을 통해 '십승지지'를 예언하기도 했다. 역사적 격동기에는 양반이건 민초건 할 것 없이 '예언의 땅'을 찾았다.

십승지는 천재지변으로부터 목숨을 보전할 수 있게 축복받은 '예언의 땅'이다. 그러나 그 땅을 찾는다 하더라도 오래 살고 싶어 하는 인간뿐 아니라 모든 생물의 삶은 유한하니 그 또한 한낱 욕심에 지나지 않는다.

국내의 대표적 예언서인 『정감록』에는 ▲풍기 차암 금계촌 동쪽 골짜기 ▲봉화 춘양마을 ▲보은 속리산 자락 ▲예천 금당동 북쪽 ▲남원 운봉 ▲공주 마곡사 근처 ▲영월 거운리 일대 ▲무주 무풍 ▲부안 개암사 부근 ▲합천 가야산 자락을 십승지지로 꼽았다. 이곳 외에 청화산(984m) 우복동牛腹洞도 난리를 피할 수 있는 곳으로 여겼다.

우복동은 충북 보은과 경북 상주 사이에 있는 '상상 속 마을'이다. 마치 소의 배 안처럼 생겨 사람 살기에 더없이 좋다고 알려진, 영남 일대에 전설처럼 전해 내려오는 곳이다.

조선시대 대표적 실학자인 다산 정약용은 「우복동가」를 통해 "유토피아는 존재하지 않으니 헛고생 말고 현실을 개혁해 살기 좋게 만들자"며 "사람들은 새처럼 높이 날거나 짐승처럼 멀리 달아나려고 우복동만 찾는데, 그 속으로 들어가면 자손들이 노루나 토끼가 되어 버리는 것을 전혀 알지 못하고 있다"고 한탄한다. 실학자다운 이야기다.

> 속리산 동편에 항아리 같은 산이 있어
> 옛날부터 그 속에 우복동이 있단다네
> (…중략…)

적이 쳐들어와도 나라 위해 죽어야지
너희들 처자 데리고 어디로 갈 것인가
아내가 방아 찧어 나라 세금 바치게 해야지
아아 세상에 어디 우복동이 있을 것인가

이중환의 『택리지』에서 "청화산은 산이 높고 큰 것으로는 속리산에 미치지 못하지만 속리산처럼 험한 곳이 없고, 흙으로 된 봉우리를 둘러싼 돌이 모두 밝고 수려하여 풍광이 아름답다. 모양이 단정하고 좋으며 빼어난 기운이 나타나니, 가히 복지라 일컬을 만하다"고 소개했다. 그래서 이중환은 청화산에서 여러 해 머물렀고, 자신의 호도 '청화산인'으로 지었다. 청화산은 『택리지』가 쓰이기 전에는 화산으로 표기됐다가 이후 청화산으로 바뀌었다.

청화산에 가면 '동양의 유토피아'라는 우복동을 한 번쯤 찾고 싶어 하는 것이 인지상정일 것이다. 우복동의 정확한 위치가 어디인지는 알 길 없지만 상주시는 그런 인간의 심리를 이용해 우복동천 등산로를 개발했다. 등산로는 병천을 중심으로 우복동을 감싸고 있는 산(도장산·속리산·청화산)을 이은 국내 최장의 아름다운 등산 코스로 총 길이 37.8km에 18시간 정도 걸린다. 코스는 회란석에서 시작해 도장산~갈령~형제봉~천황봉~문장대~밤티~눌재~청화산~시루봉~장군봉을 거쳐 회란석으로 돌아온다.

산행 코스는 눌재~정상~삼거리~시루봉~장군봉~회란석으로 이어지며 7km, 3시간 30분 정도 소요된다. 백두대간 길을 잡으면 조항산을 거쳐 의상저수지로 내려올 수 있고 10.5km, 4시간 30분 정도 걸린다.

치유의 숲으로 다시 태어난 홍길동의 고향
축령산

"신이 임금을 받들어 모시려 해도 천한 하녀의 소생이어서 학문이나 무술로 출세를 하기는 어렵습니다. 천하를 떠돌아다니며 관가의 재물을 턴 것은 임금께 저를 알리려고 했던 것입니다. 이제 저의 소원을 들어주셨으니 하직하고 조선 땅을 떠나려 합니다."

_「홍길동전」 경판본

조선시대 가장 큰 병폐 중 하나였던 서얼(첩의 자식) 차별을 거부하며 활빈당을 조직해 포악한 탐관오리를 벌하고 나중에는 이상향인 '율도국'을 건설했다는 홍길동. 허균이 지은 『홍길동전』의 주인공이 실존 인물이라는 주장은 1960년대 말 국문학계에서 처음 제기된 이래 이제는 정설로 굳어졌다.

서얼 차별은 '왕자의 난'을 통해 정권을 잡은 이방원으로부터 시작됐다. 세자 책봉에서 밀려난 방원은 세자 방석과 그의 후견인이며 조선의 개국공신으로 서얼 출신인 정도전을 살해하고 권력을 잡는다. 왕위에 오른 태종은 서얼 차별과 함께 서자를 중인으로 강등시켜 출세에 제약을 가했다. 그 후 성종 원년에는 『경국대전』에서 서얼 출신의 사회 진출을 제도적으로 막는 법을 제정했다.

이러한 사회적 분위기 속에서 홍길동은 1443년 홍상직과 옥영향 사이에서 태어난다. 아치실(전남 장성군 황룡면 아곡1리)이 그가 태어난 곳이다. 그러나 서얼이라는 이유로 출세길이 막히자, 좌절과 울분 속에 집을 떠난다. 그리고 사회정의를 구현하는 실천적 삶을 살면서 율도국을 건설한다는 것이 『홍길동전』의 줄거리다.

허균은 인간의 평등사상을 역설했던 개혁적 인물로 광해군 2년 이항복·이덕형 등과 함께 과거시험 감독관에 임명됐으나 과거시험 부정사건에 휘말려 혼자 책임을 지고 전라도로 3년간 귀양을 떠났다. 그곳에서 홍길동의 무용담을 듣고 훗날 소설을 집필했다고 한다. 그러나 일부에서는 홍길동의 저자가 허균이 아니라는 의문을 제기하기도 한다.

이에 대해 설상경 교수는 『조선왕조실록』, 『증보해동이적』, 『택당집』, 남양 홍씨의 족보, 홍길동의 아치실 출생 전설 등을 통해 "홍길동은 실존 인물이고 교산 허균의 작품"이며, 더 나아가 "홍길동이 건설한 '율도국'은 일본의 오키나와"라고 주장한다. 홍길동이 태어나고 자란 아치실에서 축령산(621m)까지는 20여 리 길이니 활빈당을 모아 훈련하던 곳은 축령산일 듯싶다.

축령산을 거론할 때 빼놓을 수 없는 것이 편백나무숲이다. 독림가 고 임종국 선생은 1950년대부터 21년간 헐벗은 축령산 596$ha$에 물지게를 지고 산을 오르내리며 280만 그루의 편백나무·삼나무·낙엽송을 심어 '숲으로 된 성벽'을 쌓았다. 그 결실이 오늘날 치유의 숲으로 이름난 축령산휴양림이다. 조림은 할아버지가 심어 손자가 거두는 3대에 걸친 사업이다. 임종국 선생은 닥치는 대로 논밭과 집을 팔아 나무를 심었고, 그 나무를 담보로 다시 빚을 얻어 나무를 심었다. 그러나 자식처럼 기른 숲이 채권자에게 넘어가자 뇌졸중으로 쓰러지며 세상을 등졌다. 산림청은 2002년 그 숲을 사들여 '고 임종국 조림지'로 이름 붙였고, 2009년 '치유의 숲'으로 선정했다.

축령산을 중심으로 4개 마을(추암·금곡·모암·대곡마을)을 잇는 24.8km의 둘레길(7시간)이 만들어져 숲 속에서의 트래킹도 즐길 수 있다.

산행 코스는 추암리~임종국기념비~축령산~들독재~금곡영화마을~춘원수목장~추암리로 이어지며 4시간 30분 정도 소요된다.

'꿩의 보은설화' 깃든 겨울 산행의 백미

치악산

운곡 원천석은 여말선초의 격변기를 살았던 신진사대부로 태종 이방원의 스승이었다. 우리에게는 "흥망이 유수하니 만월대도 추초로다. 오백년 왕업이 목적에 부쳐시니 석양에 지나는 객이 눈물계워하더라"인 회고가로 잘 알려져 있다. 운곡은 당시 혼탁한 고려를 바꾸려고 했던 개혁파 중 한 사람이었다. 그러나 최영 장군의 죽음과 우왕·창왕의 폐위는 그에게 정신적 충격으로 다가왔다. 이로 인해 조선 왕조에 참여하지 않고 치악산에 은거하게 된다.

치악산(1,288m)에는 태종·운곡과 관련된 지명이 곳곳에 남아 있다. 태종은 왕위에 오르자 치악산으로 자신의 스승이었던 운곡을 찾아간다. 운곡은 이를 피하기 위해 물가에서 빨래하는 할머니에게 "누군가 와서 나를 찾으면 방향을 일러주라" 하고 자신은 반대 방향인 변암으로 가버렸다. 태종에게 거짓말을 한 노인은 나그네가 임금인 줄 나중에 알고 죄책감에 물가 바위에 올라가 웅덩이에 몸을 던져 죽는다. 바로 그곳이 지금의 노구소이며, 방향을 잘못 일러준 바위는 횡지암이라 부른다.

당시 태종이 머물렀던 곳은 태종대, 한양으로 돌아오며 스승이 있는 곳을 향해 배례를 했다 해서 붙여진 배향산, 휴식을 취했다는 원통재와 대왕재 등 다양한 지명이 지금까지 내려오고 있다. 운곡은 변암에서 초근목피로 연명하며 은둔 생활을 이어갔다. 변암의 암반에는 '開穿石井常澆渴 收拾山蔬具慰貧(우물을 파서 갈증을 면하고 산채를 걷어 시장기를 달랬다)'이라는 글귀가 남아 있어 당시 운곡의 생활상을 엿볼 수 있다.

세종에게 왕위를 양위한 태종은 손자들을 데리고 다시 운곡을 찾아간다. 그제야 비로소 운곡은 태종을 정중하게 맞는다. 태종이 운곡에게 데려간 손자들을 소개하고 소감을 묻자, 운곡은 한 아이를 가리켜 "이 아이가 조부와 많이 닮았으니 모름지기 형제를 사랑하라"고 타이른다. 그 아이가 훗날 단종을 폐위하고 왕위에 오른 수양대군이다.

현재 운곡이 묻혀 있는 묘소는 생전에 무학대사가 잡아 주었다고 한다. 명재상도 아니었던 운곡이 지금까지도 회자되는 것은 그의 곧은 절개와 고결한 마음으로 표현되는 신념 때문일 것이다.

고산자 김정호가 고종 원년에 만든 『대동지지』 원주편에는 치악산을 '적악산'이라고도 불렀다. 산 이름은 남대봉 자락 상원사에서 전해 오는 '꿩의 보은설화'와 관련이 있다.

옛날 한 선비가 적악산을 오르던 중 구렁이에게 잡아먹히게 된 꿩을 살려 준다. 날이 어두워지자 선비는 오두막집에서 하루를 묵는다. 오두막집에는 수구렁이의 복수를 위해 암구렁이가 주인여자로 둔갑해 있었다. 위협을 느낀 선비는 살려 달라고 애원한다. 그러자 구렁이는 첫닭이 울기 전에 빈 절이었던 상원사의 종이 세 번 울리면 살려 주겠다는 불가능한 조건을 제시한다. 그런데 이튿날 아무도 없던 상원사의 종이 세 번 울려 선비는 목숨을 건진다. 상원사로 달려간 선비는 먼지 낀 종 아래 머리가 깨진 꿩이 있는 것을 발견한다. 그 뒤로 이 산을 '꿩 치'자를 써서 치악산으로 부르게 됐다는 것이다. 지금도 상원사 대웅전 바깥벽에는 보은설화에 관한 벽화가 그려져 내려온다.

그런가 하면 한국 최초의 신소설 『혈의 누』의 작가 이인직이 1912년 발표한 『치악산』의 무대도 치악산이다.

주봉인 비로봉에는 원주 사람인 용창중이 꿈에서 산신의 계시를 받고 쌓은 세 개의 석탑(미륵탑·용왕탑·칠성탑)이 있어 치악산의 명물로 꼽힌다. 이 탑은 용씨가 1962~1974년까지 12년간 산 아래에서 직접 돌을 날라 쌓은 것이다. 대표적인 산행 코스는 구룡사~사다리병창~비로봉으로 이어지며, 편도 5.7km로 3시간 30분 정도 소요된다.

산새 소리에 어린 가슴속 타들어간다는 충남의 오지

# 칠갑산

청양은 "콩밭 매는 아낙네야 베적삼이 흠뻑 젖는다…"로 시작하는 노래 〈칠갑산〉을 품고 있는 충청남도의 오지다. 지금은 한티고개 아래로 대치터널이 뚫려 그나마 교통이 편해졌다. 〈칠갑산〉은 음악인 조운파씨가 1978년 한티고개를 지나며 아낙네들이 밭을 매는 장면을 보고 영감을 얻어 만든 노래라고 한다. 1990년 가수 주병선이 부르며 많은 사람들의 입에 오르내린 국민가요다. 못 먹고 못 입던 시절, 매년 돌아오는 춘궁기-보릿고개를 넘긴다는 것은 당시 이 땅에 살던 우리 부모님들이 겪었던 아픔이었다.

논밭도 없이 연명하기 위해 산비탈에 눈물로 심었던 콩. "홀어머니 두고 시집가던 날, 칠갑산 산마루에 울어 주던 산새 소리만 어린 가슴속을 태웠소"라는 대목에서, 그 시절을 살아왔던 사람이라면 누구나 마음이 짠해지는 것은 인지상정일 것이다. 칠갑산에 기대 살던 그들의 삶은 불행하고 서럽기 그지없었으니, 노랫말의 아낙네와 어린 소녀는 세월 저편에 살아왔던 우리의 어머니이자 누님인 것이다.

애잔한 노랫말을 뒤로하고 청양을 대표하는 것을 꼽자면 고추와 구기자를 빼놓을 수 없다. 오래 복용하면 몸이 가벼워지고 기력이 왕성해지며, 다리·허리 등의 힘이 강해지고 세포 노화를 억제하는 효과가 있다는 구기자 집산지가 청양이다. 그런가 하면 경상북도 청송과 영양의 이름을 한자씩 따와서 명명한 것이 청양고추인데 맵기로는 국내 최고를 자랑한다.

처음 칠갑산은 산에 옻나무가 많았는지 '옻나무 칠'자를 썼으나 백제가 수도를 공주에서 부여로 천도하면서 지금의 칠갑산으로 이름을 바꿨다. 여기서 '칠'은 북두칠성의 일곱 개 별로, 천지만물을 생성한다는 풍風·

수水·화化·화火·견見·식識 등과 육십갑자의 으뜸인 '갑甲'을 의미한다.

장독대에 정안수 한 그릇 올려놓고 간절히 기도하던 어머니들은 수천 년 이어져 내려온 칠성신앙의 대표적 모습이다. 불교가 전래되면서 토속신앙과 융화돼 새롭게 나온 것이 칠성각이며, 관 속에 집어넣는 나무판을 칠성판이라 부르는 것도 바로 칠성신앙에서 비롯되었으니 칠갑산은 우리 삶과 떼려야 뗄 수 없는 깊은 연관을 갖고 있는 듯하다.

그런가 하면 구봉광산은 국내 금 생산량의 60%를 차지할 정도로 규모가 컸으나 매몰된 지 16일 만에 극적으로 구조된 양창선씨 사건 이후 지금은 폐광이 되고 대신 국제사격장으로 탈바꿈했다.

산행 코스는 천장호 출렁다리~정상~장곡사~장승공원으로 이어지는 6.7km, 3시간 30분 정도 소요된다.

천년의 그리움 잉태하는 '큰 밝음의 산'
# 태백산

기원전 부족국가 시대에는 어느 부족이건 신전을 갖추고 하늘에 제를 올렸다. 국내의 소도도 '제의가 행해지는 신성 지역'으로, 국가 이전 단계인 농경사회에서는 제사장이 이를 관장했다. 청동기시대의 산물인 소도는 신전과 같은 위엄을 가진 사회의 중심지로 제사장인 천군은 통치자와 별도로 농경 의식과 종교 의례를 주관했다.

소도의 사전적 의미는 "삼국시대 이전 한반도 중남부 지역 주민들이 천신에게 제사를 지내던 성역"이다. 소도에 신단을 설치하고 그 앞에 방울과 북을 매단 큰 나무를 세워 제사를 올렸다.

소도는 제사 드리는 곳에 세웠던 큰 나무인 '솟대'라는 말에서 왔다는 설이 가장 일반적이다. 즉, '솟을나무'라는 뜻이다. 지역에 따라 이름은 다르지만 공통적으로 장대 끝에 나무로 만든 새가 앉아 있다. 조상들은 천신에게 제사를 드릴 때마다 새가 앉아 있는 나무를 세우는 풍습이 있었다. 이에 대해 한양대 문화인류학과 김병모 명예교수는 "새를 하늘과 인간의 땅을 연결하는 매개자로 인식했기 때문"이라고 얘기한다.

소도가 처음 소개된 역사서는 『삼국지』 '위서 한전'이다. 여기서는 소도에 대해 "귀신을 믿으므로 국읍에서는 각기 한 사람을 뽑아 천신에 대한 제사를 주관하게 하였는데, 이 사람을 천군이라 부른다. 또 이들 여러 나라에는 각각 별읍이 있는데 이것을 소도라 한다. 큰 나무를 세우고 거기에 방울과 북을 매달아 놓고 귀신을 섬긴다"고 설명한다. 『삼국유사』나 『삼국사기』에는 없고 『삼국지』 '위서'에만 소개되는 것으로 보아 학계에서는 삼한시대에만 존재했던 것으로 추정하고 있다.

그러나 삼국시대로 넘어오면서 소도는 민간신앙에도 큰 영향을 끼쳤다. 『삼국사기』에는 태백산을 "토함산·지리산·계룡산·부악과 함께 신라 5악五嶽 중 하나인 북악"이라고 소개한다. 특히 신라시대에는 토속신앙의 중심지로 사람들의 발길이 끊이지 않았다. 그래서인지 아직도 정상 부근, 당골, 백단사 옆 계곡 등에 몇 개의 기도처가 남아 있다. 지금도 태백산 소도 당골에서는 단군성전을 짓고 개천절이면 단군제를 지내고 있다.

겨울철 '큰 밝음의 산' 태백(1,566m)은 '눈의 나라'다. 하얀 능선에 오르면 순백의 아름다움을 뽐내는 서리꽃이 한눈에 들어온다. '살아 천년, 죽어 천년'을 지낸다는 주목은 흰옷을 걸치고 동해로 뜨는 해와 달의 정기를 모아 천년의 그리움을 잉태한다.

태백은 '산의 나라'다. 태백산 정상에 서면 산들이 구름처럼 모여 있다. 백두에서 시작한 백두대간이 금강산·설악산·두타산·청옥산을 지나 이곳에서 '민족의 영산' 태백산을 세웠다. 태백산은 낙동정맥의 종조宗祖산으로 민족신앙의 성산이다. 산 전체가 하나의 천제단이다. 신라시대에는 왕이 직접 제례를 올렸으며, 그 전통은 고려와 조선조를 이어져 내려왔다. 지금도 개천절이면 하늘에 제를 지낸다. 이곳 사람들은 유배지였던 영월에서 사약을 받고 승하한 어린 단종의 혼이 태백산신이 됐다고 믿는다. 그래서 천제단 아래 단종각도 세웠고, 천제단을 중심으로 문수봉과 산기슭 곳곳에 숱한 기도처가 있다.

태백산에는 세 개의 제단이 있다. 영봉에 있는 천왕단에서는 하늘, 장군봉에 있는 장군단에서는 사람, 영봉에서 부쇠봉 가는 도중에 위치한 하단에서는 땅에 제를 올렸다.

정상까지 오르는 최단 코스는 유일사를 거쳐 장군봉으로 이어지는 길이다. 장군봉에 있는 천제단에서 하산길은 망경대~반재~당골 코스와 멀리 문수봉을 지나 당골로 바로 떨어지는 두 가지 길이 있다. 문수봉을 거치면 한 시간 정도 더 걸린다. 총 산행은 4시간 정도 소요된다.

'단종애사' 묵묵히 지켜본 역사의 현장

태화산

태화산성에 오르면 산허리를 따라 흘러내리는 동강과 단종의 아픔이 남아 있는 청령포·장릉 등이 발아래 펼쳐진다. 영월은 '충절의 고장'이다. 칼 같은 산들이 얽히고설킨 가운데 비단결 같은 냇물이 맑고 잔잔하게 흐른다. 지금이야 시원스럽게 도로가 뚫려 있어 찾아가기 쉽지만 조선시대에는 그야말로 강원도의 오지였다.

세조에 의해 노산군으로 강봉된 단종은 2년간의 귀양살이 끝에 청령포에서 사약을 받고 승하한다. 영월에는 곳곳에 단종과 얽힌 유적이 남아 있고 방랑시인 삿갓묘도 있어 역사의 진한 향기를 곳곳에서 느낄 수 있다.

어느 왕조건 그 시대에 임금에 올랐던 사람들의 무덤은 성역화한다. 한 왕조의 왕릉이 거의 훼손되지 않고 남아 있는 것으로는 조선 왕릉이 유일하다. 조선 왕조는 태조 이래 27대 고종까지 이어오지만 사후의 추존된 왕과 왕비의 무덤까지 포함해 42기가 있다. 그중 개성에 있는 제릉과 후릉을 제외한 40기가 2009년 유네스코 세계문화유산에 등재되었다.

영월에 있는 장릉은 비운의 임금 단종이 묻힌 곳이다. 귀양살이했던 청령포와 함께 영월을 대표하는 유적지다. 어린 나이인 12세에 왕위에 오른 단종은 즉위 4년 만인 1455년, 숙부인 수양대군에게 왕위를 넘기고 상왕이 된다. 이듬해 집현전 학사들에 의해 계획된 복위사건이 발각되면서 단종은 1457년, 노산군으로 강등되고 영월 청령포로 유배당한다. 그러나 이해 9월 경상도 순흥으로 유배된 노산군의 숙부인 금성대군이 복위운동을 계획하다 발각되면서 10월 유배지에서 사약을 받는다.

단종이 승하한 후 영월호장 엄홍도는 "시신에 손을 대는 자는 삼족을 멸한다"는 왕명에도 불구하고 동강과 서강이 합쳐지는 합수머리에서 단종의 시신을 찾아 매장한다. 중종 때 여러 사람의 증언으로 묘를 찾아내고 가꾼 것이 지금의 장릉이다. 장릉이 있는 곳은 원래 영월 엄씨의 선산인데 임금과 같은 곳에 묻힐 수 없다고 해 영월 엄씨의 시묘 등은 이장했다. "한양으로부터 100리 이내에 모셔야 한다"는 『경국대전』의 규정을 따르지 않은 유일한 왕릉으로, 평지에 조성된 왕릉과 달리 언덕 위에 있는 것도 이런 이유 때문이다.

단종은 숙종 대에 들어 명예를 회복한다. 숙종 7년 노산대군으로 추봉되고, 숙종 24년 정식으로 복위한다. 단종의 비였던 정순황후 송씨는 1454년 가례를 올렸으나 결혼 3년 만에 남편을 보내고 64년을 더 살다가 중종 16년 세상을 떠났다. 남양주 사릉에 정순황후의 묘가 있으며, 이곳은 2013년 1월부터 일반에 공개됐다.

청령포는 남한강 상류에 위치한 단종의 유배지로 동·남·북 3면에 물이 흐르고, 서쪽에는 험준한 암벽이 솟아 있어 나룻배를 이용하지 않으면 출입하기 힘든 곳이다. 지금의 청령포에는 밖으로 못 나오도록 왕명을 내렸던 금표비와 단종이 한양을 바라보며 눈물을 흘렸다는 노산대, 소나무 중 국내에서 가장 크다는 관음송이 있다. 단종이 승하하자 시중들던 궁비·궁녀·무녀 등 6명이 투신했다는 낙화암 등도 영월읍내에서 10분 거리에 있다.

낙화암 인근에는 '월기경춘순절지처越妓瓊春殉節之處'라고 새겨진 비석이 있다. 경춘은 제주 고씨인 선비 고순익의 딸이다. 태백산 산신인 단종이 점지해 준 딸이라 생각해, 이름도 노옥이라 지었다. 노옥은 용모가 아름답고 예의범절이 뛰어났으나 다섯 살 때 어머니를 여의고, 여덟 살에 아버지가 죽으면서 천애고아가 된다. 이웃에 살던 추월이라는 노기의 수양딸이 되면서 기생의 길로 들어선 경춘은 영조 45년, 부사로 영월에 내려온 이만회의 아들 이수학과 사랑에 빠진다. 이만회가 한양으로 다시 올라가면서 이들의 사랑은 끝난다. 경춘은 "과거 급제하면 다시 찾아오

겠다"는 이수학을 학수고대한다. 그러나 후임 부사가 경춘의 미모에 반해 끈질기게 수청을 강요하자, 경춘은 절개를 지키기 위해 열여섯 꽃다운 나이에 동강에 투신한다. 그 애틋한 사연을 기리기 위한 것이 순절비다. 남원의 성춘향은 소설 속 허구 인물임에 반해 영월의 경춘은 실존 인물이라 그 의미가 더 크다고 할 수 있다. 고씨동굴 근처 와석리에는 방랑시인 김삿갓의 묘도 있다.

태화산(1,027m)은 단양군과 영월군을 경계로 4억 년의 신비를 간직한 고씨동굴을 품고 있다. 산행 후 자연과 역사, 그리고 문화를 접할 수 있는 산행지다. 고구려의 토성인 태화산성 옆에 있는 전망대에서는 U자로 흘러드는 동강과 청령포, 장릉 등 발아래 펼쳐지는 유적지를 감상할 수 있다. 태화산 정상을 오르는 가장 짧은 길은 영월읍 흥월리 안쪽 흥교마을에서 시작한다. 이 코스는 사람들이 잘 안 다니는 등산로이기에 시작점을 찾기가 쉽지 않다. 숲을 지나 한 시간 정도 오르면 능선에 닿는다. 능선에 오르면 단양에서 올라오는 길과 만나며 정상은 여기서 10분 거리다. 산행 코스는 단양군 상리 북벽~화장암~태화산~태화산성터~고씨동굴로 이어지며, 12km로 6시간 정도 소요된다.

기도처로 유명한 갓바위 품은 '대구의 진산'
# 팔공산

매년 입시철이면 우리의 어머니들은 영험하다는 사찰을 찾거나 집에 정안수를 떠놓고 자식들의 소원이 이뤄지길 빌었다. 그중 전국적으로 유명한 기도처가 바로 대구 팔공산의 갓바위다. "팔공산은 몰라도 갓바위는 들어 봤다"고 할 만큼 갓바위는 팔공산을 대표하는 곳이다. 이곳에는 5m가 넘는 거대한 불상이 있는데 머리 위에 갓을 쓴 듯 판석을 얹고 있다 해서 갓바위라 불린다.

팔공산의 옛 이름은 '공산', '부악', '중악'이었다. 토함산, 계룡산, 지리산, 태백산과 함께 '신라 5악'으로 불리며 호국성신의 산으로 추앙받았다. 호족 세력이 득세하던 후삼국시대에 일시적으로 평화를 유지하던 후백제 견훤과 고려 태조 왕건은 팔공산에서 큰 전투를 벌이게 되는데, 여기서 승리한 후백제는 일시적으로 낙동강 이남의 영토를 장악하는 계기를 마련한다.

927년 9월 견훤은 근암성(경북 문경)과 고울부(경북 영천)을 빼앗고 경주로 진군한다. 후백제군의 침입에 55대 경애왕은 고려에 원군을 요청한다. 그러나 경주 함락으로 경애왕은 목숨을 끊게 되고 견훤은 왕족 김부를 왕위에 올리니 이가 곧 신라의 마지막 왕, 경순왕이다. 신라의 구원 요청에 고려 태조 왕건은 몸소 5,000명의 군사를 거느리고 후백제군을 정벌하러 나선다. 그러나 공산 동수(팔공산 동화사)에서 후백제군에게 포위를 당한다. 이때 신숭겸이 태조로 가장해 수레를 타고 적진에 뛰어들어 전사함으로써 태조는 겨우 목숨을 구한다. 당시 신숭겸과 김락 등 8명의 고려 장수가 모두 전사했다고 하여 팔공산이라 부르게 됐다. 고려와 후백제가 맞붙은 공산전투는 후삼국사 전체를 통해 볼 때 통일전쟁이 가속화되는 계기가 됐다.

보현산에서 서남쪽으로 연결된 팔공산은 갓바위를 품은 대구의 진산이다. 정상인 천왕봉을 중심으로 염불봉·태실봉·노족봉·관봉 등이 남동쪽으로 연봉을 이루며 서쪽으로 톱날바위·파계봉·파계재를 넘어 북서쪽으로 꺾으면 가산을 거쳐 다부원에 이른다.

대구 지방 강력한 지방 세력의 거점이었기에 왕조를 달리하면서도 왕실의 호위를 받아 불교문화가 꽃피운 곳이다. 그래서 군위 마애삼존불을 비롯해 동화사·은해사·송림사 등 고찰들이 즐비하고 보물로 지정된 다양한 불교문화재가 있다.

산행 들머리는 동화사·갓바위·은해사·수도사 등이고 산행 코스 또한 다양하다. 정상에는 방송중계소와 군기지가 있어 제2위봉인 동봉 코스가 가장 인기 높다.

동봉 코스는 탑골에서 시작되는 가장 짧은 팔공 스카이라인 능선 길, 동화사를 지나 오르는 길, 수태골로 오르는 길이다. 앞의 두 코스 모두 염불암을 거치는데, 동화사~염불암(2km) 구간은 지루한 콘크리트길이라 오를 때는 팔공 스카이라인, 하산할 때는 이 길을 이용한다. 케이블카를 타면 30분 정도 단축시킬 수 있다. 수태골 구간은 숲길과 기암절벽 구간을 거쳐 동봉이나 서봉으로 오른다. 동봉에서는 염불암~동화사~탑골 코스가 일반적이다.

동봉은 팔봉산의 실제 정상보다 인기가 높다. 바위로 이루어진 봉우리로 정상에 서면 동북쪽으로 보현산, 남쪽 멀리 가지~신불~재약산으로 이어지는 영남 알프스의 산군이 보일 정도로 조망이 좋다.

낮지만 아름다운 산세는 용아능선 축소판

팔봉산

산림청이 선정한 한국의 100명산의 평균고도는 971m다. 이중 평균보다 훨씬 밑도는 300m대 산은 팔봉산(328m)을 비롯해 지리망산·깃대봉 선운산 등 네 개가 있으며, 팔봉산이 가장 낮다. 바닷가나 섬에 있는 산보다 낮은데도 여기에 선정된 이유는 그만큼 경관이 뛰어나기 때문이다. 홍천군 내에서 1,000m 넘는 산들을 제치고 최고의 산행지로 꼽히는 것도 그래서이다.

팔봉산은 흔히 등산객을 두 번 놀라게 한다. "낮지만 산세가 아름다워 놀라고, 산에 오르면 암릉이 줄지어 있어 산행이 만만치 않은 것에 놀란다"고 한다. 톱날처럼 솟구친 화려한 봉우리는 홍천강 뒤로 병풍처럼 펼쳐져 '소금강'이라 불러도 손색없다. 능선에 오르면 주위에 비슷한 산이 없어 봉우리마다 전망대다.

흙길로 이어진 등산로는 1봉 직전 바위에 이르러 끝난다. 이후 8봉까지는 산행 도중 흙을 밟을 일이 거의 없다. 여덟 봉우리 중 가장 낮은 1봉을 지나 최고봉인 2봉에 오르면 칠성각과 작은 당집이 있다. 칠성각은 팔봉산후토신령과 칠성칠군의 위패를 모신 당집이고, 삼부인당은 이李·김金·홍洪씨 3신을 모신 당집이다.

『동국여지승람』에 따르면 선조 23년부터 인근 마을 사람들이 매년 음력 3월과 9월 보름에 마을의 평온을 빌고 풍년을 기원하며 액운을 예방하는 당굿을 해왔다고 하니 햇수로 400년이 넘는다. 당굿을 올리는 데는 다음과 같은 이야기가 전해 오고 있다.

먼 옛날 팔봉산 주변 어느 마을에 이·김·홍씨 성을 가진 세 여인이 살았다. 이씨 부인은 심성이 인자하고, 김씨 여성은 이씨 부인보다 더 착했으나 홍씨 부인은 그리 너그럽지 못해 주위 사람들의 손가락질을 받았다. 세 여성은 한집안 사람들로 이씨 부인은 어머니였고, 김씨 여인은 그의 딸이었으며, 홍씨는 며느리였다. 이들 세 여인이 죽은 후 자손들이 팔봉산에 삼부인당을 짓고 당굿을 올렸는데 이씨 부인의 신이 내리면 풍년이 들고, 김씨 부인의 신이 내리면 대풍이 들었으나, 홍씨 부인이 강신하면 흉년이 들었다.

3봉은 사방이 시원하게 뚫려 있어 포토존으로 최고다. 특히 8봉 방향으로 줄지어 늘어선 봉우리는 설악산 용아능선을 축소시켜 놓은 듯 뛰어나 감탄사가 절로 나온다.

그러나 팔봉산 산행 중 가장 뛰어난 풍광은 4봉에서 3봉을 바라보았을 때다. 홍천강 물 돌아가는 모습을 배경으로 1·2·3봉의 날카로운 능선이 어우러져 장관을 연출한다.

3봉에서 4봉을 향해 내려가면 마지막 부분에 있는 철 계단을 지나 수직으로 뚫린 바위굴을 빠져나가야 한다. 몸이 빠져나오는 마지막 부분을 '산부인과바위'라고 부르는데, 침니등반을 할 줄 알면 별 어려움이 없지만 그렇지 않으면 시간이 많이 걸리는 상습 정체 구역이다. 이 경우 오른쪽으로 내려서 우회하면 다시 능선에 오를 수 있다. 산행 중 체력이 달릴 경우 두 곳에 하산로가 있어 자신의 체력에 맞춰 산행을 즐길 수 있다. 산행 거리 4.5km에 3시간 정도 소요된다.

'한국의 우주터미널'로 다시 태어난 고흥 최고의 산

# 팔영산

인간은 지구상에 출현한 이래 하늘을 날아다니는 새를 보며 '이카루스의 꿈'을 키워 왔다. 르네상스 시대 레오나르도 다빈치는 그 꿈을 실현하기 위해 최초의 비행체 설계도를 만들었고, 400년 후 라이트 형제는 인류 최초로 하늘을 비행하는 데 성공했다. 그리고 소련이 1957년 스푸트니크 1호를 우주에 쏘아 올림으로써 인간의 '이카루스의 꿈'은 더 넓은 세상으로 한 걸음 나아가게 됐다. '우주강국의 기치'를 내건 대한민국은 2009년 나로도에 우주센터를 건립함으로써 세계 13번째 우주센터 보유국으로 발돋움하며 그 꿈을 펴나가고 있다.

위성을 탑재해 발사되는 3단계 로켓은 대기권을 벗어나기까지 세 차례 로켓이 분리된다.『위성통신 시스템 공학』에 따르면 "3단계 로켓은 발사 진로 중심 15° 너비 안에서 1단계로 분리될 큰 부스터가 제주도 동쪽 해역, 2단계 잔해물은 영해를 벗어나 일본의 오키나와 열도 직전 해상에 떨어지고 마지막 탈착물은 지구 대기층 재돌입시 타지만 일부가 뉴기니아 남태평양 해역으로 낙하된다"고 설명한다.

로켓 발사 장소는 ▲반경 1.2km의 안전구역 확보 ▲외국 영공(고도 100km)을 통과하지 않아야 하며 ▲로켓물 낙하에 따른 안전 확보 ▲발사장이나 예정 비행 경로 18km 이내에 벼락이 없어야 하는 등 입지 조건이 까다롭다. 원래 최적의 우주센터 후보지는 제주도 서귀포 대정읍이 1순위였으나 주민 반대로 나로도로 선정되었다.

여덟 개의 암봉으로 이루어진 팔영산(609m)은 다도해 해상국립공원에 속한다. 중국 전국시대 위왕이 세수를 하는데 대야에 여덟 봉우리의 그림자가 비쳤다. 신기하게 생각한 위왕은 신하들에게 팔봉의 산을 찾으라 명한다. 그렇게 해서 찾은 산이 지금의 팔영산으로, 그때부터 이름이 바뀌어 불렸다고 전해진다. 그만큼 풍광이 뛰어난 전남 고흥군 최고의 산이다. 정상에 오르면 멀리 나로도가 손짓하고 가까이로는 소록도가 빼곡히 머리를 내민다.

슬프고도 아름다운 섬, 소록도. '목마른 사슴이 물을 마시고 기운을 얻는 곳'이란 뜻의 갈록음수지지渴鹿飮水之地 형국이라 해서 이름 붙여졌다. 지금이야 의술의 발달로 거의 사라졌지만 50년 전만 해도 한센병은 천형天刑이었다. 그 작은 섬은 일제강점기 한센병 환우들의 비참한 삶을 묵묵히 지켜봤으며, 섬 안에는 일제강점기 모습 그대로 보존되어 있다. 천형을 이겨내고 시인으로 우뚝 선 한하운은 한센병의 아픔을 작품 「벌」로 노래했다.

죄명罪名은 문둥이… / 이건 참 어처구니없는 벌이올시다.
어느 법문法文의 어느 조항에도 없는 / 내 죄를 변호할 길이 없다.

소록도를 품은 고흥반도는 시인 한하운처럼 그 아픔을 딛고 미래를 향해 하늘로 날아가는 대한민국의 우주 터미널로 다시 태어났다.

고흥 앞바다에 펼쳐진 순천만과 보성만, 그리고 해창만의 바다 냄새가 바람에 실려 올 때쯤 팔영산에 오르면 어머니 가슴처럼 모든 것을 감싼 다도해가 눈앞에 펼쳐진다. 눈이 시리도록 푸른 바다. 하얀 포말을 일으키며 수석처럼 잘생긴 섬 사이를 빠져나가는 배들이 마냥 한가롭다. 나로도도 손에 잡힐 듯 가깝다. 여덟 개의 암봉으로 이루어진 팔영산은 1봉에서 8봉으로 이어지는 암릉 종주 코스가 산행의 묘미를 더해 준다. 게다가 정상에서 내려다보는 다도해의 일대 장관은 팔영산 산행에서 맛볼 수 있는 또 하나의 보너스다.

산행 코스는 능가사~1봉~8봉~깃대봉~탑재~팔영산장~능가사로 이어지는 8.5km, 4시간 정도 소요된다.

'전설의 섬' 이어도 손짓하는 반도 남쪽의 최고봉

# 한라산

제주는 한라산이고 한라산은 바로 제주 그 자체다. 제주도에 대해 작가 황순원이 "바다 위에서 보면 그저 하나의 커다란 산으로밖에 보이지 않는다"고 소설 「비바리」에서 얘기했듯이, 멀리서 보면 한라산은 그저 평범한 산의 하나로 보인다. 그러나 그 안으로 들어가면 368개의 크고 작은 오름이 여기저기 산재해 있어 제주도 어디서 보나 크나큰 엄마 품으로 다가온다.

오름은 '자그마한 산'을 뜻하는 제주 방언. 개개의 분화구를 갖고 있는 작은 화산이다. 제주 사람들은 오름 주변에 마을을 만들고 그곳에서 태어나 오름에서 살다가 오름으로 돌아간다. 그래서 오름은 제주 사람들의 삶의 원형, 그 자체다.

설문대할망은 제주도를 대표하는 신화 속 인물이다. 할망은 치마에 흙을 담아 와 제주도를 만들었고 다시 흙을 일곱 번 떠놓아 한라산을 만들었다. 한라산을 쌓기 위해 흙을 퍼나르다 떨어진 것이 368개의 오름이다. 뾰족한 한라산 봉우리를 꺾어서 잡아 던지니 아래는 움푹 패여 백록담이 됐고 윗부분은 산방산이 됐다고 한다. 주먹으로 봉우리를 쳐서 만든 것이 다랑쉬오름이며, 성산포 일출봉 기슭의 등경돌은 설문대할망이 바느질을 할 때 등잔을 올려놓았던 받침대라고 알려져 있다.

키가 워낙 커서 한라산을 베고 누우면 다리가 관탈섬까지 뻗었는데, 관탈섬에 난 구멍은 할망이 다리를 잘못 뻗어 생긴 것이라고 한다. 관탈섬과 마라도를 밟고 우도를 빨랫돌로 삼아 빨래를 했는데, 오줌줄기가 너무 세어 지금도 우도와 성산 사이의 조류가 거친 것이라고 한다.

할망은 설문대하르방과의 사이에 오백 아들을 두었다. 하루는 사냥 나간 오백 아들에게 먹일 죽을 끓이다 가마솥에 빠져 죽게 된다. 죽을 먹던 아들들이 솥에 할망이 빠져 죽은 것을 알고는 슬피 울다 영실기암의 오백 장군이 되었다고 한다. 이처럼 제주의 모든 지역은 할망과 연관되지 않은 것이 없다.

오늘날이야 비행기를 타고 한 시간이면 전국 어디서나 제주에 도착하지만, 그 옛날에는 사람의 왕래가 불편해 일급 유배지였다. 추사 김정희도 산방산 아래 대정으로 귀양 왔다. 그래서 '원악도'로도 불렸다.

바람·물·가뭄 피해가 많아 '삼재三災의 섬'으로 불리기도 한 제주도는 '역사의 섬'이다. 멀리 고려시대 삼별초의 난부터 가까이 일제강점기를 지나 4·3항쟁에 이르기까지 제주민은 이리 밟히고 저리 치이며 살아왔다. 지금까지 제주를 지켜온 그들의 질긴 생명력 앞에 경배를 올리지 않을 수 없다. 아픈 사연만큼이나 많은 이야기를 갖고 있는 제주도는 설화·민요·무가는 물론 거친 땅과 바다에 의탁해 살았던 치열한 삶과 '4·3문학'을 만들어낸 '이야기의 섬'이다.

반도의 남쪽 최고봉 한라산. '은하수를 끌어당길 수 있다'는 뜻으로 이름 붙여진 한라산은 제주 사람의 애환을 지켜본 제주의 산이요, 민족의 영산이다. 그 머리에는 지금도 사슴의 슬픈 전설이 살아 숨쉰다.

정상에 오르면 각각의 오름은 실오라기 하나 걸치지 않은 여인의 자태마냥 아름답게 다가온다. 성산포는 저 아래 펼쳐져 있다. 남으로 눈을 돌리면 멀리 마라도와 전설의 섬 이어도가 손짓한다.

'삼다三多의 섬' 제주답게 한라산에서 맞는 바람은 사시사철 거세다. 제주의 바람에는 빛깔이 있고 소리에서는 향기가 난다. 그래서 계절마다 느낌이 다르다.

한라산의 봄은 윗세오름의 철쭉으로 붉게 물든다. 여름에는 돈내코와 탐라계곡의 신록이 푸르름을 자랑하고 가을에는 남조로의 억새가 육지 사람들의 마음을 한껏 사로잡는다. 그리고 겨울철 백록담을 오르는 길가 구상나무에 눈이 쌓이면 어느 새 한라산은 '천상의 조각공원'으로 바뀐다.

제주도에 가면 이생진의 시 「그리운 바다 성산포」는 혼자라도 읊어 볼 일이다.

아침 여섯 시. 어느 동쪽으로나 그만한 태양은 솟는 법인데 성산포에서만 해가 솟는다고 부산 피운다. … 나는 내 말을 하고 바다는 제 말을 하고 술은 내가 마시는데 취하기는 바다가 취한다. 성산포에서는 바다가 술에 더 약하다. …알몸으로도 세월에 타지 않는 바다처럼 보일 거다. 밤으로도 지울 수 없는 그림자로 태어나 바다로도 닳지 않는 진주로 살 거다. … 저 세상에 가서도 바다에 가자. 바다가 없으면 이 세상에 다시 오자.

한라산을 오르는 등산로는 성판악, 관음사, 영실, 어리목과 최근 개방한 돈내코 등 다섯 가지 코스가 있다. 각 코스별 거리는 영실~윗세오름(6.1km), 어리목~윗세오름(4.7km), 돈내코~남벽 분기점~윗세오름(9.1km), 관음사~왕관릉~백록담(8.7km), 성판악~진달래대피소~백록담(9.6km)이다. 각 코스별로 입산 통제 시간이 있으므로 자신의 체력에 맞춰 산행을 시작해야 한다.

## 제주 올레길

- **1코스(시흥-광치기 올레)** : 시흥초등학교~광치기 해변. 제주 올레에서 가장 먼저 열린 길. 오름과 바다가 이어지는 '오름-바당' 올레다. 푸른 들을 지나 말미오름과 알오름에 오르면, 일출봉과 우도 등이 한눈에 들어온다. 길이 끝나는 광치기 해변의 물빛은 환상적이다. 15km, 4~5시간. 난이도 중.

- **2코스(광치기-온평 올레)** : 광치기 해변~온평포구. 물빛 고운 바닷길부터 잔잔한 저수지를 낀 들길, 호젓한 산길까지 색다른 매력의 길들이 이어진다. 제주 '삼성 신화'에 나오는 고·양·부 삼신인이 벽랑국에서 찾아온 세 공주를 맞이했다는 온평리 바닷가와 혼인지를 지나게 된다. 14.8km, 4~5시간. 난이도 중.

- **3코스(온평-표선 올레)** : 온평포구~표선 해비치 해변. 중산간 길의 고즈넉함을 만끽할 수 있다. 양옆에 늘어선 오래된 제주 돌담과 제주에 자생하는 울창한 수목이 운치를 더한다. 도중에 김영갑갤러리 두모악에 들러 사진에 담긴 제주의 하늘과 바다, 오름, 바람을 감상할 수 있는 것이 이 올레의 매력이다. 21.3km, 6~7시간. 난이도 상.

- **4코스(표선~남원 올레)** : 표선 해비치 해변~남원포구. 절반은 아름다운 해안 올레고, 나머지 절반은 오름과 중산간 올레다. 가마리에서는 해녀들의 삶을 볼 수 있고, 토산리 망오름과 거슨새미는 중산간의 특별한 풍광을 오롯이 간직하고 있다. 23.1km, 6~7시간. 난이도 상.

- **5코스(남원쇠소깍 올레)** : 남원포구~쇠소깍. 대한민국에서 가장 아름다운 해안 산책로로 꼽히는 큰엉 경승지 산책길을 지나 민물과 바닷물이 만나는 쇠소깍까지 이어지는 길이다. 오감을 활짝 열고 걷는 바당올레와 마을올레다. 14.4km, 4~5시간. 난이도 중.

- **6코스(쇠소깍외돌개 올레)** : 쇠소깍~외돌개 입구. 이중섭거리와 천지연폭포 위 산책로를 거쳐 외돌개까지 이어지는 해안-도심 올레다. 시장 올레인 A구간(14km)과 해안 올레인 B구간(13.8km)을 선택해서 걸을 수 있다. 이중섭거리에서 A·B 구간이 나뉘고 시공원 출구에서 다시 만난다. 14km, 4~5시간. 난이도 하

- **7코스(외돌개월평 올레)** : 외돌개 입구~월평 아왜낭목. 올레인들이 가장 사랑하고 아끼는 자연생태길인 '수봉로'를 만난다. 수봉로는 올레지기 김수봉씨가 염소가 다니던 길을 삽과 곡괭이만으로 계단과 길을 낸 곳이다. 너무 험해 갈 수 없었던 '두머니물~서건도' 해안 구간은 손으로 돌을 고르는 작업 끝에 '일강정 바당올레'를 만들었다. 14.2km, 4~5시간. 난이도 중.

- **8코스(월평대평 올레)** : 월평 아왜낭목~대평포구. 바다에 밀려 내려온 용암이 굳으면서 절경을 빚은 주상절리와 흐드러진 억새가 일품인 열리 해안길을 지난다. 해녀들만 다니던 '해병대길'은 낙석 위험으로 인해 우회 중이다. 종점인 대평리는 자연과 어우러진 여유로움이 가득한 작은 마을. 안덕계곡 끝자락에 바다가 멀리 뻗어나간 넓은 들(드르)이라 하여 '난드르'라고 불리는 마을이다. 18.9km, 5~6시간. 난이도 중.

- **9코스(대평화순 올레)** : 대평포구~화순 금모래해변. 작고 정겨운 대평포구에서 시작해 말이 다니던 '몰질'을 따라 걷노라면 절벽 위의 드넓은 초원인 박수기정이 나온다. 품질 좋은 제주 조랑말을 박수기정 위에서 키워 몰질따라 대평포구에서 원나라로 보냈다고 한다. 원시 모습을 간직한 안덕계곡은 제주의 감춰진 속살을 제대로 보여주는 비경이다. 7.5km, 3~4시간. 난이도 상.

- **10코스(화순모슬포 올레)** : 화순 금모래해변~모슬포 하모체육공원 안내소. 산방산 옆과 송악산을 지나 대정읍 하모까지 이어지는 해안 올레. 마라도와 가파도를 가까이 볼 수 있고, 산방산과 오름군, 영실계곡 뒤로 비단처럼 펼쳐진 한라산의 비경도 감상할 수 있다. 15.5km, 4~5시간. 난이도 중.

- **11코스(모슬포무릉 올레)** : 모슬포 하모체육공원~무릉생태학교. 삶과 죽음이 공존하는 길, 근대사와 현대사가 녹아 있는 올레다. 모슬봉에는 가족묘지와 4·3항쟁으로 숨진 이들의 공동묘지가 있다. 모슬봉에서는 알뜨르비행장의 흔적과 산방산, 형제섬 등이 한눈에 보인다. 신평-무릉간 곶자왈 올레는 제주올레에 의해 처음 공개된 '비밀의 숲'이다. 17.5km, 5~6시간. 난이도 상.

- 12코스(무릉용수 올레) : 무릉생태학교~용수포구. 무릉2리부터 용수포구 절부암까지 들과 바다, 오름을 따라 이어진다. 신도 앞바다에 거대한 도구리(돌이나 나무를 파서 소나 돼지의 먹이통으로 사용한 넓적한 그릇)들이 바닷물과 해초를 가득 머금은 채 연못처럼 놓여 있다. 차귀도를 바라보며 수월봉과 엉알길을 지나 당산봉을 넘고 나면 '생이기정 바당길'(새가 많은 절벽이라는 뜻으로 제주올레가 붙인 이름)로 접어든다. 17.1km, 5~6시간. 난이도 중.

- 13코스(용수저지 올레) : 용수포구~저지마을 회관. 해안가를 이어오던 제주올레의 지도가 내륙으로 방향을 튼다. 숲길 올레의 시작이다. 용수저수지와 숲을 지나 작은 마을 낙천리를 만나고 다시 숲과 오름을 오른다. 14.7km, 4~5시간. 난이도 중.

- 14코스(저지한림 올레) : 저지마을 회관~한림항. 돌담길, 밭길, 숲길, 하천길, 나무 산책로가 깔린 바닷길, 자잘한 돌이 덮인 바닷길, 고운 모래사장 길, 마을길들이 차례로 나타나 지루할 틈이 없다. 바다에서는 아름다운 섬 비양도를 내내 눈에 담고 걷는다. 19km, 6~7시간. 난이도 중.

- 15코스(한림고내 올레) : 한림항~고내포구. 한림의 바다에서 출발해 중산간의 마을과 밭, 오름을 돌아 다시 고내의 바다에 이르는 올레다. 한림항을 출발하면 두 개의 오름과 감춰진 난대림 숲을 지나면 어느 새 고내포구에 다다른다. 해질녘, 올레 곁 나무에 걸치는 석양은 걸어온 이들의 피로를 풀어준다. 19.1km, 6~7시간. 난이도 중.

- 16코스(고내광령 올레) : 고내포구~광령1리 사무소. 해안을 따라 걷는 길은 작은 오솔길 산책로이거나 바다와 맞닿거나, 해안 도로를 따라 이어진다. 저수지 둑방과 마을을 통과하면 삼별초가 마지막 항전을 벌였던 옛 토성인 항파두리. 성을 빠져나가면 아름다운 숲길, 계곡길이 반긴다. 숲을 빠져 나온 길은 마을을 보여주며 종착지 광령에 다다른다. 16.9km 5~6시간. 난이도 중.

- 17코스(광령산지천 올레) : 광령1리 사무소~동문로터리 산지천 마당. 무수천을 따라 무심히 발걸음을 옮기면, 옛 선비들이 달빛 아래 풍류를 즐겼다는 외도의 월대와 내도의 알작지 해안을 만난다. 제주시내와 인접한 곳이라고는 믿기지 않을 정도로 고즈넉한 풍경이다. 용두암과 목관아지를 지나고 잠시 복잡한 제주 시내를 통과하면 어느새 제주 최대 재래시장인 동문재래시장에 닿는다. 19.2km, 6~8시간. 난이도 중.

- **18코스(산지천조천 올레)** : 산지천 마당~조천 만세동산. 사라봉은 제주 시내와 바다, 한라산의 전망이 아름답다. 사라봉을 내려가면 돌담만 남아 있는 빈 땅이 나타난다. 4·3항쟁 당시 한 마을 전체가 불타 없어진 곤을동 마을 터다. 제주의 아픈 상처를 되새기게 한다. 시비코지에서 닭모루로 이어지는 바당길은 숨이 멎을 만큼 풍경이 뛰어나다. 18.2km, 6~7시간. 난이도 중.

- **19코스(조천김녕 올레)** : 조천 만세동산~김녕 서포구 어민복지회관. 조천 만세동산에서 시작해 신흥~함덕~북촌~동복을 거쳐 김녕까지 이어지는 이 코스는 바다와 오름, 곶자왈, 마을, 밭 등 제주의 가장 아름다운 모습들을 지루할 틈 없이 펼쳐 보여준다. 밭에서 물빛 고운 바다로, 바다에서 솔향 가득한 숲으로, 숲에서 정겨운 마을로 이어지는 길의 전환은 너무 빠르지도 너무 늦지도 않다. 18.6km, 6~8시간. 난이도 중

- **20코스(김녕하도 올레)** : 김녕 서포구 어민복지회관~하도 해녀박물관. 바람은 제주민의 원형이다. 그들만의 언어, 돌담, 자연, 문화를 만들었다. 이 코스는 제주의 바람을 만나러 가는 길이다. 17.4km, 5~6시간. 난이도 중.

- **21코스(하도종달 올레)** : 하도 해녀박물관~종달바당. 구좌읍의 바다를 바라보며 시작하여 마을과 밭길로 1/3, 바닷길로 1/3, 그리고 오름으로 1/3 등 제주 동부의 자연을 고르게 체험하게 된다. 지미봉에 성산 일출봉과 푸른 제주의 동쪽 바다, 용눈이오름과 다랑쉬오름이 있는 제주의 동부 오름 군락이 밀려든다. 그리고 지미봉을 내려와 종달리 해안에서 올레가 끝난다. 10.1km, 3~4시간. 난이도 중.

- **1-1코스(우도 올레)** : 우도 천진항~우도 천진항. 우도는 푸른 초원, 검은 돌담, 등대가 가장 제주다운 풍경을 연출한다. 제주도에 딸린 62개의 섬 중 가장 크고 1년 내내 쪽빛 바다색을 자랑한다. 11.3km, 4~5시간. 난이도 하.

- **7-1코스(경기장외돌개 올레)** : 월드컵경기장 입구~외돌개 입구. 제주 중산간의 아름다움을 온몸으로 호흡하며 걷는 올레. 서귀포 월드컵 경기장에서 시작하여 중산간을 거쳐 외돌개로 내려온다. 14.8km, 4~5시간. 난이도 중.

- **10-1코스(가파도 올레)** : 상동포구~가파포구. 국내 유인도 중 가장 낮은 섬(20.5m)이다. 가파도 올레는 걷기 위한 길이 아니다. 머물기 위한 길이다. 길고 긴 제주 섬의 올레를 걸어오느라 수고한 몸과 마음이 하루쯤 편히 쉴 곳. 가파도는 산책의 섬, 휴식의 섬, 안식의 섬이다. 새로운 길을 가기 위한 에너지 충전소다. 5km, 1~2시간. 난이도 하.

⇢ **14-1코스(저지무릉 올레)** : 저지마을회관 건너편~인향동 인당내 풀내음 앞. 저지에서 무릉까지 이어지는 이 길은 무성한 숲의 생명력, 초록의 힘을 온몸으로 느끼며 걷는 길이다. 17km, 6~7시간. 난이도 상.

⇢ **18-1코스(추자도 올레)** : 추자항~추자항. 추자도는 네 개의 유인도와 서른여덟 개의 무인도로 이뤄진 섬이다. 추자도의 두 섬인 상추자와 하추자의 봉우리들을 넘고 또 넘어 이어가는 제주올레 길은 추자도의 속살을 모두 들춰내 보여준다. 18.2km, 6~8시간. 난이도 상.

함박꽃 반겨주는 태백의 진산

# 함백산

우리는 TV에 방영되는 대하 사극 드라마를 통해 우리 역사와 문화를 눈여겨보게 된다. 그중에서도 조선 건국과 관련된 사건이 주요 모티브로 가장 많이 소개된다. 〈용의 눈물〉, 〈정도전〉, 〈육룡이 나르샤〉, 〈장영실〉 등은 조선 개국을 둘러싼 역사적 사건을 소개한 드라마다.

그 중심에는 조선을 건국한 이성계와 이를 뒷받침한 다섯째 아들 방원(태종)이 있다. 당나라 태종이었던 이세민이 그러했듯 방원도 가족은 물론 고려 충신, 조선 건국 일등공신, 자신이 왕위에 오르는 데 도움을 줬던 동료 등 피가 피를 부르는 숙청을 통해 왕위에 오른다.

"군주는 목적을 위해서 수단을 가리지 않아도 된다"는 내용의 『군주론』(군주의 통치 기술을 다룬 책으로 르네상스 시대 종교적 권위에서 해방된 새로운 국가관을 제창한 근대 정치학의 기초)은 16세기 이탈리아 피렌체의 서기관이었던 니콜로 마키아벨리가 자신의 군주에게 헌정한 책이다. 왕권을 확립하기 위해 물불 가리지 않았던 태종 이방원은 조선 최고의 마키아벨리스트로 손색이 없을 듯싶다.

'함흥차사'와 '두문불출'은 태종과 관련된 고사성어다. '두문불출'은 '집에만 있고 바깥으로 나다니지 않는 것'을 가리킨다. 고려 멸망 후 고려 유신들의 항거는 태종 때까지 이어진다. 고려 유신 72명은 새 왕조를 거부하고 경기도 개풍군에 있는 두문동 깊숙이 들어간다. 태조의 설득에도 꿈쩍하지 않자 불을 질러 나오게 하려 했으나 이들 대부분은 죽음을 택한다. 두문불출은 바로 여기서 나온 말이다. 그중 정선 정씨의 후손인 전오륜과 김충한·고천우·이수생·신안·변귀수·김위 등 7명은 정선군으로 들어가 고사리를 캐먹고 살았다. 그곳이 남면 낙동리에 있는 거칠현동이다.

함백산으로 오르는 길에도 두문동고개가 있다. 두문동재는 정선군 고한읍에서 태백시 화전동을 이어주는 길이다. 개성의 두문동과 같은 이름이다.

지리산에서 출발한 백두대간은 태백산에서 화방재로 굽어 내리다가 함백산(1,573m)으로 솟으며 웅장함을 이어간다. 태백산과 같은 화려함이나 지리산과 같은 깊은 골은 없지만 묵묵히 그 자리에서 동해의 일출을 한 몸에 받아내는, 남쪽에서 여섯 번째로 높은 산이다.

태백시에는 '국내에서 가장 높다'는 타이틀을 갖고 있는 것이 두 개 있다. 자동차로 가장 높이 올라갈 수 있는 고개인 만항재(1,330m)가 하나요, 하늘 아래 첫 기차역인 추전역(855m)이 다른 하나다. 그리고 국내 5대 적멸보궁의 하나인 정암사와 오투리조트, 국가대표선수들의 여름철 고원 전지훈련장인 태백선수촌이 함백산 자락에 있다.

『삼국유사』 척주부에는 "근대봉 남쪽에 상함백산·중함백산·하함백산이 있다", "자장법사가 문수보살의 계시를 받아 묘범산에 가서 정암사를 세웠다"는 기록이 있다. 적멸보궁 옆 주목나무는 자장율사가 꽂아둔 지팡이가 살아난 것이라는 이야기가 전해 오며 '선장단'이라 부른다.

현종 3년(1662), 허목이 편찬한 강원도 삼척부 읍지였던 『척주지』에도 "대박산 서쪽은 정암 육천이고 육천의 물은 영월에 이르러 큰 강으로 흘러들어간다. 대박산은 태백산 동쪽에 있고, 본적·심적·묘적·은적 등의 암자가 있고, 만생백과 오엽송이 많이 자란다. 대박산 동쪽은 황지이고, 황지 동쪽에는 연화산이 있다"고 기록되어 있다. 조선 영조 때 실학자인 여암 신경준의 『산경표』에도 대박산으로 소개하고 있다. 연유는 모르겠지만 그 후 함백산으로 이름이 바뀌었다.

이처럼 '대박'은 '큰 밝음'이라는 뜻을 갖고 있기에 함백산은 태백의 진산이다. 정상에 오르면 북쪽에선 철쭉으로 유명한 두위봉이, 동쪽에선 덕항산·백병산이, 남쪽에선 태백산·일월산·통고산이 손짓한다. 정상에서 싸리재로 이어지는 능선에는 주목과 고사목 군락이 있고 하얀 함박꽃이 지천이다.

하산 후에는 국내에서 가장 높은 역인 추전역과 태백8승에 속하는 낙동강의 첫 여울인 황지, 한강의 발원인 검룡소, 1억 5천만~3억 년 전에 형성됐다는 석회동굴인 용연동굴 등을 둘러볼 수 있다. 당골광장에는 아시아에서 가장 규모가 큰 석탄박물관이 있다.

산행은 화방재·두문동재·적조암 등 세 곳에서 시작한다. 두문동재 코스(7.3km, 3시간 20분)는 상함백이라 부르는 은대봉을 지나 샘터~중함백~정상, 적조암 코스(5km, 2시간 20분)는 적조암삼거리~샘터~중함백~정상까지 이어진다. 화방재 코스(6.8km, 2시간 50분)는 화방재~수리봉~창옥봉~만항재~정상으로 각각 이어진다. 만항재에서 시작하는 산행은 점봉산을 거쳐 두문동재(싸리재, 1,268m)로 하산하는데, 표고차가 233m여서 누구나 쉽게 산행을 즐길 수 있다. 만항재에서 레이더기지가 있는 함백산 정상까지는 시멘트로 포장돼 있어 승용차 진입이 자유롭다.

대한민국 정중앙에 위치한 경기 최고봉

화악산

경기도의 최고봉인 화악산(1,468m)은 국토자오선과 북위 38도선이 만나는 곳이다. 또한 백두산과 한라산을 잇는 선과 평안북도 삭주와 울산을 잇는 선이 만나는 곳이기도 하니, 대한민국 정중앙에 위치한 '배꼽산'인 셈이다.

높이만큼이나 계곡도 깊은 화악산은 동학농민혁명 때 관군을 피해 온 동학교도들이 화전을 일구며 살던 산이었다. 칠림계곡 깊숙한 곳에 들어앉은 천도교 화악산 수도원이 당시 동학교도들이 거처했던 곳이다.

예로부터 나라가 어지러우면 말세론을 들고 나오는 사이비 종교가 우후죽순 생겨난다. 백백교도 동학의 사이비 종파의 하나로 전정예가 세운 백도교가 그 뿌리다. 전정예는 중국 영변에서 태어나 일찍이 동학에 입도한다. 금강산에서 3년간의 수도 끝에 1912년 김화 오성산에 근거지를 두고 백도교를 창설해 교주가 된다. 한창 때는 신도수가 1만 명에 이르렀다고 한다.

그에게는 아들 셋이 있었는데, 1919년 전정예가 사망하자 둘째 아들 전용해는 간부였던 우광현과 공모해 아버지의 시신을 암매장한다. 후에 전정예의 죽음이 탄로나자, 우광현은 전정예를 교조로 하고 자신을 교주로 하는 백백교를 창설한다. 혹세무민으로 교단을 이끌던 전용해는 1937년 2월 배반할 기미를 보이던 간부 18명, 신도 314명을 용문산에서 집단 학살, 사회적으로 큰 물의를 일으킨다. 그는 결국 수사망을 벗어나 도망치다 양평 도일봉에서 자살한다. 유명한 '백백교 사건'이다. 지금도 사이비 종교 사건이 터질 때마다 회자되는 이야기다. 당시 일부 신도가 화악산으로 도망쳐 지금의 적목리 조무락골에 숨어들어 살았다고 전해지기도 한다.

조무락골은 석룡산과 화악산 중봉 사이를 흐르는 계곡으로 두 산의 지류를 타고 이룬 물이 조무락골을 이루며 도마천과 합쳐 가평천으로 흘러든다. '새들이 춤추며 즐긴다'고 해서 '조무락'이란 이름이 붙었다고 전해진다. 조무락골에는 20m 높이에서 2단으로 꺾여 떨어져 물줄기가 실처럼 쏟아지는 복호동폭포가 명물이다.

가을이면 하얀 꽃잎이 앙증맞은 까실쑥부쟁이, 쪽빛 하늘처럼 청초한 용담, 북미가 원산지로 귀화한 개망초, 약용식물인 연분홍색의 둥근이질풀, 붉은 꽃이 가지 끝에 곡식의 이삭과 같은 모양으로 핀다는 꽃며느리밥풀, 꽃받침 조각이 꽃잎과 비슷하다는 자줏빛 투구꽃 등 이름도 생소한 야생화가 만발한다.

정상인 신선봉과 서쪽의 중봉, 동쪽의 응봉을 '삼형제봉'이라고 부르는 화악산은 정상에 오르면 경기도 최고봉의 풍채에 걸맞게 시계가 100km에 달할 정도로 조망이 좋다. 석룡산·국망봉·개이빨산·명지산·청계산·운악산 등 중서부 지역 대부분의 산을 조망할 수 있다. 신선봉에는 공군 레이더기지가 있어 우회해야 한다.

산행은 화천으로 넘어가는 화악터널에서 시작해 군사도로를 따라 중봉~신선봉을 거쳐 조무락골까지 내려오거나 조무락골에서 석룡산~삼일봉~북봉~중봉을 거쳐 조무락골로 원점 회귀하는 코스가 있다. 정상까지는 3~4시간 소요된다.

창녕 조씨 득성지인 억새 산행지

화왕산

전국의 모든 산은 산만이 갖는 독특한 아름다움과 멋스러운 풍광을 갖고 있다. 경남 창녕군의 화왕산(756m)은 창녕 조씨 득성지로 봄이면 진달래가 산자락을 빨갛게 수놓고 가을이면 은빛 꽃 너울대는 억새가 천상을 갈색으로 채색한다. 화왕산은 한라산·두륜산·명성산·민둥산·천성산·지리산 만복대만큼이나 국내 최고의 억새 산행지로 손꼽힌다.

창녕 조씨의 시조는 조계룡이다. 그는 신라 진평왕의 사위다. 어머니 예향은 한림학사였던 이광옥의 딸로 결혼을 앞두고 뜻밖에 병을 얻게 된다. 예향은 뱃병으로 고생하던 중, "화왕산 용지에서 목욕을 하면 쾌차한다"는 말에 연못을 찾아간다. 목욕과 함께 기도를 드리니 병은 완쾌됐지만, 연못에 살던 용과의 만남 속에 처녀의 몸으로 태기가 생긴다. 그리고 꿈에 한 남자가 나타나 "이 아이의 아버지는 용의 아들 옥결이다. 잘 키우면 자손만대 번영이 있을 것"이라고 말한다.

진평왕 48년에 아들을 낳으니 용모가 출중하고 겨드랑이에 붉은색으로 조曺가 쓰여 있었다. 이 사실을 알게 된 진평왕은 조를 성으로 하고, 이름은 계룡, 자는 인경으로 해 이름을 하사했다. 그리고 후에 부마로 삼고 창성부원군에 봉했다. 창녕 조씨의 득성 설화다. 그 용지의 흔적이 아직도 화왕산성 내에 있다.

경상남도 남해안과 동해안에는 임진왜란 당시 왜군이 세운 왜성만 해도 20여 개가 넘는다. 모두 바닷가에 위치해 있어 일본으로부터 군수물자를 공급받고 조선에서 약탈한 물품을 일본으로 실어 나르는 전초기지 역할을 했다. 왜군 대장이었던 가토 기요마사는 선조 26년 울산 서생포에 왜성을 쌓는다. 정유재란이 벌어지자 가토는 서생포에 상륙한 왜우군을 이끌고 창녕 방향으로 진출한다.

당시 화왕산성에는 홍의장군으로 잘 알려진 곽재우가 성을 지키고 있었다. 화왕산성에 이르러 보니 형세는 험하고 살기는 등등해 섣불리 공격하기를 주저하다 1주일 간의 대치 끝에 공격을 단념하고 황석산성으로 진출한다. 그리고 황석산성 전투에서 무참히 깨진다.

이러한 역사적 사실 말고도 화왕산이 갖고 있는 또 하나의 매력은 지척에 세계적으로 유명한 우포늪이 있다는 것이다. 우포늪은 람사르 국제협약(1971년 이란 람사르에서 체결된 국제조약. 공식 명칭은 '물새 서식지로서 국제적으로 중요한 습지에 관한 협약')에 등록된 보호습지로, 1억 4천만 년 전에 만들어졌다. 전체 면적이 70만 평 정도로 넓다. 갈대와 억새가 군락을 이루고 있으며 1,500여 종의 동식물이 살고 있는 우포늪은 국내 최대 '자연사박물관'이다. 밤새워 달려온 어둠의 긴 터널 앞에 스멀스멀 피어오르는 물안개 사이로 우포는 속살을 드러낸다.

새벽의 우포는 몽환적이다. 백로는 우포에 발을 담그고 논병아리·물닭 등 잠에서 깨어난 살아 있는 모든 것이 합창한다. 태초에 비춘 태양

이나 지금 떠오르는 해나 똑같으니 새벽녘 우포는 시간여행지인 것이다. 새벽이면 전국에서 앵글에 사진을 담으려고 찾아온 사람들로 북적인다.

화왕산은 창녕군민의 뒷동산이다. 주말이면 어욱새산장에서 정상에 이르는 등산로에는 수많은 군민들이 몰려 무척 혼잡하다. 따라서 산행은 관룡사로 올라 어욱새산장으로 하산하는 것이 여러모로 편리하다.

산행 코스는 산성교 주차장~관룡사~구룡산~관령산~진달래 군락지~동문~화왕산~서문~배바위~주차장으로 이어지는 13km, 6시간 30분 정도 소요된다.

'에미골'의 슬픈 사연 간직한 천상의 화원

# 황매산

다도해를 넘어온 바람을 맞으며 안으로 힘을 모은 꽃봉오리가 일순간 터져 나온다. 5월의 바람이 스쳐 지나간 자리는 붉은색 카펫으로 뒤덮이고 나무는 안으로 살찌운다. 온갖 생명들은 꽃의 향연에 취해 '천상의 화원'으로 날아든다.

철쭉이 꽃망울을 터뜨리는 5월, 황매산(1,108m)은 봄의 축제를 시작한다. 철쭉은 떡갈재~정상, 베틀봉~정상, 모산재 위의 넓은 초원지대도 모자라 돛대바위·순결바위 틈에도 앙증맞게 머리를 내민다. 1년에 한 번 밤낮없이 펼쳐지는, 자연이 초대하는 축제에 사람들의 발길이 끊이지 않는다.

전국의 여느 산과 마찬가지로 황매산에도 애틋한 전설이 전해 온다. 황매산 북쪽 험한 산골짜기를 '에미골'이라 부른다. 이곳에 모녀가 살았는데 어느 날 나물 캐러 간 엄마는 호랑이를 만나 변을 당한다. 해는 저무는데 엄마가 돌아오지 않자, 어린 딸은 등불을 들고 엄마를 찾아 나선다. 캄캄한 밤, 엄마를 찾아 나선 어린 딸은 깊은 산중을 헤매다 길을 잃고 엄마를 애타게 부르다 쓰러져 죽는다. 그 후 흐린 날이면 골짜기에서 엄마를 애타게 부르는 어린 계집아이의 울음소리가 들렸다고 한다. 그때부터 주민들은 그곳을 '에미골'이라 불렀다고 한다.

태조 이성계를 도와 조선을 세운 무학대사와 얽힌 전설도 있다. 무학대사가 황매산에서 수도를 할 때 어머니가 뒷바라지를 해주었다. 산을 오르내리며 나물과 약초를 캐던 대사의 어머니는 어느 날 칡넝쿨과 땅가시에 발등이 긁혀 넘어진다. 그런가 하면 산에 뱀이 많아 뱀을 만날 때마다 자지러지게 놀랐다. 이에 대사는 황매산 산신령에게 지극정성으로 100일 기도를 드린다. 황매산에 뱀·땅가시·칡넝쿨이 없는 것은 바로 그 때문이라고 전해진다.

황매산은 "합천호 푸른 물에 하봉·중봉·상봉의 산 그림자가 잠기면 세 송이 매화꽃이 물에 잠긴 것 같다"고 해서 '수중매'라고도 불린다. 정상 아래까지 차가 올라가기에 산행하는 데 어려움은 없다.

황매산에는 통일신라시대 창건된 것으로 짐작되는 영암사가 지금은 폐사로 남아 있다. 이곳에는 세 개의 보물이 있는데, 그중 쌍사자석등은 속리산 법주사 쌍사자석등과 견줄 정도로 아름다워 통일신라시대 걸작 중 하나로 손꼽힌다. 1933년 일본인들이 밤에 해체해 가져가려는 것을 다시 빼앗아 면사무소에 보관하던 중 1959년 폐사지에 절을 지으면서 다시 이전했다.

또한 이곳 사람들은 "산 정상에 우뚝 솟은 세 개의 봉우리처럼 합천에는 삼현이 태어날 것"이라고 믿어 왔다. 그래서 무학대사, 조식, 전두환이 황매산의 정기를 받아 태어났다고 여긴다. 그러나 전두환 전 대통령이 아닌 또 다른 성현이 태어나길 기대해 본다.

영화 〈태극기 휘날리며〉 촬영장이었던 황매산에는 드라마 〈제중원〉, 〈각시탈〉, 〈감격시대〉 등 시대극을 촬영했던 '합천영상테마파크'가 있어 하산 후 시간여행을 해보는 것도 좋을 듯싶다.

산행 코스는 장박리~철쭉 군락지~정상~철쭉제단~모산재~영암사~모산재 주차장으로 이어지는 11km, 5시간 30분 정도 소요된다.

정유재란 때 왜군에 타격 준 '역사의 현장'
## 황석산

외세 침략으로 점철된 우리의 역사를 놓고 볼 때 가장 큰 외침으로는 임진왜란과 정유재란을 꼽을 수 있다. 임진왜란을 일으킨 도요토미 히데요시는 1597년 조선에 대한 재침을 감행하니 이것이 정유재란이다.

당시 히데요시는 전라 수군과 의병 활동이 임진왜란의 패인으로 보고 호남 지역 장악을 1차 목표로 잡았다. 육지에 상륙한 왜군은 좌·우군으로 나누어 북진한다. 우기다 히데이에를 대장으로 한 4만 5,000여 명의 좌군은 사천~하동을 거쳐 칠천량에서 원균의 수군을 격파한 왜수군과 광양에서 합친 후 남원과 전주를 함락한다. 모리 데루모토를 대장으로 한 7만 5,000여 명의 왜우군은 영호남 사이에 있는 황석산성을 격파한 뒤 육십령~진안을 거쳐 전주에서 좌·우군이 집결하기로 작전을 세운다. 결국 좌군은 남원성에서, 우군은 황석산성에서 조선군과 각각 충돌할 수밖에 없었다.

황석산은 경상도에서 전라도로 넘어가는 길목인 육십령을 감시하고 통제할 수 있는 군사적 요충지다. 그 위 천 길 암벽 위에 쌓은 황석산성은 정상적인 방법으로는 도저히 함락시킬 수 없는 요새 중의 요새이다.

황석산성 전투는 모리 데루모토가 지휘한 왜우군 7만 3,000여 명을 맞아 서부 경남 지역 주민 7,000명이 5일간의 전투 끝에 대부분 옥쇄했지만, 왜우군도 65%의 손실을 볼 정도로 치열했던 싸움이다. 황석산성 전투는 명나라 중앙의 도움 없이 함양과 거창의 주민들이 목숨을 걸고 싸운 '죽고도 산 민초들의 한판승'이었다. 특히 왜군은 이 전투로 큰 타격을 입음으로써 7년간의 전쟁이 막을 내리는 계기가 됐기에 '남원 만인의 총', '금산 칠백의총' 못지않은 우리 역사의 큰 자부심이다.

일본은 경술국치 이후 정유재란 때 자신들이 참패했던 황석산성 전

투를 왜곡하기 위해 국내의 많은 자료를 소각시켰다. 아직도 국내 책자에는 황석산성에 참전한 왜우군의 숫자를 2만 7,000명으로 소개하고 있다. 그들의 전형적인 역사왜곡의 한 방법이다.

국가원로회의와 전남 함양군은 2014년 12월 황석산성을 사적지로 개발하기로 뜻을 모으고 '국가 사적지 성역화 추진 양해각서'를 체결했다. 황석산성 전투는 너무나 오랫동안 잃어버린 '우리의 역사'다. 역사를 바로 세운다는 의미에서 늦었지만 다행이다.

황석산(1,190m)은 남덕유산에서 남동쪽으로 이어진 산줄기에 위치한다. 월봉산을 거쳐 큰목재에서 두 갈래로 갈라지며 기백산(1,331m)·금원산·거망산·황석산을 빚어 놓았는데, 가을이면 장관을 이루는 거망산 자락의 억새밭 구간을 통과해 마치 날이 선 듯 날카로운 암봉으로 이뤄진 황석산을 비로소 만나게 된다. 황석산에 오르면 우리 역사의 거친 숨결을 느낄 수 있다.

남덕유산으로부터 내려온 수정 같은 물은 진주 남강으로 흐른다. 황석산을 품고 있는 안의는 국내 '정자문화 1번지'다. 안의에서 육십령을 넘어 장계로 이어지는 국도에는 농월정·동호정·거연정·군자정 등의 정자와 옥류, 그리고 드넓은 암반이 펼쳐져 있다. 이곳이 안의계곡이다. 시인 묵객들이 달빛과 구름, 바람, 돌 등을 벗 삼아 음풍농월을 했던 곳이다.

산행 코스는 유동마을~연촌~망월대~정상~거북바위~북봉~뫼재~장자벌~청량사로 이어지는 9.2km, 5시간 30분 정도 소요된다.

'영남의 관문' 추풍령과 맞닿은

# 황악산

구름도 자고 가는 바람도 쉬어 가는 / 추풍령 굽이마다 한 많은 사연 /
흘러간 그 세월을 뒤돌아보는 / 주름진 그 얼굴에 이슬이 맺혀 /
그 모습 흐렸구나 추풍령고개

가수 남상규가 불러 국민가요로 사랑받았던 〈추풍령〉의 가사다. 서울에서 부산으로 내려가거나 부산에서 서울로 올라오는 중간쯤에 추풍령(548m)이 있다(경부고속도로 추풍령휴게소에서 서울 쪽으로 500m쯤 가면 서울 214km라고 적힌 돌이 하나 서 있다. 서울과 부산 사이의 꼭 절반임을 알려 주는 표지다).

석탄을 때서 증기로 기관을 돌리던 1950년대. '기적도 숨이 차서 목메어 울고 간다'는 추풍령은 기관차가 힘겹게 오르던 고개였다. 영동이나 김천에서 떠난 기차들이 고갯마루에 올라서기 전 마지막 숨을 길게 토해냈던 곳이다. 지금은 가장 느리다는 무궁화호도 영동역~추풍령역

사이를 19분이면 오른다. 그러나 1950년대의 완행열차는 46분이나 걸렸다. 답답했다는 느낌보다는 아련한 시절의 여유롭던 추억으로 남는다.

1942년 지은 고풍스런 추풍령 역사에 들어서면 철길 너머로 취수탑이 있다. 하루 60여 편의 통과 열차 중 지금은 5편의 무궁화호만이 정차하는 자그마한 역. 그러나 넓은 역내에 복잡하게 깔린 철로는 증기기관차가 다니던 시절 역의 규모를 짐작케 한다.

추풍령은 김천 방향이 영동 쪽보다 가파르다. 직지사역에서 떠난 열차가 추풍령역으로 올라오려면 세송·태평·신촌 터널을 차례로 지나야 했다. 당시 터널을 지날 때 기관차 안으로 뜨거운 증기가 들어와 기관사들의 고통이 이만저만 아니었다. 그것도 추풍령을 넘으려면 속력을 제대로 내지 못해 기관차 안은 한증막보다 더웠기에, 기관사들은 열차가 터널로 들어가기 전, 물 적신 수건으로 얼굴을 가리고 터널을 통과했다.

역에 도착한 증기기관차는 연료와 물을 다 써버려 기관차의 가마 청소는 물론 물과 석탄을 다시 공급받고 떠나야 했으므로 항상 붐볐다. 높이 10m가 넘는 취수탑에 물을 올리기 위해 10명의 역무원이 2교대로 24시간 근무했다. 취수탑 뒤로 추풍령역과 지금의 경부고속도로 사이 너른 땅에는 기관차에서 나온 석탄재를 묻었다. 지금도 땅을 파면 검은 석탄재가 나온다.

추풍령은 영남과 중부 지방을 잇던 세 개의 고개(죽령·조령·추풍령) 중 하나다. 1905년 경부선 철도가 놓이기 시작한 후 국도 4호선과 경부고속도로가 통과하고, 2004년에는 황악산 아래 터널을 뚫어 KTX가 지나가니 이제는 국내에서 가장 붐비는 고개가 됐다.

지리산에서 시작한 백두대간은 덕유산~황악산(1,111m)을 거쳐 추풍령을 넘어선 다음 속리산으로 이어진다. 황악산은 고려시대 가장 번성했던 직지사를 품고 있다. 대웅전 기와를 청동으로 만들었으며 사명대사가 출가한 곳이 직지사다. 전국 어디서건 황악산을 찾으려면 경부고속도로를 이용하게 된다. '영남의 관문'인 추풍령과 붙어 있는 황악산은 근현대 대한민국 교통의 발전상을 묵묵히 지켜보았던 역사의 현장이다.

　산행 코스는 궤방령~운수봉~백운봉~정상~형제봉~신선봉~망봉~직지사로 12.8km, 5시간 30분 소요된다.